Burkhard Riering

Sommer 1954

Burkhard Riering

Sommer 1954

Fußball, Verbrechen und Agentenspiele

riva PREMIUM

Bibliografische Information der Deutschen Nationalbibliothek
Die Deutsche Nationalbibliothek verzeichnet diese Publikation in der Deutschen Nationalbibliografie. Detaillierte bibliografische Daten sind im Internet über http://dnb.d-nb.de abrufbar.

Für Fragen und Anregungen
info@rivaverlag.de

Wichtiger Hinweis
Ausschließlich zum Zweck der besseren Lesbarkeit wurde auf eine genderspezifische Schreibweise sowie eine Mehrfachbezeichnung verzichtet. Alle personenbezogenen Bezeichnungen sind somit geschlechtsneutral zu verstehen.

1. Auflage 2021

Türkenstraße 89
80799 München
Tel.: 089 651285-0
Fax: 089 652096

Redaktion: Philipp Bühler
Umschlaggestaltung: Marc-Torben Fischer
Umschlagabbildung: picture-alliance / dpa
Layout und Satz: abavo GmbH, Buchloe
Druck: GGP Media GmbH, Pößneck
Printed in Germany

ISBN Print 978-3-7423-1888-6
ISBN E-Book (PDF) 978-3-7453-1601-8
ISBN E-Book (EPUB, Mobi) 978-3-7453-1602-5

Gewidmet meinem Vater Bruno,
der das WM-Finale am 4. Juli 1954
als 19-Jähriger vor einem zum Bersten
gefüllten Gasthof mit Fernseher
in Hamm-Bossendorf (Haltern) miterlebt hat.

Inhalt

Einleitung

4. Juli 1954. An jenem Tag, keine zehn Jahre nach dem Ende des Zweiten Weltkrieges, gewann die deutsche Nationalmannschaft die Fußball-Weltmeisterschaft in Bern. Für viele ist dieses einschneidende Ereignis so etwas wie das eigentliche Gründungsdatum der Bundesrepublik. Dieser Sieg in einem Fußballspiel stärkte Identifikation und Selbstwertgefühl, floss ein in das nationale Erbgut Deutschlands.

Doch die Stimmung in jenem Sommer war keineswegs nur von Euphorie geprägt. Im Westen Deutschlands herrschte Angst vor einem neuen Krieg, Angst vor den Sowjets, Angst vor der Zukunft, Angst vor Armut, Angst vor Verbrechen. Hunderte Morde geschahen in diesem Jahr und noch mehr Selbstmorde. Die Zahl der Kapitalverbrechen stieg weiter. Betrüger, Trickdiebe, Fälscher, Ganoven, Hochstapler und Heiratsschwindler trieben ihre Machenschaften.

Eine Million Arbeitslose zählte das Land, viele Witwen und Waisen lebten in Armut, es waren Hungerleider mitten im Aufschwung. 1954 war das Jahr der Arbeiterstreiks und Lohnkämpfe, weil die Mehrheit sich vom sogenannten »Wirtschaftswunder« ausgeschlossen fühlte. Wochenlang gab es Krawalle vor den Fabriken von Hamburg bis München. Die Zeitung *Bild* titelte am 30. Juni 1954: »Es gibt noch Hunger in Deutschland. Ein Kanten Brot macht viele glücklich.«

Politisch war Deutschland noch immer ein besetztes Land, ein fragiles Gebilde. Die geplante Westintegration von Bundeskanzler Konrad Adenauer stand Spitz auf Knopf. Die Ressentiments der Nachbarländer waren noch immer spürbar. Keineswegs konnten sich die Deutschen zu dem Zeitpunkt sicher sein, dass sich ihr Staat zu einer friedlichen, wohlhabenden und demokratischen Gesellschaft entwickeln würde. Mit der Entscheidung, dem Nordatlantikpakt NATO beizutreten, endete dieser Sommer. Es war damit auch das Jahr, das die Westbindung zementierte und eine Wiedervereinigung für lange Zeit unmöglich machte.

Jener Sommer 1954 war auch voller Skandale, Verbrechen und Possen. Es ging fast so wild zu wie bei Nick Knatterton, Manfred Schmidts berühmtem Comic-Meisterdetektiv, dessen Abenteuer in diesen Jahren in der Illustrierten *Quick* erschienen. Spione diesseits und jenseits des Eisernen Vorhangs spielten ihre Agentenspiele. In den Untiefen des Kalten Krieges trugen die Geheimdienste ihren eigenen Krieg aus. Berlin wurde zur Welthauptstadt der Spione. Ehemalige Nationalsozialisten mussten sich vor den Gerichten verantworten. Gleichzeitig kamen einstige NSDAP-Genossen wieder nach oben und besetzten wichtige Positionen in Politik und Verwaltung.

Überall lauerten die Schatten der Vergangenheit. Verdrängung war das beste Gegenmittel. Formel 1, Boxen, Reitsport und Fußball nahmen in den Zeitungen breiten Raum auf den Sportseiten ein. Hier konnte der Bundesbürger den grauen Alltag vergessen.

Und es war dieser Sommer, in dem Fritz Walter, der alternde Kapitän der deutschen Fußball-Nationalmannschaft, zur Legende einer ganzen Nation wurde. Das

»Wunder von Bern«, die »Helden von Bern«, der »Große Fritz« (*Bild*). Für den Historiker Joachim Fest gab es drei Gründerväter der Bundesrepublik Deutschland: Konrad Adenauer, Ludwig Erhard und Fritz Walter. Politisch, wirtschaftlich und charakterlich. Für den Journalisten Hans Werner Kilz steht das »Wunder von Bern« auf einer Stufe mit John F. Kennedys »Ich bin ein Berliner« und Michail Gorbatschows Perestroika-Kurs. Dieser WM-Sieg bediente das Bedürfnis der Menschen, sich einmal wieder überschwänglich freuen zu dürfen. Dass der Triumph gleichzeitig schon wieder nationalistische Parolen hervorbrachte, missfiel dem Ausland.

Von jenem Sommer 1954 – und seinen Hauptdarstellern – erzählt dieses Buch. Wir treffen Konrad Adenauer, Albert Einstein, Theodor Heuss, Caterina Valente, Bubi Scholz, Hans Günter Winkler, Sepp Herberger, Karl Kling, Otto John, natürlich Fritz Walter und viele andere über einen Zeitraum von fünf Monaten von Mai bis Ende September. Deutschland von oben und von unten. Es geht um Schicksale und Tragödien, Moral, Recht und Unrecht, Helden, Gefallene und Mörder. All diese Personen bilden ein Fresko ihrer Zeit und ein Psychogramm der Bundesrepublik während der Tage des »Wunders von Bern«. Die Wirklichkeit, so zeigt sich, ist komplizierter als die bis zur Ermüdung zitierten Klischees und Legenden über die Fußball-Weltmeisterschaft 1954.

Auch an Kuriositäten mangelte es in diesem Sommer nicht. Der Komponist Joseph Haydn wurde 146 Jahre nach seinem Tod abermals beerdigt, und im Herbst brach plötzlich eine Heiratsepidemie aus. »Fliegende Untertassen«, mit denen Außerirdische offenbar die Erde inspizierten, und das Gebaren deutscher Touristen im Ausland waren die medialen Aufreger dieses Sommers. Denn manche Touristen führten sich in den Niederlanden, in Frankreich und anderswo schon wieder auf, als wären die Deutschen gerade ins Land einmarschiert. Die Vergangenheit war für diese neue Republik noch zu nah.

Jedes Jahr hat große Ereignisse und einen Platz in der Geschichte. Aber manche Phasen scheinen die Essenz historischer Entwicklungen in eine Handvoll Monate zu packen. Der Sommer 1954 ist so eine Zeit.

Anpfiff

Fritz Walter fühlt sich in diesen Tagen ausgelaugt, ausgebrannt, fertig. Seine Kondition ist beim Teufel. Harte Kämpfe gegen den 1. FC Köln und gegen Eintracht Frankfurt hat der 33 Jahre alte Kapitän des 1. FC Kaiserslautern gerade hinter sich, jetzt findet der Fußballer kaum noch Luft für das Finale zur deutschen Meisterschaft. Der gesegnete, aber sensible Walter scheint auf die Zielgerade seiner Karriere eingebogen zu sein. Dabei steht im Juni und Juli noch etwas Großes an: die Fußball-Weltmeisterschaft in der Schweiz. Auch in der Nationalmannschaft ist er Kapitän.

Die Presse hat sich auf Walter und die deutsche Mannschaft eingeschossen. Die Leistungen der letzten Zeit sind nicht geeignet, große Hoffnungen in die WM in der Schweiz zu setzen. »Fritz Walter zeigte, dass er wohl gelegentlich ersetzt werden müsste«, formuliert es die *Nordwest-Zeitung* im Mai vorsichtiger als viele andere Zeitungen.* Die Überschrift des Artikels lautet: »Weltmeisterschaftsdebakel?«. Keiner glaubt wirklich an diese Mannschaft und an Walters Durchhaltevermögen.

Deutschlands Fußballstar ist an manchen Tagen deprimiert und von Zweifeln geplagt. Er ist einer, der nach Fehlschlägen schnell resigniert. Einer, der dann nicht mehr an sich selber glaubt. Deutschlands National-

---

* Rechtschreibung und Zeichensetzung in Presse- und Briefzitaten wurden an die heutige Schreibweise angeglichen.

trainer Sepp Herberger, der ihn wie einen eigenen Sohn behandelt, nennt Walter einen »Sonderling«, aber auch einen »innen wie außen sauberen Menschen«.

Auch privat läuft es nicht so recht. Walters »automatische Wäscherei«, mit der er sich 1952 in Kaiserslautern selbstständig gemacht hat, schreibt Verluste. Die Frauen in der Stadt rümpfen über solche Wäschereien die Nase. Das hieße ja, dass sie ihre Arbeit nicht gut machten. Der Unternehmer beschließt den Verkauf der Wäscherei, doch es gibt Schwierigkeiten mit dem potenziellen Käufer. Walter findet keinen Schlaf.

Mai

Es ist laut an diesem 1. Mai 1954. Raketen fliegen wieder über Berlin. Es knallt und pfeift und zischt. Die Raketen sind aber nur mit Flugblättern befüllt. Sie werden am Tag der Arbeiterfeierlichkeiten von West- nach Ostberlin herübergeschossen und umgekehrt. Es herrscht Papierkrieg zwischen den Systemen.

Für die Schützen ist es eine schweißtreibende Arbeit. Die Ostberliner schießen vom Dach eines Verwaltungsgebäudes, die Westberliner stehen an der Hauswand einer Ruine am Ende des Tiergartens. Die Kommunisten wettern in den Flugblättern gegen die geplante Europäische Verteidigungsgemeinschaft und die Aufrüstung des Westens (»Wir fordern das Verbot und die Vernichtung von Atomwaffen«). Sie haben an diesem Samstag einen meteorologischen Vorteil: Der Wind kommt von Osten und verteilt die Flugblätter schön über den Tiergarten und den Platz der Republik.

Doch nur wenige im Westen der geteilten Stadt interessieren sich dafür. Letztlich haben die Straßenreinigungen die meiste Arbeit am Tag der Arbeit. Und die Ostberliner Bürger auf der anderen Seite trauen sich sowieso nicht, die West-Flugblätter aufzuheben, wie die *Frankfurter Allgemeine Zeitung* beobachtet. Volkspolizisten passen überall auf. Sie verbrennen die Pamphlete noch an Ort und Stelle.

In Ostberlin sind 300 000 Arbeiter und Bauern zur »Entfaltung des Volkskampfes« (*Neues Deutschland*) aufgerufen. Sie marschieren im Gleichschritt durch die Stadt, Mädchen mit Halstüchern schwenken rote Fahnen, Pioniere singen aus voller Kehle. Sie alle sollen an diesem Tag einen funktionierenden Staat und viel Lebensfreude repräsentieren.

Kollektive zeigen ihre Errungenschaften her, unter anderem Holzflieger und Laufställe. Maurer mauern auf vorbeifahrenden Wagen. Turnmannschaften üben auf der Wiese am Reck, Kinder werfen mit Bällen auf Zielscheiben, die die Aufschrift »Trefft die Verleumder der Republik« tragen.

Von der Ehrenloge schauen der Präsident der Deutschen Demokratischen Republik, Wilhelm Pieck, Ministerpräsident Otto Grotewohl und der Erste Sekretär der SED, Walter Ulbricht, zufrieden zu. Am Brandenburger Tor, vor dem sich die Menschen dicht drängen, hängen oben stolz die Worte »Die Freiheit siegt«. Gleichwohl paradieren an diesem 1. Mai zum ersten Mal auch die »Kampfgruppen der Arbeiterklasse« durch die Straßen Ostberlins sowie der größeren Städte der DDR. Sie sind auf der Suche nach Faschisten und DDR-Gegnern.

Im Westen Berlins nutzt Jakob Kaiser (CDU), Bundesminister für gesamtdeutsche Fragen, seine Zeit auf der Bühne, um vor 250 000 Menschen auf dem Platz der Republik über die gespaltene Nation zu sprechen. Fast völlig vergessen hätten die großen Mächte das Schicksal Deutschlands. Die Staatslenker seien leider mit anderem beschäftigt: dem Indochina-Krieg, dem Korea-Problem, dem Erstarken der Sowjetunion und Chinas. Da scheint eine Wiedervereinigung Deutschlands in weiter Ferne. Kaiser ermahnt die Staaten, sich für Deutschlands Einheit einzusetzen und diesen Unruheherd mitten in Europa zu beseitigen. Seine Lösung ist ein blockfreies Deutschland, das sich weder mit dem Westen noch mit dem Osten gemein macht. Kaiser ist damit ein Gegenpol zu Bundeskanzler Konrad Adenauer und dessen unerbittlicher Westbindungspolitik.

Derweil demonstrieren die Arbeiter im Westen Berlins für mehr Rechte und höhere Löhne. Zur Genugtuung des Ostens marschieren sie mit roten Fahnen durch die Straßen und stimmen die »Internationale« an, das Kampflied der sozialistischen Arbeiterbewegung. In Schöneberg nimmt die Polizei einige jugendliche Thälmann-Pioniere fest.

Sonnenstrahlen auch über München an diesem Tag der Arbeit. Die Trambahnen sind mit Wimpeln geschmückt. Auf dem Königsplatz versammeln sich 50 000 Menschen zur offiziellen bundesdeutschen Maifeier des Deutschen Gewerkschaftsbunds (DGB). Eine große Bühne ist aufgebaut. Bundesarbeitsminister Anton Storch (CDU) ist zufrieden mit sich und Deutschland. Es gebe zwar noch eine Million Arbeitslose, aber das Land habe in den Jahren nach dem Krieg schließlich auch zehn Millionen Vertriebene und Flüchtlinge aufgenommen. Durch die ungeheure Arbeitsleistung der Deutschen sei ein Lebensstandard erreicht, den man so kurz nach dem Krieg nie für möglich gehalten hätte. Doch die CDU ist auch verdächtig, die ewig Reichen zu protegieren und die Arbeiter zu vergessen.

Das reicht dem DGB nicht. Die Gewerkschaften fordern in München lautstark die Einführung der Fünftagewoche bei vollem Lohnausgleich. Der stellvertretende DGB-Vorsitzende Georg Reuter sagt, die Wirtschaft müsse auf den Stand gebracht werden, in fünf Arbeitstagen und

40 Stunden pro Woche das nötige Sozialprodukt hervorzubringen. Ein Chor des Münchner Männerbundes trägt Arbeiterlieder vor. Am Ende intoniert die Straßenbahner-Kapelle die »Internationale«. Völker, hört die Signale.

Das gebeutelte Deutschland blüht langsam auf. Die Zeichen stehen auf Aufschwung, die Umsätze und Gewinne der Unternehmen steigen. Doch sind es vor allem Unternehmer und Großhändler, die vom Wachstum profitieren. Die Löhne der Arbeiter bleiben dagegen niedrig. Stahlarbeiter an den Hochöfen und Bergleute unter Tage schuften 48 Stunden in der Woche, auch samstags wird gearbeitet. Die Gewerkschaften müssen dieses Brett allerdings noch lange bohren: Die Fünftagewoche wird in den meisten Branchen erst in den 1960er-Jahren eingeführt. Auch den noch heute berühmten DGB-Werbeslogan »Samstags gehört Vati mir« gibt es 1954 noch nicht, er wird 1956 eingeführt.

Bei den Löhnen können die Gewerkschaftler vielleicht mehr erreichen als bei der Verkürzung der Arbeitszeit. Die Gewerkschaften bereiten bereits einen heißen Streiksommer vor. *Die Welt* berichtet, dass 80 Prozent der westdeutschen Erwerbstätigen weniger als 350 D-Mark im Monat haben. Über wenige Dinge seien so unklare Vorstellungen im Umlauf wie über das Einkommen des Bürgers. Gutverdiener gebe es nur zu einem Prozent in der Bundesrepublik. Die *Westfälische Rundschau*: »Fragen wir doch einmal eine Hausfrau, was sie vom viel zitierten Wirtschaftswunder hält. Sie würde gewiss ihre Ansicht darüber in einer Art bescheinigen, die sich niemand höheren Orts in Bonn hinter den Spiegel steckt. Die Hausfrauen wundern sich höchstens, wie schnell ihnen das Geld aus der Lohntüte ihres Mannes zwischen den Fingern zerrinnt.« Der Kabarettist Günter Neumann von den »Insulanern« singt 1954 mit leichtem Sarkasmus: »Jetzt kommt das Wirtschaftswunder / Jetzt kommt das Wirtschaftswunder / Jetzt gibt's im Laden Karbonaden schon / Und Räucherflunder.«

Auch deshalb findet Bundespräsident Theodor Heuss das Gerede vom Wirtschaftswunder albern. Er fürchtet, manche Deutsche könnten so kurz nach dem Krieg schon wieder überheblich werden. Er hasse das Wort »Wunder« in diesem Zusammenhang und halte jeden Bürger für töricht, der es nachredet, »weil dieser sich dann selbst ein bisschen für einen Wundertäter hält«.

Der populäre schwäbische FDP-Politiker ist am Tag der Arbeit im württembergischen Oberkochen bei den Zeiss-Werken zu Gast. Er spricht vor Arbeitern, deren Väter noch 14, 15 Stunden am Tag gearbeitet haben. Heuss soll sich zu den aktuellen Debatten äußern und tut sich sichtlich schwer. Das Ganze sei ja eine komplexe Sache. Ohnehin solle sich ein demokratischer Staat aus solchen Angelegenheiten heraushalten. Was er mit der Rede sagen will, ist kaum zu entschlüsseln. Der Deutschland-Korrespondent der Stockholmer Zeitung *Dagens Nyheter*, Bo Järborg, beschreibt Heuss' Reden treffend: »Für den Durchschnittsdeutschen ist Theodor Heuss der gemütliche Landesvater, der amüsant-beredsam und sehr gelehrt Reden hält, die man vielleicht nicht immer ganz begreift, von deren hoher Qualität man aber stets überzeugt ist.«

Dieser 1. Mai ist letztlich ein friedlicher Tag. Maikrawalle bleiben aus. Kreuzberger Nächte wie in den 1980er-Jahren sind noch weit weg. Am Morgen gibt es einige Zwischenfälle mit Kommunisten in Essen, wo sie die Rede des nordrhein-westfälischen Ministerpräsidenten

Karl Arnold (CDU) stören, sowie in Hamburg, wo die zweitgrößte Veranstaltung nach Berlin stattfindet. Doch das ist es auch schon. In Berlin schlendert ein Demonstrant in der Abenddämmerung die Luisenstraße entlang, in der Hand ein Plakat, auf dem ein Arbeiter einen Soldaten der geplanten Europäischen Verteidigungsgemeinschaft niederstreckt. Ein paar Genossen gesellen sich dazu und begleiten den Demonstranten, eine Funkstreife fährt im Schritttempo hinterher. Dann rollt der Demonstrant seine Fahne ein und trollt sich.

***

Es ist schon dunkel, als vier Personen - drei Männer und eine Frau - einen reglosen Körper, bekleidet mit einem Fischgrätenmantel, den Hausflur in der Heilbronner Straße 11 in Berlin-Wilmersdorf hinuntertragen. Bewohner wundern sich zu Recht. »Wir müssen zur Unfallstation, alles furchtbar«, sagt die Frau im Vorbeigehen zu den neugierigen Nachbarn. Auf der Unfallstation kommt der Bewohner im Fischgrätenmantel aber nie an. Überhaupt wird er danach nirgends mehr gesehen.

Bei dem reglosen Körper handelt es sich um Alexander Rudolfowitsch Truschnowitsch, Emigrant und Exil-Politiker aus Weißrussland. Truschnowitschs Verschwinden macht in den kommenden Tagen viel Wirbel. Für die Westbehörden ist klar, dass der gerade gegründete sowjetische Geheimdienst KGB den Stalin-Gegner verschleppt hat. Truschnowitsch, 60 Jahre alt und Doktor der Medizin, arbeitet für das »Hilfskomitee für Rußländische Flüchtlinge«, eine Emigranten-Organisation. Eine Woche nach der Entführung teilt ein vermeintlicher Truschnowitsch in den Propagandablättern in einem gedruckten Interview mit, dass er freiwillig in die DDR gegangen sei, weil sich seine politischen Ansichten geändert hätten. Es ist das Interview mit einem Toten.

Zu dem Zeitpunkt hat es den Weißrussen schon dahingerafft. »Tod durch Ersticken«, notieren die Majore vom Medizinischen Dienst des KGB für die internen Unterlagen. Die Wahrheit kommt lange Zeit nicht ans Licht. Truschnowitschs Mundhöhle, so schreibt *Der Spiegel* fast 40 Jahre später, sei »mit Lappen verstopft und mit blutdurchtränkten Lappen verbunden« gewesen. 1954 weiß das die Öffentlichkeit nicht. Dabei sind Menschenraubaktionen im geteilten Berlin der Nachkriegszeit ein gebräuchliches Mittel der Sowjets. Rund 600 Entführungen soll es in diesen Jahren geben, von denen viele ungeklärt bleiben.

Das Presseorgan der Sozialistischen Einheitspartei der DDR, *Neues Deutschland*, zieht unbekümmert seine Schlüsse aus dem Verschwinden Truschnowitschs: »Die in West-Berlin stationierten Spionage- und Agentenzentralen sind durch die Flucht in Panik versetzt worden. Aufgeregt schieben sie sich gegenseitig die Schuld an den ihnen durch die Staatsorgane der DDR zugefügten Niederlagen zu.« Doch die Versuche des Regimes, mithilfe seiner Presse die Entführung zu verschleiern, verfangen nicht. Den plötzlichen Sinneswandel des Antikommunisten kauft ihnen keiner ab. Das gedruckte Interview betrachten westdeutsche Medien skeptisch. Die *Frankfurter Allgemeine Zeitung* wundert das untypische Schweigen aus dem Osten, würden doch bei einem Überlaufen sonst »Mikrofone und Tribünen im Überfluss freigemacht«. Truschnowitschs Tod kann nicht bewiesen werden. Die Familie erhält gefälschte Briefe.

Erst Anfang der 1990er-Jahre erfährt Truschnowitschs Sohn Jaroslaw, wo sein Vater vergraben worden ist: in einem Wald bei Bad Freienwalde nördlich von Frankfurt (Oder), zwei Meter unter der Erde. Dort liegen seine Gebeine noch heute.

* * *

Eine Granate reißt dem Fremdenlegionär Waldemar B. in Dien Bien Phu in Nordvietnam den rechten Arm und das rechte Bein ab. Er wird noch im Trommelfeuer operiert und über Hanoi nach Paris ausgeflogen. Die französische Presse macht ihn zum Helden. Aber sie verschweigt, dass Waldemar B. Deutscher ist. Eigentlich wollte er Musiker werden. Mit nur einem Arm wird das nun nichts mehr.

Waldemar B. ist in diesen Monaten nur einer von vielen Deutschen, die mit der Fremdenlegion Frankreichs im Indochina-Krieg gelandet sind. Im Jahr 1954 melden sich laut Schätzungen rund 10 000 Bundesbürger in den Rekrutierungsbüros, obwohl in Indochina gerade ein blutiger Krieg im Zeichen der Tricolore tobt. Die französischen Behörden unterhalten Rekrutierungsbüros in ihrer Besatzungszone in der BRD, so in Landau, Kehl, Freiburg, Offenburg, Baden-Baden und in Villingen.

Nach 1945 wird die Légion étrangère zum Zufluchtsort für ehemalige Wehrmachtsoldaten, Arbeitslose, Verarmte, Enttäuschte, Frustrierte und Liebeskummer-Geplagte. Von den Abenteurern ganz zu schweigen. Laut einem späteren Bericht der Arbeitsgemeinschaft für Jugendpflege melden sich allein im Juli 1954 36 junge Männer zum Dienst in der Fremdenlegion, weil sie sich von dem Hollywoodfilm *Frauenraub in Marokko* mit Burt Lancaster in der Hauptrolle inspiriert fühlen. In der Folge warnen die Behörden in Deutschland, so der Historiker Frank Biess, vor weiteren Filmen wie *Desert Legion*, weil sie die jungen Leute verführten und ihnen vorgaukelten, die Fremdenlegion sei »romantisch«.

SS-Schergen und bekannte Nazis werden dagegen von den Franzosen nicht genommen; eine Narbe auf dem linken Oberarm entlarvt SS-Angehörige. Es gibt so viele Bewerber, dass sich die Büros darauf beschränken können, nur die jungen Männer zu nehmen. Frischfleisch für Dien Bien Phu. Es sind Fahrkarten ins Elend.

Verschlimmert wird die Angst in der Bevölkerung durch Geschichten über die »Werber«. Anwerber der Fremdenlegion haben es auf junge Männer abgesehen, laden sie in der Stadt zu Bier und Schnaps ein und versprechen ihnen eine spannende Arbeit im Ausland. Noch im Wirtshaus füllen die angetrunkenen Männer das auf Französisch gehaltene Formular aus. Dann folgt die unverhohlene Drohung des Verführers: Sie sollen sich alsbald in den Legionskasernen melden, ansonsten hätten sie mit Schwierigkeiten zu rechnen.

Die Zeitungen berichten permanent und ausführlich von der Figur des Werbers. Allerdings werden Historiker diese Darstellungen später als schaurige Übertreibungen brandmarken. Viele Fehlgeleitete gehen in diesen Tagen freiwillig in die Legion, das ergeben spätere Analysen. Doch 1954 will die Bevölkerung lieber an den fiesen Werber glauben, der armen, jungen Deutschen das Hirn verdreht.

Für die Deutschen ist die Debatte traumatisch. Das Gebaren der Franzosen führt den Bundesbürgern vor Augen, dass sie in einem besetzten Land leben und im Grunde unfrei sind. Für die SPD ist das eine gute Gelegenheit,

Adenauers Westintegrationspolitik zu attackieren, die Opposition schlachtet das Thema über die Medien genüsslich aus. Im Bundestag fordert die SPD im Mai die Schließung der »Menschenfang-Zentralen«, zudem verlangt sie ein Werbeverbot für »diese verdammte Legion«. Die Niederlande, Belgien und England haben die Werbebüros der Franzosen schon verboten – nur das duckmäuserische Deutschland wieder nicht. Der SPD-Pressedienst schreibt: »Zahlreiche deutsche Familien sind in Trauer um einen Sohn, Bruder oder selbst Vater, die in Dien Bien Phu fallen mussten. Diese Männer sind für keine gerechte Sache gefallen.«

Der Bundeskanzler lässt sich von der Opposition nicht provozieren. Adenauer bleibt vorsichtig, er will das Verhältnis zu Frankreich nicht noch weiter strapazieren. Er braucht die Franzosen in Fragen der Europäischen Verteidigungsgemeinschaft und des unter französischer Verwaltung stehenden Saarlands.

Mit dem Ende der Besatzungszeit ein Jahr später schließt Frankreich indes alle Rekrutierungsbüros auf deutschem Boden. Zwischen 1945 und 1954 kämpfen laut Schätzungen rund 50 000 Deutsche in Französisch-Indochina.

Vier Jahre später, 1958, wird der Schlagersänger Freddy Quinn die deutsche Hitparade mit dem Titel »Der Legionär« anführen, in dem das Schicksal deutscher Soldaten in der Legion besungen wird (»Viele sehen die Heimat, die Heimat niemals mehr«). In dem Jahr kommt auch der Film *Madeleine und der Legionär* mit Hildegard Knef ins Kino, der die Gräueltaten der Franzosen während der Kolonialkriege thematisiert.

Dien Bien Phu allerdings ist da schon Geschichte. Die wochenlange Schlacht um die Stadt, in der die Franzosen ihre Festung errichtet haben, endet am Abend des 7. Mai 1954 mit einem kolossalen Sieg der Vietminh. Das südliche Außenfort »Isabelle« fällt am 8. Mai.

Tags drauf beginnen die Waffenstillstandsverhandlungen in Genf. Da geht das Gerangel aber gleich weiter. Der Kalte Krieg zwischen West und Ost ist kurz davor zu eskalieren. Washington entscheidet sich in einer Krisensitzung aber letztlich gegen einen unmittelbaren militärischen Einsatz. Der Tag wird in die amerikanische Geschichte eingehen mit dem Satz: »The day we didn't go to war«.

* * *

Großes gesellschaftliches Ereignis in Bonn. Lotte Adenauer, Tochter des Bundeskanzlers und dessen zweiter, 1948 verstorbener Frau Gussie, heiratet im Bonner Münster den Duisburger Architekten Heribert Multhaupt. Tausende Zuschauer finden sich in und vor der Kirche ein, um das Ereignis mitzuerleben. Mit Cut, Zylinder und grauer Weste führt Vater Konrad Adenauer seine Tochter, gefolgt von Multhaupt, zum Altar. Dort nimmt Kaplan Dr. Paul Adenauer, Lottes 29 Jahre alter Bruder, die Trauung vor. Die Braut trägt ein »hochgeschlossenes Kleid aus weißer Shantungseide mit weißem Schleier, der von einem Myrienkranz gekrönt« wird, vermerkt die modebewusste *Nordwest-Zeitung*.

Lotte Adenauer, promovierte Studienrätin, ist der deutschen Öffentlichkeit nicht unbekannt. Sie begleitet den berühmten Vater auf Delegationsreisen, wie 1951 nach Rom und 1953 in die USA. Die Literaturwissenschaftlerin brilliert mit Sprachkenntnissen. Nach dem Tod der Bundespräsidentengattin Elly Heuss-Knapp im Jahr 1952 ist Lotte Adenauer so etwas wie die First Lady der Republik.

Nach der Trauung gibt es einen Empfang im Palais Schaumburg, es kommen eine stattliche Anzahl Kabinettsmitglieder, darunter der stellvertretende Bundeskanzler Franz Blücher sowie die Minister Fritz Schäffer, Ludwig Erhard und Gerhard Schröder (Letzterer nicht zu verwechseln mit dem späteren, gleichnamigen Bundeskanzler, der war im Sommer 1954 erst zehn Jahre alt).

Multhaupt plant ein Jahr später ein privates Wochenendhaus für den Schwiegervater. Die Adenauervilla in der Eifel zwischen den Gemeinden Duppach und Steffeln soll dem Kanzler als eine Art Jagdhütte dienen, im rheinischen Volksmund heißt sie ironisch »Camp Konrad«, angelehnt an »Camp David«, dem Sommersitz des amerikanischen Präsidenten. Doch als die Presse spitzkriegt, dass Wirtschaftsbosse das große Projekt finanzieren und es dem Schwiegersohn zugeschanzt worden ist, wird der pompöse Bau gestoppt. Es ist der erste große Korruptionsskandal der BRD.

Es bleibt letztlich beim Rohbau, und das über viele Jahrzehnte. Für den *Spiegel* ist es in der Rückschau auch ein Sinnbild für den Klüngel der jungen Bundesrepublik. 2018 ist die nie realisierte »Adenauervilla« auf eBay zur Versteigerung ausgeschrieben, 2019 kauft sie ein Unternehmer angeblich für 35 000 Euro. Was er damit vorhat, ist noch unbekannt.

* * *

Die Schwaben sind ganz aufgeregt. Nach neuen Erkenntnissen könnte Papst Pius X., gestorben 1914, der in diesem

Mai 1954 auf dem Petersplatz in Rom heiliggesprochen wird, schwäbischer Abstammung sein. So ganz genau weiß man es aber nicht. Zumindest ist er es aber »mit größter Wahrscheinlichkeit«, meint die *Schwäbische Zeitung.* Die These stützt sich weder auf standesamtliche Eintragungen noch auf andere Beweise, sondern eher auf besondere Umstände in der Familie Schneider aus Munderkingen. Ein Mitglied dieser Familie, Pfarrer Maximilian Schneider, auch schon längst gestorben, soll eine auffallende Ähnlichkeit mit dem Papst gehabt haben, es seien »verblüffende Gesichtszüge« zu erkennen, die von Zeitgenossen »nachdrücklichst hervorgehoben« worden seien.

Die Geschichte wird so belegt: Ein Spross der Familie, ein Bildhauer, wandert Ende des 18. Jahrhunderts ins damals noch österreichische Lombardo-Venetien aus, wo er sich zwischen Vicenza und Treviso in dem kleinen Dorf Riese niederlässt. Aus sprachlichen Gründen ändert Schneider seinen Nachnamen in das entsprechende Wort Sarto – der Familienname des Papstes. Pius ist tatsächlich in Riese geboren. So könnte Giuseppe Melchiorre Sarto, der bürgerliche Name des berühmten Papstes, ein Enkel des aus Munderkingen stammenden Künstlers sein.

Als Papst Pius XII. den folglich schwäbischen Papst Pius X. in diesem Mai, 40 Jahre nach seinem Tod, heiligspricht, sind 300 000 Gläubige aus aller Welt dabei. 50 Kardinäle sowie 500 Erzbischöfe und Bischöfe hören die lateinischen Worte des Papstes. Am Ende der Heiligsprechung erklingt das Bittgebet »Te Deum«, in das Abertausende einstimmen.

* * *

Am 8. Mai strahlt der Nordwestdeutsche Rundfunk erstmals die Fernsehsendung *Das Wort zum Sonntag* aus. Der gesprochene christliche Kommentar am Samstagabend ist damit die zweitälteste Sendung nach der *Tagesschau* im deutschen Fernsehen. Der evangelische Pfarrer Walter Dittmann aus Hamburg ist der Erste, der darf. Der Titel seines zehnminütigen Vortrags: »Sehen und Hören«. Eigentlich hätte die erste Sendung am 1. Mai laufen sollen, doch ein Kabelbruch hat die Ausstrahlung verhindert. Da wäre ein Prälat aus Aachen dran gewesen, was engagierte Katholiken im Nachgang zu dem Vorwurf verleitet, die Ausstrahlung sei sabotiert worden, damit die Protestanten zuerst drankommen. Aber alles geschieht ja im Namen Gottes.

Das Wort zum Sonntag wird zur bundesrepublikanischen Institution und läuft noch heute samstagabends. 1957 spricht es mit Erika Schwarze erstmals eine Frau. 1987 hält Papst Johannes Paul II. *Das Wort zum Sonntag*, 2011 Papst Benedikt XVI. Heute schauen zwei Millionen die Sendung jede Woche, die mittlerweile vier Minuten läuft statt zehn.

* * *

Der alleinstehende Münchner Seifensieder Fritz M. ist 67 Jahre alt und am Ende. Er hat seine Arbeitsstelle verloren und nichts mehr auf der hohen Kante. Sein Lohn geht in schöner Regelmäßigkeit für die 40 Jahre alte, verheiratete Maria E. drauf. Sie ist seine Geliebte. Und jetzt, da er pleite ist, kann der Fritz die Maria nicht mehr pekuniär verwöhnen. Und da mag dann auch die Maria den Fritz nicht mehr so recht verwöhnen.

Fritz will aber weitermachen wie bisher, auch ohne rares Bares. Doch da lacht die Maria. Wie stellt der sich das bloß vor? Es kommt zum Streit in Fritz' Wohnung. Und zu einer Tragödie. Der kräftige Mann würgt sie, er erwürgt sie. Dann liegt die Maria tot am Boden.

In den Stunden nach der Tat versucht Fritz drei Mal, sich aufzuhängen. Aber jedes Mal reißt der morsche Strick. Er verlässt das Haus und bahnt sich seinen Weg zum 25. Polizeirevier Münchens. Er geht vor bis zum Tresen und sagt: »Ich bin ein Mörder. Ich habe meine Geliebte erwürgt.« Im folgenden Verhör gesteht er die Tat und schließt sein Geständnis damit, es sei schade, dass es keine Todesstrafe mehr gebe. Wegen ihm. Er hätte sie verdient.

Es ist nur einer von nicht wenigen Morden an diesem Maiwochenende. Mit einem Küchenbeil erschlägt der Arbeitslose W. in Lübeck seine 33 Jahre alte Ehefrau. Anschließend begeht er Selbstmord. Der 38 Jahre alte Kraftfahrer M. erwürgt zur gleichen Zeit die 54 Jahre alte Johanna S. bei einer Auseinandersetzung. Ein amerikanischer Gefreiter erschießt in seiner Unterkunft in Bad Kreuznach seinen Sergeanten und verübt danach Suizid. In einem Café in Ingolstadt tötet ein 27-Jähriger einen 26-Jährigen mit 16 Stichen in Hals, Brust und Unterleib.

Die Zeiten sind unsicher. Wie die Kriminalstatistik für 1954 ausweist, werden in dem Jahr 1,5 Millionen Straftaten begangen (und damit ein Prozent mehr als im Jahr zuvor). Wie schon 1953 ist der Juli der verbrecherischste Monat des Jahres. Im Schnitt wird jeden Tag ein Mensch in der Bundesrepublik umgebracht: 390 Mal Mord und Totschlag. Einschließlich der Mord- und Totschlagsversuche sind es 918. 153 Kinder werden getötet. Und einfacher Diebstahl: 406 000 Mal.

Um etwas zu unternehmen, damit nicht schon Jugendliche gewalttätig und kriminell werden, nimmt die Bundesprüfstelle für jugendgefährdende Schriften in diesem Sommer ihre Arbeit auf. Unter anderem dürfen fortan in Deutschland die Krimis des US-Autors Mickey Spillane (*Die Rache ist mein, Mein Revolver sitzt locker*) nicht mehr verkauft werden. Unter den ersten Schriften, die verboten werden, sind auch Comics, unter anderem *Der kleine Sheriff – Verwegene Jagd*. Der Sheriff ist gar nicht klein, sondern sehr brutal. Der Inhalt ist laut Bundesprüfstelle selten blöd. Das Heft bestehe nur aus Gewalt, einige Szenen grenzten an Sadismus. Ein Mordversuch durch Erwürgen erstreckt sich genüsslich über fünf Seiten. Die Sprache ist rüde und verroht (»Schreie nicht, sonst durchlöchere ich dich«). Für Bundesinnenminister Schröder (CDU) ist es das »Ergebnis einer entarteten Fantasie«. Und sicher nichts für Kinder oder Jugendliche.

Auf den Verkauf des Hefts aus dem Mondial-Verlag hat die Indizierung keinen Einfluss, es ist schon nach wenigen Tagen vergriffen. Ein weiterer verbotener Comicheld des Jahres: *Akim – Herr des Dschungels*, der in der rauen Welt des Urwalds gegen böse Tiere für Recht und Ordnung sorgt. Die Bundesprüfstelle, besetzt unter anderem mit Kirchenvertretern, stößt sich allerdings mehr an dem knappen Fellbikini seiner Gefährtin Rita als an den Tiertötungen.

* * *

Ganz mit Gott fährt hingegen Hans Herrmann. Der Rennfahrer wird auf der Rallye Mille Miglia in Italien zur Legende, als er mit durchgedrücktem Gaspedal unter einer geschlossenen Bahnschranke bei herannahendem Schnellzug durchprescht. Herrmann und sein Beifahrer Herbert Linge sitzen dabei flach geduckt in ihrem Porsche Coupé 550. Der junge Stuttgarter wird die spektakuläre Momentaufnahme später geschäftstüchtig als Postkarte herausgeben mit dem Zusatz: »Glück muss man haben.«

Die 21. Mille Miglia - das berühmte, halsbrecherische 1000-Meilen-Rennen - gewinnt der Grand-Prix-Pilot und zweifache Rennwagen-Weltmeister Alberto Ascari im Lancia. Für die insgesamt 1597 Kilometer braucht der Milanese elf Stunden, 26 Minuten und zehn Sekunden. Ascari fährt eine Durchschnittsgeschwindigkeit von 139,645 Stundenkilometer. Herrmann erringt den Sieg in der Klasse bis 1,5 Liter Hubraum.

Doch diese Ausgabe der Mille Miglia wirft einen Schatten auf den Rennsport. 30 Verletzte, teils in Lebensgefahr schwebende Piloten, das ist das Ergebnis dieser Sportveranstaltung. Und es ist nicht das erste Mal, dass Personen, egal ob Fahrer oder die vielen Zuschauer am Straßenrand, Schaden nehmen. Eine Tragödie spielte sich schon 1938 ab, als ein Lancia Aurelia von der Straße abkam und in die Zuschauermenge raste. Zehn Menschen starben.

Die Mille Miglia wird drei Jahre später, 1957, nach einem Horrorunfall abgesetzt, bei dem sechs Erwachsene und fünf Kinder sterben. Erst Jahrzehnte später wird sie in abgeschwächter Form - teils als Geschwindigkeitsrennen, teils als Geschicklichkeitsübung - neu aufgelegt. Inzwischen fahren Unternehmer, Millionäre, Automobilmanager, Prominente und Journalisten bei der Mille Miglia mit.

Nur wenige Tage nach Herrmanns Erfolg bei dem italienischen Rennen hat er einen Unfall auf dem Hockenheimring. Bei Testfahrten der Mercedes-Benz-Werke prallt er gegen eine Wand, nachdem ein Ölschlauch geplatzt war. Der Wagen ist Schrott, Herrmann liegt scheinbar schwer verletzt am Boden. Der Rennfahrer bleibt einige Tage im Krankenhaus. Später gibt Daimler aber Entwarnung, die Verletzungen haben sich als schmerzhafte Prellungen herausgestellt.

* * *

Horst Reichel und Herbert Beyer sind keine großen Tiere im westdeutschen Politbetrieb. Dafür ist aber ihr Ehrgeiz umso größer. Die Parteisekretäre der Kommunistischen Partei Deutschlands (KPD) aus Salzgitter, Funktionäre auf Landesebene, verbreiten das »Programm der nationalen Wiedervereinigung Deutschlands«, das auf Weisung der SED entstanden ist. Die westdeutsche KPD fordert darin die Wiedervereinigung unter der Führung des Ostblocks. Das Pamphlet riecht nach Revolution.

Die Kommunisten sehen sich zu dem Zeitpunkt als die einzig wahren Patrioten. Denn der Bundeskanzler ist auf striktem Westkurs, was einer Wiedervereinigung widerspricht. Das »Nationale Programm« ruft unverhohlen zum Sturz Adenauers auf. Der Kanzler müsse fallen, wenn Deutschland leben wolle.

Die beiden KPD-Funktionäre stehen in diesem Mai vor Gericht. Der Bundesgerichtshof wirft ihnen »Hochverrat und Ehrenkränkungen schlimmster Art« vor. Es ist der erste große Hochverratsprozess gegen Kommunisten in der Bundesrepublik. Viele weitere werden folgen.

Reichels und Beyers Verteidiger argumentiert, das Programm sei rechtens, weil es als Tatsache angesehen werden müsse, dass Adenauer einen neuen Krieg vorbereite. Höchst dringlich also, das Pamphlet. Aber das Argument zieht vor Gericht nicht. Richter Dr. Geyer verurteilt die kleinen KPD-Fische zu drei beziehungsweise anderthalb Jahren Gefängnis. Für den Bundesgerichtshof ist die KPD ein Feind Westdeutschlands.

Das *Neue Deutschland* in der DDR ist erbost: »Unerhörtes Urteil. So will Adenauer die Patrioten mundtot machen.« Es sei ein Anschlag gegen die Nation. Für die Zeitung ist klar, dass dieser Prozess als »Präjustiz für alle übrigen eingeleiteten Hochverratsprozesse dienen« soll, eine Blaupause, die von jedem Richter angewendet werden könne, um »unliebsame Patrioten und Friedenskämpfer« loszuwerden.

Die Genossinnen und Genossen, die am 17. Mai zur Urteilsverkündung in der Hoffnung auf einen Freispruch große Blumensträuße in den Gerichtssaal mitbringen, werfen diese draußen vor dem Gebäude weg. Vor Haftantritt sendet Reichel allen Deutschen aus West wie Ost noch brüderliche Grüße: »Es gilt weiterzukämpfen.«

Tatsächlich entspinnt sich eine Woche nach dem Urteil im Bundeskabinett eine Debatte darüber, ob man jetzt die KPD-Vorstände ebenfalls hochnehmen solle. Das fordere allein schon das Gleichheitsprinzip. Hans Globke, Chef des Bundeskanzleramts, warnt aber davor, die Kommunisten kurz vor den Landtagswahlen in Nordrhein-Westfalen zu Märtyrern zu machen. Übrigens jener Globke, erzloyaler Vertrauter Adenauers, der in der NS-Zeit Beamter im Reichsinnenministerium war und sich dort um »Allgemeine Rassegesetze« kümmerte. Auch da war er erzloyal.

Einmal ins Rollen gekommen, lassen die Behörden jetzt nicht nach. Das Landgericht Lüneburg verurteilt den Ersten Sekretär der KPD-Landesleitung Niedersachsen, Heinz Zscherpe, zu drei Monaten Gefängnis. Der Arbeiterführer hat in einem Brief an die Mitglieder der KPD die Adenauer-Regierung als »Kriegskabinett« bezeichnet und gegen »Terrormaßnahmen« der Polizei protestiert.

Im Anschluss an eine KPD-Versammlung in Karlsruhe verhaften Ermittler den Parteivorstand und ehemaligen Bundestagsabgeordneten Walter Fisch. Er ruft den wütenden Anwesenden noch zu: »Es lebe die Freiheit!« Am gleichen Tag gibt es weitere Verhaftungen. Das Mitglied des Parteivorstands der KPD, Fritz Rische, wird in Bochum beim Besuch seiner schwerkranken Frau geschnappt. Für die ostdeutsche Zeitung *Neues Deutschland* ist eine »Gestapo in Zivil« im Westen unterwegs.

Vor allem wollen die Behörden den Vorsitzenden der KPD und Fraktionsvorsitzenden im Ersten Bundestag, Max Reimann, ergreifen. Der arbeitet angeblich am Umsturz. Er soll – wie auch Fisch und Rische – am »Nationalen Programm« mitgearbeitet haben. Es bestehe Verdacht auf Vorbereitung zum Hochverrat. Ein Haftbefehl für Reimann wird ausgestellt, doch der Sohn eines rechten Arbeiters aus Westpreußen ist rechtzeitig in die DDR übergesiedelt und entzieht sich somit einer Verhaftung. Lange genug war er eingesperrt gewesen, in der NS-Zeit, als er mehrere Jahre in Gefängnissen und Konzentrationslagern verbrachte.

Reimann ist der prominenteste westdeutsche Parteikommunist. Reimann polarisiert. Für die einen ist er ein Sohn des Volkes, für die anderen ein Spion Moskaus. Er selbst sieht sich als »demokratischen Revolutionär«. Während seiner Reden im Bundestag sind Zwischenrufe der Normalfall. »Treten Sie ab! Schickt ihn nach Moskau!«, ruft der CSU-Politiker Franz Josef Strauß. Reimanns Selbstinszenierung nervt sogar die eigenen Parteikollegen.

Die Verfolgung von Kommunisten in der BRD ist tägliches Thema im *Neuen Deutschland.* Das SED-Zentralorgan ist sich gewiss, dass »noch niemals, solang die Menschheit besteht, (...) sich auf Dauer ein Regime halten (konnte), dessen Basis der Rechtsbruch und dessen Politik die nackte Gewalt war«. Gemeint ist die BRD, nicht die DDR.

Bereits zwei Jahre später wird die KPD in der Bundesrepublik verboten. Reimann, demnach letzter legaler KPD-Chef in Westdeutschland, führt seine Politik aus dem Exil in Ostberlin weiter. Erst als sich in der BRD im Jahr 1968 die Deutsche Kommunistische Partei (DKP) gründet – und nicht gleich wieder verboten wird –, kommt der Kommunist zurück. Der Haftbefehl gegen ihn ist aufgehoben, Hochverrat verjährt nach zehn Jahren. 1971 wird der ergraute Reimann (»Links, niemals rechts«) Ehrenvorsitzender der DKP.

* * *

Aber auch so ein bisschen Monarchie muss doch möglich sein. Bayern sehnt sich nach ihr. Zu Ehren des 85. Geburtstags des bayerischen Kronprinzen Rupprecht kommen 10 000 Menschen ins Dörfchen Leutstetten an den Starnberger See und bejubeln ihren Wittelsbacher Monarchen. 120 Heimat- und Trachtenvereine säumen die Straßen, die Starnberger Blaskapelle spielt auf, die Böllerschüsse der »Salzburger Bauernschützen« sind weit ins Land zu hören. Der greise, weißhaarige Rupprecht und seine Familie winken von der Terrasse des Schlosses. Fünf seiner sieben Kinder, darunter der 49 Jahre alte Erbprinz Albrecht von Bayern, sowie vier Schwiegersöhne und Töchter und noch einmal sieben Enkelkinder sind bei ihm. Prinzessin Hilda und ihr Ehemann, ein englischer Bergwerksbesitzer, sind sogar aus Peru gekommen. Die herzogliche Brauerei in Tegernsee hat zur Feier des Tages eigens ein Starkbier gebraut – den »Königstrunk«.

Der königstreue Leutstettener Bürgermeister Franz Xaver Hirschbold setzt zu einer der wichtigsten Reden seiner Amtszeit an. Er wähnt sich im Einklang mit allen Bayern, als er sagt, dass das Haus Wittelsbach bald wieder an der Spitze der Regierung stehen müsse. »Wir wünschen uns die königliche Demokratie«, ruft Hirschbold. Die Menschenmenge ist begeistert. »Seine Majestät ist unser König von Bayern, auch wenn die Umstände die äußere Form nicht zugelassen haben.«

Die Festlichkeiten des Tages schließen mit einem Festspiel des Starnberger Volkstheaters unter freiem Himmel ab. Aufgeführt wird die Geschichte der Wittelsbacher von 1180 bis 1918. Die letzten knapp 40 Jahre lässt man lieber weg.

An dem Tag wird zu Ehren Rupprechts auch München beflaggt. CSU, Bayernpartei und Münchner Block hatten im Landtag den Antrag gestellt, auf öffentlichen Gebäuden in Würdigung des Kronprinzen die Fahnen zu hissen. Die SPD, wenn auch dem Kronprinzen grundsätzlich zugeneigt, widersprach, eine hitzige Debatte entspann sich. Als dann die Abstimmung darauf hinauslief, dass der Antrag abgelehnt werden würde, holten die CSUler schnell Verstärkung aus dem stets gut besuchten »Weißwurstzimmer«, was wiederum die Sozialdemokraten veranlasste, einige verspätete Brotzeitler zu aktivieren. Die dritte Abstimmung brachte das Ergebnis: eine Stimme Mehrheit für die Annahme des Antrags.

In einem seiner seltenen Interviews macht sich der Wittelsbacher für die Monarchie stark. Sie könne Diktaturen verhindern. Man müsse Wünsche nach einer Änderung der Staatsform auf verfassungsgemäßem Weg als unbestritten zulässig ansehen. Ein Nebeneinander von republikanischen und monarchistischen Staatsformen habe sich im alten Kaiserreich und auch im zweiten Kaiserreich bewährt.

Die Feierlichkeiten zu Rupprechts 85. Geburtstag dauern zehn Tage. Am Tag nach dem Leutstettener Volksfest finden sich im Nymphenburger Schlosspark Tausende Menschen ein, um einem Feldgottesdienst für den Blaublütigen beizuwohnen, inklusive Kultusminister und halber Staatskanzlei. Rupprecht selbst ist auch da und spricht ein paar Worte: »Ich hoffe, dass diese Ehrung der letzten Tage dazu beitragen wird, dem bayerischen Gedanken für unser heiß geliebtes Vaterland neue Kraft einzuflößen.« Die Kapelle spielt »Gott mit dir, du Land der Bayern«.

Die *Schwäbische Zeitung* aus dem Nachbarbundesland erkennt hier einen Minderwertigkeits- und Schuldkomplex der Bayern: »Im Grunde ihres Herzens nämlich haben sie das Gefühl, als hätten sie diesem Hause Wittelsbach etwas abzubitten. Sie können es sich heute noch nicht verzeihen, dass ihr Land das erste war, in dem 1918 die Republik ausgerufen wurde, dass ihr König in Nacht und Nebel fliehen musste und in der Fremde starb.«

* * *

Die Alterspräsidentin des Bonner Bundestags, Marie-Elisabeth Lüders (FDP), macht sich Sorgen um die Zukunft der Gesellschaft. Im Mittelpunkt ihrer Sorgen stehen die zunehmende Prostitution und die rasant steigende Zahl an Bordellen. »Seit Jahr und Tag beobachten wir täglich immer schwerere Verstöße beinahe in allen Großstädten, wahrscheinlich auch in mittleren – ich habe sie sogar auf dem Lande beobachtet –, gegen das ›Gesetz zur Bekämpfung der Geschlechtskrankheiten‹.« Diese Rechtsvorschrift ist aus dem Jahr 1953 und wird bis 2001 existieren. Da wird es vom Infektionsschutzgesetz abgelöst, das in der Covid-19-Pandemie 2020 und 2021 einer breiteren Öffentlichkeit bekannt wird.

Laut Lüders hat Deutschland inzwischen »amerikanische Verhältnisse«. Dass Bordelle vor allem in der Nähe von US-Kasernen entstehen, sei kein Zufall. »Will die Besatzungsbehörde solche Unternehmungen in ihren Kasernen haben, dann mag sie es tun; aber dann mag sie es bitte tun unter ihrer nationalen Flagge.«

In der Tat etablieren sich von Anfang der 1950er-Jahre an dort, wo Kasernen stehen, binnen kurzer Zeit Gaststätten und Bars sowie eben jene anderen Einrichtungen des Nachtlebens. Das passiert auch in kleineren Städten oder gar in Dörfern. Neben den einsamen GIs sind im Umfeld von Kasernen viele Arbeiter beschäftigt, ebenfalls oft junge, alleinstehende Männer. Die Stadt Kaiserslautern mit 80 000 Einwohnern hat – wie *Die Zeit* etwas säuerlich berichtet – »Nachtleben für fünf Großstädte«. 5000 bis 6000 Prostituierte sollen in Kaiserslautern verkehren. Aber nicht alle arbeiten in Bordellen. Jene Frauen, die heimlich in möblierten Zimmern ihre Dienste anbieten, heißen in der Pfalz »Frolleins«, »Amizonen« oder »Veronika Dankeschön«. Die Zahl unehelich geborener Kinder schnellt in diesen Gebieten nach oben. Die Pille gibt es noch nicht.

Die berühmteste Prostituierte der 1950er-Jahre ist Rosemarie Nitribitt, die in höheren Kreisen verkehrt, prominente Kunden aus Wirtschaft und Politik »betreut« und 1954 von einem Klienten einen Opel Kapitän geschenkt bekommt, ein ungewöhnlicher Besitz für eine 21-Jährige. Einen schwarzen Mercedes 190 SL Cabrio hat sie auch schon. Die Nitribitt wird drei Jahre später, 1957, unter mysteriösen Umständen ermordet. Das Radio spricht schamhaft von dem »Mannequin« oder wahlweise der »Lebedame«.

Der Fall wird nie aufgeklärt. Zahlreiche Dokumentationen, Sachbücher, Romane, Theaterstücke und Kinofilme entstehen rund um *Das Mädchen Rosemarie.* 1996 verfilmt Bernd Eichinger den Stoff mit Nina Hoss in der Hauptrolle.

* * *

Was für ein Debakel. Fritz Walter ist geschlagen. Es ist die 75. Minute im Endspiel um die deutsche Fußball-Meisterschaft 1954. Hannover 96 führt mit 3:1 gegen den 1. FC Kaiserslautern. 80 000 Zuschauer sind an dem Tag im Hamburg-Altonaer Volksparkstadion und erleben die sich anbahnende Sensation mit. »Fritz, Ihr seid die längste Zeit Deutscher Meister gewesen«, sagt der Hannoveraner Verteidiger Hannes Kirk 15 Minuten vor Schluss zu Deutschlands bestem Fußballer. Walter knurrt irgendetwas. Kaiserslautern verliert am Ende 5:1. Der große FCK ist deklassiert. Und Walter auch.

Der Präsident des Deutschen Fußball-Bundes, Peco Bauwens, überreicht nach dem Abpfiff die Meisterschale an Hannover 96. Er zieht sich den Unmut der 96er-Fans zu, als er sagt: »Es ist immer ein besonderer Erfolg, wenn die Deutsche Fußball-Meisterschaft von einer weniger bekannten Mannschaft errungen wird.« Pfiffe und Spott von den Rängen. Bauwens wird sich in dem Sommer noch öfter um Kopf und Kragen reden.

Die Presse macht die Niederlage der Kaiserslauterner an Walter fest. Die Zeitungen haben ihn schon abgeschrieben. »Der Kapitän, der schon so viele Schlachten auf eigene Faust entschieden hat, besaß nicht mehr die notwendige Kraft«, urteilt die *Süddeutsche Zeitung*. Die *Passauer Neue Presse* erkennt »deutliche Konditionsmängel«. Im Mai 1954, so scheint es, hat Walter keine Zukunft mehr.

Kaiserslauterns Blamage ist nach Ansicht der Zeitungen auch ein schlechtes Omen für die bevorstehende Fußball-Weltmeisterschaft, die keine vier Wochen später in der Schweiz beginnen wird. Die halbe Nationalmannschaft besteht aus dem 1. FCK. Einige Fans im Volksparkstadion skandieren nach dem Abpfiff höhnisch »Herberger, Herberger«, weil hier auch die Mannschaft von Trainer Sepp Herberger als Verlierer dasteht.

Und Hannover feiert. »Zwei Tage lang gab es für Hannover nichts, was die Stadt hätte mehr bewegen können«, schreibt die *Frankfurter Allgemeine Zeitung*. »Was aus Genf, Bonn oder Paris in diesen Tagen nach Hannover gemeldet wurde, schoben die Redakteure der Tageszeitungen auf die zweite oder dritte Seite.« Die Spieler tragen sich ins Goldene Buch ein, dessen erster Eintrag von Kaiser Wilhelm II. stammt. Im Siegestaumel ist Hannovers Polizeipräsident schon zufrieden, »dass niemand gestorben ist«.

In Kaiserslautern dagegen war der Empfang längst vorbereitet. Doch Walter bleibt stur: »Wir fahren durch die Stadt, auch wenn links und rechts niemand steht. Dann lernen wir wenigstens unsere Freunde kennen.« Und tatsächlich stehen am Bahnhof Menschen und freuen sich, ihre Stars sehen zu können. Sie werfen Blumen und lassen die Mannschaft hochleben. Walter kommen Tränen vor Rührung.

Der resignierte Spielführer möchte am liebsten von der Nationalmannschaft zurücktreten. Es sei sicher Walters letztes Endspiel gewesen, kommentiert ein Reporter der *Süddeutschen Zeitung*.

Ein weiteres großes Fußballspiel findet an diesem Tag statt: In Budapest besiegt Ungarn die Engländer mit 7:1. Ein Spiel für die Ewigkeit. Die Ungarn sind eine Macht im europäischen Fußball, auch im weltweiten. Und England, das Mutterland des Fußballs, hat an dem Tag rein nichts zu melden. Es herrscht Trauer wie bei einer Beerdigung. »Zur Erinnerung an den englischen Fußball, der am 23. Mai 1954 in Budapest starb«, schreibt der *News Chronicle*. Daneben ist das Bild einer Urne zu sehen.

Ungarn ist 1954, so scheint es, unbesiegbar.

* * *

Der Bundestag ist nur zur Hälfte gefüllt, als die Abgeordneten zwölf Stunden lang zum Thema »Deutsch ist die Saar« debattieren. Es geht um die Frage, ob das Saarland einmal deutsch, französisch oder neutral sein soll. 1954 steht es noch unter französischer Verwaltung und ist Teil von Frankreichs Besatzungszone. Das Motto der Debatte scheint indes berechtigt – im Saarland, ähnlich groß wie Luxemburg und mit dreimal so vielen Einwohnern, leben fast nur Deutsche. 1946 wurde es von den Alliierten per Besatzungsdekret von Westdeutschland getrennt.

Seit der Trennung ist das Saargebiet Mittelpunkt vieler Diskussionen. Dabei sind die Standpunkte sowohl von Frankreich als auch von Deutschland klar: Die einen wollen es behalten, die anderen wollen es zurückhaben. Doch der Teufel steckt wie immer im Detail. »Das Saarproblem ist einfach unlösbar, wenn beide Teile es allein unter dem Gesichtspunkt ihrer nationalen Interessen lösen wollen«, ruft Bundeskanzler Adenauer mit verschränkten Armen in den Bonner Parlamentssaal hinein. Deutschland habe kein Mittel, um Frankreich davon zu überzeugen, aufs Saarland zu verzichten. Da wird es laut im Plenum. Adenauer schaut auf: »Na, wennse'n Mittel wissen, wernses ja sagen.« Gelächter.

Der Abgeordnete Karl Georg Pfleiderer (FDP) ärgert sich darüber, dass Deutschland immer nur geben, geben, geben soll. Es werde viel von Deutschland verlangt, ohne zu wissen, was man zurückbekommt. Es bestehe die Gefahr, »dass wir von Vorleistung zu Vorleistung gezwungen werden, ohne sicher zu sein, die Gegenleistung zu erhalten«. Eine Lösung ist nicht in Sicht.

Die Saarfrage ist für Adenauer untrennbar mit dem Plan zum Aufbau einer Europäischen Verteidigungsgemeinschaft – kurz EVG – verknüpft, die bald entstehen soll. Eine Armee, in der die Deutschen integriert sind. Der Kalte Krieg spitzt sich zu, ein stärkerer internationaler Beitrag Deutschlands ist erwünscht. Doch damit würde sich Deutschland an den Westen binden und eine Wiedervereinigung wäre in weiter Ferne. Alles hängt mit allem zusammen, alles greift ineinander. Weder die Saarfrage noch die Souveränitätsfrage noch die Einheitsfrage können für sich allein gelöst werden. Und die EVG soll das Fundament für alle weiteren Antworten sein.

Adenauer sieht keine Alternative zu EVG und Westbindung. »Neutralisierung heißt Sowjetisierung«, ruft er. Der Bundeskanzler ist sich sicher: Die UdSSR will die Vorherrschaft in Europa. Der Kalte Krieg, von dem die Politik hofft, ihn bald beenden zu können, beginnt jetzt erst.

Wie deutsch oder französisch ist aber die Saar nun? In Saarbrücken, meint die *Süddeutsche Zeitung*, seien die Fräuleins ein bisschen schicker als in anderen deutschen Städten. Das liege eindeutig am französischen Einfluss. Auch diese leckeren Pommes frites hätten es dort mittlerweile überall auf die Speisekarte geschafft und schmeckten wirklich besser als anderswo. Aber ansonsten sei das Saarland doch wenig französisch. Im Kino liefen die Filme - wenn nicht auf Englisch - auf Deutsch. Zeitungen und Illustrierte, die an den Kiosken ausliegen, seien fast alle deutsch. Die *Wochenschau*, die täglich im Kino läuft, behauptet gleichzeitig genau das Gegenteil. Es sei fast alles französisch an der Saar: *Citroën, Paris Match, Croissants* ...

»Deutsch ist die Saar« - das dauert noch rund zweieinhalb Jahre, um wahr zu werden. Am 1. Januar 1957 wird das Saarland durch Beitritt zum Geltungsbereich des Grundgesetzes ein Bundesland der Bundesrepublik Deutschland.

* * *

In Wiesbaden eröffnet die Erfindermesse. 760 Erfindungen präsentieren die Aussteller, unterteilt sind sie in »Wichtigste Erfindungen für die Welt« und »Neueste sowie merkwürdige Erfindungen«. Eine Industrieschau zeigt zudem »Fortschritt im Alltag«.

Große Aufmerksamkeit bekommt ein Elektronenhirn, das Fremdsprachen übersetzen können soll. Das Modell ähnelt einer Schreibmaschine, sie soll einmal 4000 Zeichen haben, jedes bedeutet ein Wort. An dem Gerät arbeitet Professor Léon Dostert, der am Georgetown Institute lehrt, gemeinsam mit IBM Business Machines. Der Franzose war als Mehrsprachen-Übersetzer schon bei den Nürnberger Prozessen gegen führende Nationalsozialisten dabei.

Zudem begeistern die Besucher ein »Fensterputz-Balkon«, mit dem die Hausfrau die Fenster auch von außen ordentlich putzen kann, eine Milchflasche mit eingebautem Thermometer, ein Regenschirm, der zu einem Tisch wird, ein Kurvenbügeleisen, mit dem man toll um Knöpfe und Zierleisten herumkommt, sowie eine Geldbörse mit dazugehörigem Revolver. Sicher ist sicher. Und für den modischen Mann: das »Hemdsakko« – es besteht aus einem sakkoartig verarbeiteten Hemd, der Vorderteil des Hemdes wird in die Hose gestopft, der Rückenteil hängt wie bei einem Sakko lose über den Rücken. Warum es das gibt, ist nicht überliefert.

Anfang September wird Nürnberg mit der »Deutschen Erfinder- und Neuheitsmesse« nachlegen. Unter den dort gezeigten 300 Erfindungen: ein Regenmantel, der sich in eine Umkleidekabine verwandelt, ein bellender Spielzeughund namens Flocki und die Photobrille »Colibri«, die Fotos machen kann, weil ein Fotoapparat drangeschraubt ist.

* * *

Um den illegalen Übertritt aus der DDR ins Bundesgebiet zu begrenzen, verstärkt der Osten die Grenzbewachung. Mehr Volkspolizisten werden abgestellt, Stacheldraht an unübersichtlichen Stellen gezogen. Es sind Hunderte jeden Monat, die in den Westen »rübermachen«. Auch Volkspolizisten ergreifen die Flucht. In der ersten Hälfte 1954 zählen bundesdeutsche Behörden 1462 Angehörige der Volkspolizei, darunter 109 Kommissare, die nach Westberlin flüchten. Der sowjetische Hohe Kommissar Wladimir Semjonow weist das Innenministerium deshalb an, sofort entsprechende Maßnahmen zu ergreifen, um die Fluchtwelle zu stoppen. Man traut seinen eigenen Leuten nicht mehr.

Um zu vermeiden, dass sich ostdeutsche Fischer über die Ostsee absetzen – das passiert immer häufiger –, erhalten die Fischereikombinate die Anweisung, dass Fischkutter mindestens mit zwei Personen besetzt sein müssen. Außerdem soll sich auf jedem Boot ein SED-Funktionär befinden, der mit dem Küstenschutz der Seepolizei Verbindung hält. Ob das wirklich durchgesetzt wird, ist unklar.

Die Maßnahmen scheinen ohnehin nicht zu verfangen. In der letzten Maiwoche zählt die BRD 1848 Flüchtlinge. Vier Monate später, in den Wochen des Septembers, wird die Zahl der täglichen Flüchtlinge bei 250 bis 300 pro Tag liegen, also in etwa gleichbleibend wie im Mai.

Zwischen 1950 und 1954 sind bereits eine halbe Million in den Westen geflohen, die meisten nach Westberlin. Vor dem Mauerbau im August 1961 ist es noch relativ einfach, in die Westzonen der Stadt überzutreten. Die Bundesrepublik schiebt sie nicht ab, auch wenn es sich nicht um politische Flüchtlinge handelt. Nur einwandfrei überführte Verbrecher bekommen kein Bleiberecht.

* * *

Der Direktor des Frankfurter Zoos, Dr. Bernhard Grzimek, kommt zurück aus Belgisch-Kongo. Als er in Frankfurt am Main landet, ist der Medienandrang groß. Drei Monate war er auf Forschungsreise im Dschungel. Grzimek bringt in einem Sonderflugzeug 40 seltene afrikanische Tiere mit. Es ist eine fliegende Arche Noah. Einige der Tiere haben der berühmte Forscher und sein Sohn Michael selbst gefangen.

Das wertvollste Tier ist ein drei Jahre altes Okapi, eine seltene kurzhalsige Waldgiraffe mit sehr großen Ohren und schwarz-weiß gestreiften Schenkeln. Das gibt es bisher in keinem deutschen Zoo. Das Okapi wird die Zuschauerzahlen des Frankfurter Zoos in dem Sommer nach oben schießen lassen. Alle wollen es sehen. Grzimek teilt mit: »Schlau sind Okapis bestimmt nicht. Sie können aber schön nach allen Seiten ausschlagen!« Grzimek hat zudem das zwei Jahre alte Elefantenbaby Dima, fünf Schimpansen und andere afrikanische Affen aus dem Urwald, drei Zwergantilopen und drei Riesenwaldschweine dabei.

Der Forscher, der sich für bedrohte Tiere einsetzt, bringt in diesem Sommer die Schriftenserie *Kein Platz für wilde Tiere* heraus. Daraus entsteht 1956 ein Kinofilm. Auch als Moderator im Fernsehen verschafft sich Grzimek Gehör (*Ein Platz für Tiere*) und gelangt zu großer Bekanntheit. Sein Film *Serengeti darf nicht sterben* aus dem Jahr 1959 läuft noch heute im Fernsehen.

* * *

Fahrdienstleiter Penka, beschäftigt am Bahnhof Kitzingen, erlebt etwas, das zur größten Überraschung seines Berufslebens wird. Der Wien-Ostende-Express rauscht um 00.25 Uhr durch seinen Bahnhof, zwei Minuten vor der Zeit. Das ist aber nicht die eigentliche Überraschung. Am vierten Fenster des letzten Waggons hängt eine Gestalt, durch den Luftzug angeblich an den Wagen gepresst. Fahrdienstleiter Penka hört Schreie, sieht einen Rock im Winde wehen. Dann kann sich Simone de Ridder nicht mehr halten, und sie fällt.

Im Würzburger Schwurgericht sitzen nun, an diesem schönen Maitag, drei Jugoslawen, denen man nicht bei Nacht auf der Straße begegnen möchte. Stefan Matusik, Ivan Stefulj und Mirko Modrusik heißen sie. Das Gericht ist mit 20 Polizisten strenger bewacht als sonst. »Sie sind ganz einfach drei Verbrecher aus dem Bilderbuch, aus dem Nürnberger Valka-Lager, genauer gesagt«, beschreibt sie die *Süddeutsche Zeitung*. Nach dem Krieg sind sie gekommen und geblieben. Gearbeitet haben sie nie, Geldknappheit beseitigen sie mit Raub.

Weil die drei nicht die Hellsten sind, verläuft ein Raub bei ihnen selten reibungslos. Eigentlich wollten sie einen Tabakwarenhändler in Würzburg ausplündern, aber alles ging mal wieder schief, und so hielten sie auf der Rückfahrt im Zug nach einem Alternativgeschäft Ausschau. Deshalb musste die Passagierin Simone de Ridder, eine Belgierin, am Ende ihr Leben lassen.

Vor dem Richtertisch ist nun eine Modelleisenbahn im Maßstab 1:20 aufgebaut, sowie das Modell eines Abteils im Maßstab 1:10. Der Fall wird en détail geklärt. Alles kommt auf den Tisch. Dabei versuchen die drei noch, sich die radikale Tat gegenseitig in die Schuhe zu schieben. Als der Staatsanwalt Fotos von der obduzierten Leiche Frau de Ridders zeigt, fällt der Anwalt der Angeklagten in Ohnmacht.

Es ist klar, dass Matusik, Stefulj und Modrusik in den Knast gehen. Matusik sagt zum Schluss des Prozesses, er freue sich dort auf das brave Erlernen eines Handwerks. Stefulj beim Schlusswort: »Es tut mir leid, ich wollte sie nicht töten, ich bitte um Erlaubnis, am Sonntag in die Kirche gehen zu dürfen.« Und Modrusik mit beleidigter Miene: »Bei der Verhaftung ist mir viel Unrecht zugefügt worden, man hat mir keine Gelegenheit gegeben, meine Unschuld zu beweisen.« Die *Schwäbische Zeitung* beendet ihren Leitartikel (Überschrift: »Mörder«) dazu mit dem Satz: »Es scheint, als ob unsere Gesetzgeber – trotz des Krieges und seiner Folgen – bei der Ablehnung der Todesstrafe nicht das ganze Ausmaß der Taten überschaut hätten, derer ein Mensch fähig sein kann.« In diesem Fall drei Menschen.

* * *

Konrad Adenauer ist dieser Tage so etwas wie ein Star. Erst zu Jahresbeginn wurde der deutsche Bundeskanzler von der amerikanischen Zeitschrift *Time* zur »Person des Jahres« gekürt. Auf dem Titelcover steht hinter Adenauers düsterem, maskenhaften Konterfei ein schwarz-rot-goldener, geschundener Baum, der nun wieder auszuschlagen beginnt. Hoffnung für Deutschland. »Adenauer hat das verhasste Land der Hunnen und der Nazis in eine moralische Ehrbarkeit zurückgeführt und sich einen Sitz in den höchsten Gremien der Westmächte verdient«, schreibt *Time*. Er ist so etwas wie die Zentralfigur des politischen Weltgeschehens.

In diesem Mai bringt das US-Magazin *Life* eine Deutschland-Sondernummer mit 192 Seiten heraus. »Germany – A Giant awaked« (»Deutschland – ein erwachter Gigant«) steht auf dem Cover, abgebildet ist das Schloss Neuschwanstein bei Füssen im Allgäu. Mit einer Auflage von 5,4 Millionen Exemplaren bekommt das Heft eine große Verbreitung. Ein langer Gastbeitrag Adenauers steht auch in der Ausgabe, in dem der Kanzler seine Gedanken zur Einheit Europas darlegt. »Wenn man sagt, Deutschland werde in der EVG die Hauptrolle spielen, dann soll man doch einmal unvoreingenommen den Kreis der Deutschland harrenden Aufgaben überschauen. Man wird mir beipflichten, wenn ich sage, Deutschland wird sicher in den nächsten Jahrzehnten Mühe haben, mit den übrigen in der EVG zusammengeschlossenen Staaten Schritt zu halten.«

Aus Anlass des Erscheinens der Sondernummer lädt die *Life*-Redaktion die amerikanische Presse-, Rundfunk- und Fernsehprominenz sowie eine Reihe weiterer Gäste in das bekannteste deutsche Restaurant New Yorks, das »Lüchow's« im East Village, zu einem Weinfest ein. Serviert wird, wie *Der Spiegel* festhält, Weißwurst mit Sauerkraut. Die Gäste tragen deutsche Studentenkappen, eine bayerische Trachtenkapelle spielt auf.

* * *

Albert Einstein ist seit 1940 Staatsbürger der USA und lehrt an der Eliteuniversität Princeton. Doch der berühmte Physik-Professor aus Ulm ist kein Liebling der amerikanischen Politik. Der leidenschaftliche Kritiker der US-Regierung sagt, was er denkt, und das passt der Politik nicht. Die

US-Administration feindet ihn im Mai 1954 wegen seiner Stellungnahme gegen die aggressive Kommunistenjagd des McCarthy-Komitees an. Der Republikaner Joseph McCarthy ist Senator des Bundesstaats Wisconsin und Amerikas Kommunistenjäger Nummer eins.

Einstein ruft vorgeladene Intellektuelle auf, die Aussage vor dem Komitee zu verweigern. Lieber solle man sich einsperren lassen, als die Fragen dieser Inquisitoren zu beantworten. Einstein, der vor den Nationalsozialisten geflohen ist, kämpft gegen staatliche Überwachung und Unfreiheit.

Die Republikaner bezeichnen Einstein als einen Mann, »der von den Vereinigten Staaten weit mehr erhalten hat, als er ihnen gibt«. Im Jahr 1954 erreicht die McCarthy-Zeit mit dem »Communist Control Act« ihren Höhepunkt. Die Angst vor kommunistischer Unterwanderung ist nach Berlin-Blockade und russischer Aufrüstung in den USA groß. McCarthy schürt die Ängste obendrein mit vielen falschen Behauptungen.

Der Physiker Einstein, schon krank und geschwächt, setzt sich am Ende seines irdischen Daseins für weltweite Abrüstung ein. Das ist für Amerikaner in diesen Tagen ein Fremdwort, sie mischen überall mit, in Indochina, Korea, bei der Atombombe. Einstein kämpft auch gegen die Diskriminierung von Afroamerikanern, er ist ein Vorreiter von Gleichstellung und -berechtigung. Einstein versteht sich als kultureller Zionist, als Weltbürger, als freier Geist. Er ist Pazifist und Humanist.

Nach Deutschland will der Physiker nicht zurück. Arnold Sommerfeld von der Bayerischen Akademie schreibt er 1954 nach dessen ausgesprochener Einladung: »Nachdem die Deutschen meine jüdischen Brüder in Europa hingemordet haben, will ich nichts mehr mit Deutschen zu tun haben, auch nichts mit einer relativ harmlosen Akademie.«

In diesem Sommer 1954 überspielt das Genie seine Krankheit mit Aktivität. Einstein ist an hämolytischer Anämie erkrankt, eine Form der Blutarmut. »Der Teufel zählt die Jahre überhaupt sehr gewissenhaft, das muss man anerkennen«, sagt Einstein im Spätherbst seines Lebens. Daher ist es für ihn umso wichtiger, jeden Tag in vollen Zügen zu genießen. Er geht im Umland von Princeton – zwischen New York und Philadelphia gelegen – segeln, er hat eine neue Lebensgefährtin, sie schneidet ihm die Haare.

Einstein liest in diesen letzten Tagen viel Zeitung, verfolgt die Politik intensiv. Die Mentalität Amerikas nimmt er trotz der langen Zeit, die er nun schon in dem Land wohnt, nicht ein kleines bisschen an. Er bleibt sich treu. Er bleibt ein Revolutionär bis zum Schluss.

* * *

Für Hermann Zunker, Vorsteher des Westberliner Polizeireviers 103, hat sich das Revisionsverfahren nicht gelohnt. Das ursprüngliche Urteil setzen die Richter zwar herab, aber in diesem Mai bekommt er eine neue Haftstrafe. Immerhin ist Zunker jemand, der einen anderen Menschen getötet hat. Oberwagenwerkmeister Ernst Kamieth fiel ihm zum Opfer.

Zunker hat an jenem Tag im Jahr 1951, als Kamieth sein Leben lässt, den Auftrag, auf dem Gelände des Bahnbetriebswagenwerks am – heute nicht mehr existierenden – Potsdamer Bahnhof in der Berliner Innenstadt nach kommunistischen Umtrieben Ausschau zu halten. Immer wieder hängen dort tiefrote Plakate und Traktätchen, das gefällt der Westberliner Polizei gar nicht.

An diesem Ort treffen sich Zunker und Kamieth zum ersten und letzten Mal. Es gibt Kompetenzgerangel, Zunker fragt schroff, was er denn hier wolle, Kamieth sagt, er dürfe hier sein, er sei schließlich der Werkleiter. Ein Wort gibt das andere, da versetzt Zunker dem 55 Jahre alten Bolschewisten plötzlich einen Schlag. Das beendet die Auseinandersetzung. Doch einige Stunden später bricht Kamieth auf einer Feier bewusstlos zusammen und stirbt im Krankenwagen.

Die Polizei versucht erst, die Tat zu verschleiern, aber die Fakten liegen klar zutage. Zunker wird suspendiert, ins Untersuchungsgefängnis gesteckt und zu Zuchthaus verurteilt.

Kamieths Tod führt in der Folge zu Konflikten zwischen Ost und West, eine Propagandaschlacht beginnt, die Atmosphäre ist aufgeheizt. *Der Spiegel*: »Innerhalb von 24 Stunden hatten die Kommunisten den toten Ernst Kamieth zu etwas gemacht, was er bei Lebzeiten nie und nimmer gewesen ist: zu einem volksdemokratischen Friedenskämpfer und Volkshelden.« 20 000 Menschen sollen Kamieth das letzte Geleit gegeben haben. Die Ostberliner Eisenbahner-Zeitung *Fahrt frei* titelt: »Held und Patriot im Friedenskampf«.

Nachdem der Bundesgerichtshof das Urteil aufgehoben hat, wird Zunker im Mai 1954 vom Landgericht ein weiteres Mal verurteilt, dieses Mal zu 22 Monaten, »wegen sechs teilweise gefährlichen Körperverletzungen im Amt«. Dem *Neuen Deutschland* reicht das nicht, weil das Strafmaß damit herabgesetzt wird: »Korrumpierte Richter decken

Mörder Zunker«. Noch heute sind Straßen und Plätze in den neuen Bundesländern nach Ernst Kamieth benannt.

* * *

Die Abgeordneten bekommen mehr Geld. Der Bundestag, erst im fünften Jahr seines Bestehens, beschließt eine Erhöhung der Diäten. Demnach erhalten Abgeordnete eine Aufwandsentschädigung von 750 D-Mark (vorher 600) sowie eine Pauschale von 700 D-Mark monatlich. Zuvor sind es zusammen 1100 D-Mark gewesen. Hinzu kommen noch 30 D-Mark pro Sitzungstag, Chauffeur-Tagegelder von 15 Mark pro Sitzungstag und Kilometergeld von 30 beziehungsweise 20 Pfennigen für Autofahrten zwischen Wahlkreis und Bundestag.

In dem neuen Beschluss heißt es, das Mandat nehme den Bundestagsabgeordneten zunehmend in Anspruch. Das sei so nicht absehbar gewesen, als die Diäten im Jahr 1950 beschlossen worden waren. Die Politiker könnten wegen der vielen Arbeit im Bundestag ihren eigentlichen Beruf nicht mehr voll ausüben oder müssten gar eine Ersatzkraft einstellen. Andere Politiker haben keinen weiteren Job und machen das hauptberuflich. Von den 487 Abgeordneten im Parlament haben 89 Abgeordnete sozial ungesicherte, freie Berufe. 26 Parlamentarier sind Journalisten.

In der gleichen Sitzung des Bundestags wird – nach deftiger Aussprache zwischen Koalition und Opposition – der Bundeshaushalt in Höhe von 27 Milliarden D-Mark verabschiedet. Zum Vergleich: Im Jahr 2020 liegen die Ausgaben des Bundes bei 362 Milliarden Euro. Von den 27 Milliarden D-Mark sind neun Milliarden für den »Beitrag der Bundesrepublik an die Europäische Verteidigungsgemeinschaft« ausgewiesen. Es seien Vorbereitungen im »Kalten Krieg« für einen »Heißen Krieg«, wie das *Neue Deutschland* darlegt.

Weitere Anträge im Bundestag zu möglichen Steuervergünstigungen machen Bundesfinanzminister Fritz Schäffer (CSU) den ganzen Sommer über zu schaffen. Schäffer wird im September auf der Herbsttagung des Katholischen Männervereins Tuntenhausen in Oberbayern über das Haushaltsjahr 1954 sagen: »Ich habe mir bereits ein Magengeschwür angeärgert und ich fürchte, der Arzt wird mir verbieten, mir ein zweites anzuärgern.« Wenn das so weitergehe mit dem ewigen Gezänke und Gezerre, wären die geplanten Steueränderungen in Gefahr. Ende September bittet der entnervte Minister seinen Chef Konrad Adenauer telegrafisch nach London, zurücktreten zu dürfen. Doch er darf nicht. Schäffer bleibt bis 1957 im Amt.

Es ist eine große Steuerreform geplant, die den Bundestag bei der Arbeit hält und Schäffer den Schlaf raubt. Neben Fragen der Umsatz- und Unternehmenssteuer geht es um die Vereinfachung der Steuervorschriften für den Einzelnen. Adenauer sagt auf einer Kundgebung des Handwerks in Düsseldorf, »jeder normale Mensch« müsse sich in den Steuervorschriften zurechtfinden. Und fügt hinzu: »Auch ich habe in den vergangenen Jahren mehrfach zu viel Steuern gezahlt.«

* * *

So etwas Edles wie das Bundesverdienstkreuz will die SED auch. Die Volkskammer der Deutschen Demokratischen Republik stiftet ein Ordens-Pendant: den Vaterländischen

Verdienstorden. Den gibt es ab sofort in Gold, Silber und in Bronze für Verdienste auf dem Gebiet der Wirtschaft, der Technik, der Wissenschaft sowie im Kampf »um den Schutz der demokratischen Ordnung und des Volkseigentums«. Für die Prüfung der Ordens-Anwärter wird eine Spezialabteilung beim Ministerpräsidenten der DDR-Regierung eingerichtet.

Präsident Wilhelm Pieck vergibt die Auszeichnungen persönlich. Eine der ersten Trägerinnen in Gold ist die deutsche Kommunistin Herta Birkenhauer. Die Arbeiterveteranin hat während des Krieges im französischen Untergrund gegen die Nationalsozialisten gekämpft. 1000 Mark Ehrengeld pro Jahr erhält die Gold-Trägerin.

Ebenfalls ausgezeichnet in dem Jahr: ein gewisser Erich Mielke, der einmal die Überwachung seiner Mitbürger als Minister für Staatssicherheit organisieren wird. Mielke ist Staatssekretär im 1950 gegründeten Ministerium für Staatssicherheit und wird als Minister erst mit dem Zusammenbruch der DDR im Jahr 1989 zurücktreten. Sein berühmtestes Zitat: »Ich liebe euch doch alle.«

Die DDR wirft 35 Jahre lang mit dem Vaterländischen Verdienstorden nur so um sich (wie die Bundesrepublik mit ihrem Bundesverdienstkreuz auch). Letzter Träger des Ordens im Jahr 1989 ist Günter Wirth, CDU-Funktionär in der DDR und Hochschullehrer für Kirchengeschichte.

* * *

Um 22.05 Uhr an einem Montag im Mai knallt es ohrenbetäubend im »Aktualitätenkino« des Nürnberger Hauptbahnhofs. Eine Bombe ist explodiert. Ein Oberschüler verletzt sich schwer, vier weitere Personen erleiden leichte

Verletzungen. Schnell wird befürchtet, dass es hier einen politischen Anschlag gegeben hat. Die Behörden sind alarmiert.

Das Sprengpaket ist aber amateurhaft gebaut, wie die Polizei ermittelt. Eine Blechbüchse mit Schwarzpulver und Nägeln gefüllt und umgipst. Zündung per Taschenlampenbatterie.

Und der Täter ist auch schnell gefasst. Der Oberschüler Karl S. aus Nürnberg, 18 Jahre alt, gibt in der Vernehmung an, den Sprengkörper am gleichen Tag selbst angefertigt und mit ins Kino genommen zu haben. Die Sprengung sei aber unbeabsichtigt erfolgt. S., der nach der Schule gern mit Chemikalien experimentiert, hat die Bombe selbst gebaut und wollte sie einmal im Freien austesten. So hat er letztlich 250 Menschen gefährdet.

Der Nürnberger Polizeipräsident Stahl bezeichnet die Explosion zunächst als Dummenjungenstreich. Später aber wird klar, dass es Absicht war. Ein Brief geht an seinem Gymnasium ein, in dem er seine Absicht schildert und darin bedauert, dass er nicht noch fünf Lehrer »mitnehmen« könne. Der junge Mann wollte mit dem Leben abschließen. Nach der Entlassung aus dem Krankenhaus soll S. psychotherapeutisch behandelt werden.

Dies war schon die dritte Explosion in den vergangenen drei Monaten in Nürnberg. Das örtliche Polizeioberhaupt macht sich Sorgen, dass Nürnberg wegen der Bombenexplosionen den Ruf einer Verbrecherstadt erhält. Am 20. Februar 1954 hat ein junger Elektriker im Nürnberger Tanzlokal »Volksgarten« bei einer Faschingsparty ein Sprengstoffattentat verübt, das drei Todesopfer forderte. Im Juni wird das Landeskriminalamt den Fall aufklären: Es war Horst Schlenk, der zwei Monate nach der Tat im

April beim Hantieren mit einer Granate in seinem Zimmer starb. 1945 war er von einer Handgranate an der Stirn getroffen worden. Seitdem war er anders. Er sammelte Granaten und Sprengkörper, die er von amerikanischen Truppenübungsplätzen raubte. Sein einziges Hobby wird ihm in diesem Frühling zum Verhängnis.

* * *

An einem Mittag im Mai öffnen sich im Gefängnis am Neudeck in der Au in München die Zellentüren. In Gruppen werden die Häftlinge von Sicherheitsbeamten zur Bibelstunde begleitet. Unter ihnen der Räuber Johann Lachner. Als sie im Hof an einer Mauer vorbeilaufen, klettert der geschickte Lachner plötzlich ebenselbe hinauf. Der Sicherheitsbeamte ist machtlos, er kann nicht hinterher, kann die anderen nicht aus den Augen lassen. Er kann nur trillern mit seiner Trillerpfeife.

Johann Lachner wittert Morgenluft. Dieses Mal schafft er den Ausbruch. Das Neudecker Gefängnis am Fuße des Nockherbergs ist nicht als besonders ausbruchsicher bekannt. Der Gangster klettert also weiter über die Dachrinne und dann über die Feuerwehrleiter an der Außenwand eines angrenzenden Gebäudes, er hat es fast geschafft. Auf der Höhe des ersten Stockwerks tritt der Fast-schon-Ex-Häftling mit beiden Beinen ein Fenster ein und steigt in den Raum. Dieser Raum allerdings hat nur einen Ausgang, und an dem steht ausgerechnet – ein Wachtmeister.

Der Lachner Johann blickt sich um. Ein Herr in einem schwarzen Talar will gerade zu seinem Plädoyer ansetzen, dieser schaut ihn nun irritiert an. Kurzum: Der Ausbrecher ist in einem Gerichtssaal der Justizvollzugsanstalt gelandet. Sozusagen direkt auf die Anklagebank geflohen, wo er, der bislang noch in Untersuchungshaft ohne Verurteilung war, ja auch hingehört.

* * *

Die Bundesregierung hat sich in eine Affäre verstrickt. Aber sie will sich dafür nicht entschuldigen. Im Gegenteil: Im Skandal um die »Aktion Vulkan« setzt sie jetzt zum Gegenangriff an. Es sei alles mit rechten Dingen zugegangen, man sei sich keiner Schuld bewusst, Punkt, basta, aus.

Die Behörden haben ein Jahr zuvor auf Anweisung von Vizekanzler Blücher einen angeblichen Spionagering der Sowjets hochgehen lassen. Eine Quelle aus Ostberlin, ein Doppelagent, Gotthold K., will sich bei den westlichen Behörden einschmeicheln und nennt Namen. Das ist der Ausgangspunkt jener »Aktion Vulkan«. Der Mann bringt Material mit in den Westen, Akten, Listen. Blücher hat da nach eigener Ansicht »die größte sowjetische Geheimorganisation nach 1945« unschädlich gemacht. Max Güde, Bundesanwalt am Bundesgerichtshof, erlässt 43 Haftbefehle. 40 Menschen kommen daraufhin ins Gefängnis, drei flüchten.

Der eigentliche Skandal ist nun: Genaue Anklagepunkte werden gar nicht genannt, es gibt nur Verdachtsmomente. Die vermeintlichen kommunistischen Bundesbürger erhalten keinen Rechtsschutz. Blücher gibt voreilig eine Pressekonferenz und nennt zur Überraschung der Journalisten die Namen aller Verhafteten, noch bevor Anklage erhoben wird. Ein Mensch, so steht es in den Konventionen für Menschenrechte, gilt so lange als unschuldig, bis seine

Schuld bewiesen ist. Für diese Menschen hier gilt das nicht. Ein Vulkan bricht los.

Wenn die Anschuldigungen gestimmt hätten, wäre das vielleicht noch verzeihlich gewesen. Ganze zwei Personen werden aber nur zu Gefängnisstrafen verurteilt. Da glaubt einer, lästert *Der Spiegel* über Blücher, er habe da eine zweite »Rote Kapelle« – die kommunistische Untergrundorganisation im »Dritten Reich« – ausgehoben. Blücher hat nichts in der Hand.

So ist dieser Vulkan eine deftige Blamage für die Bundesregierung. Aus der Aktion Vulkan wird die Affäre Vulkan. Auch das Bundesamt für Verfassungsschutz und sein Präsident Otto John geben keine gute Figur ab. Das Material, das der Überläufer mitbringt, ist nicht viel wert, teils hat er die Listen selbst aufgepulvert. Es ist in diesen Zeiten nicht ungewöhnlich, dass Informanten versuchen, sich mit angeblich heißem Material Immunität, Geld oder andere Vorteile zu verschaffen. Geheimdienste zahlen 1954 gut. Nicht selten sind die Informationen reiner Schwindel.

Nach und nach werden die meisten Verhafteten wieder freigelassen, unter ihnen der unbescholtene Bürger Erwin van Hazebrouck, Inhaber des Großkreuzes mit Stern vom Malteser-Orden. Einige Unternehmer, die verhaftet worden sind, stellen Schadenersatzansprüche. Einer von ihnen ist tatsächlich zum Spion ausgebildet worden, hat diese Tätigkeit aber nie (oder noch nicht) praktiziert. Einige andere, meist Unternehmer mit Ost-West-Kontakten, haben auf einer Agentenliste namentlich gestanden, aber davon selbst nichts gewusst. Andere sind zumindest aktive Parteigenossen, wenigstens etwas. Einer der Häftlinge, der Handelsvertreter Hans H., verliert im Untersuchungsgefängnis die Nerven und nimmt sich das Leben.

Die Bundesregierung spielt aber nun, im Mai 1954, auf Zeit. Es sei ja alles noch nicht restlos aufgeklärt, man müsse die Ergebnisse der Untersuchungen abwarten. *Die Zeit* sieht hier bereits »die Demokratie zugrunde gehen«.

Die Affäre entfacht Tumulte im Bundestag. Bei einem mehrstündigen giftigen Rededuell zwischen SPD-Abgeordneten und Schröder werfen sich die Kontrahenten keine Nettigkeiten an den Kopf. Der Bundesinnenminister bleibt dabei, die Aktion sei »einwandfrei behandelt worden«, sie habe zur Zerschlagung eines sowjetzonalen Spionagerings geführt. Dieser Ring habe die Bundesrepublik mit Tarnfirmen und Agenten überzogen. Die SPD prangert dagegen die Amateurhaftigkeit der Aktion an. Später, als das Ausmaß dieses Vulkans klar wird, gehen Schröder die Argumente aus. Im Juni bewegt sich der Bundesinnenminister und kündigt an, eine Ehrenerklärung für die unschuldig Verhafteten abgeben zu wollen.

Die Affäre tritt auch eine Debatte über das Grundsätzliche los. Die Verfolgung von Kommunisten nimmt immer größere Ausmaße an, schon ist von einer »neuen Gestapo« die Rede. Die Bundesrepublik, so scheint es, möchte den Amerikanern und ihrem McCarthyismus nacheifern. Der Verfassungsschutz, so die Kritik, werde dafür benutzt, die Regierungspolitik zu schützen, sonst schützt er nichts. Und das alles für ein paar versprengte Kommunisten, die keine Gefahr für die Demokratie sind. Die KPD hatte bei den Bundestagswahlen 1953, wenige Wochen nach der blutigen Niederschlagung des Volksaufstands in der DDR, nur 2,2 Prozent der Stimmen bekommen.

Der Politiker Reinhold Maier, ehemaliger Ministerpräsident von Baden-Württemberg und Lieblingsgegner von Adenauer, fragt, »ob wir uns widerspruchslos von einem Heer von Geheimagenten, Schnüfflern, Spähern und schließlich Häschern umgeben lassen wollen«. Maier lässt sich nichts gefallen. Der FDP-Politiker und Bundestagsabgeordnete steht im Briefverkehr mit Adenauer, und den macht er auch öffentlich. Einen Brief beendet Maier mit Aristoteles: »Der Tyrann gibt sich alle Mühe, dass ihm nicht verborgen bleibt, was irgendein Untertan tut oder spricht, und hält überall Spitzel.«

Es ist eh Maiers Lieblingsthema, weil dieser selbst tatsächlich vom Verfassungsschutz beobachtet wird. Als Schröder in einer Kabinettssitzung vorschlägt, anderntags im Bundestag eine weitere Regierungserklärung zur »Aktion Vulkan« abzugeben, pfeifen ihn Kabinettsmitglieder mit dem Argument zurück, es sei zu befürchten, dass dann Reinhold Maier das Wort ergreife. Das gelte es unbedingt zu vermeiden.

Die Pressestelle der Südwest-CDU entgegnet ihrem Landsmann Maier, wenn er den Verfassungsschutz als »geheime Staatspolizei« bezeichne, übernehme er den Sprachschatz der Kommunisten. In einer Ansprache im Radio erklärt Maier, seine Kritik richte sich nicht gegen die Verfassungsämter, sondern gegen jene, die diese Ämter missbrauchten. In seiner Regierungszeit in Baden-Württemberg habe er nicht ein einziges Mal auf die Informationen der Verfassungsämter zurückgegriffen. »Bonn aber wühlt in diesen Berichten.«

Der Streitlustige wird sich über den ganzen Sommer eine Fehde mit Adenauer gönnen. Maier bei einer Rede in Lindau: »Wir bewegen uns haarscharf auf der Grenze eines noch halb demokratisch und halb autoritären Staatswesens.« Maier wird 1957 den Parteivorsitz übernehmen und fährt für die FDP über einen langen Zeitraum beachtliche Wahlergebnisse von rund 15 Prozent ein. Er und Adenauer – sie werden keine Freunde mehr.

***

Die Deutschen geben die Saar keineswegs verloren. Der Freidemokrat Thomas Dehler warnt: Keine Saarabtretung als Reparationsleistung an die Franzosen, auch keine Saar-Europäisierung, zumindest nicht, bevor nicht die Europäische Verteidigungsgemeinschaft, die EVG, steht. Oder gar erst die Wiedervereinigung Deutschlands – dann könne man über die Saar entscheiden. Hier ist also überhaupt nichts geklärt.

Die FDP gehört zwar zur Regierungskoalition, fährt aber einen deutlich nationaleren Kurs als die CDU und tritt für direkte Gespräche mit Moskau ein, um eine Wiedervereinigung zu erreichen. Das gibt viel, viel Ärger in der Koalition.

Adenauer bleibt bei seinen Argumenten für eine EVG. Erstens: Deutschland würde auf diese Weise keine eigene Armee erhalten, davon hat die Welt genug gesehen. Zweitens: Der deutsche Beitrag zur EVG wäre eine reine Verteidigungsarmee, angreifen will man niemanden. Und drittens: Deutschland stünde so Schulter an Schulter mit einstigen Feindesstaaten. Es wird folglich Frieden sein.

Nach Ansicht der SPD stirbt mit einer EVG die Chance auf eine deutsche Einheit für lange Zeit. Parteichef Ollenhauer will ein geeintes Deutschland, das sozialistisch und ansonsten neutral gegenüber den Mächten ist. Doch Wiedervereinigung und Westbindung schließen sich aus. Das US-Magazin *Newsweek* titelt: »New German Army: Calculated Risk«.

Die Franzosen aber haben in ihrem Parlament noch immer nicht über die EVG abgestimmt. Die haben andere Probleme.

* * *

Und Deutschland hat ein Alkoholproblem. Beim amtlichen Alkohol-Bluttest kommt es in den Behörden der Bundesländer zu erheblichen Differenzen. Es gibt kein sicheres Verfahren. Drei Braunschweiger Kriminalbeamte wollen es genau wissen und stellen sich für einen Versuch zur Verfügung. Sie flößen sich in zweieinhalb Stunden je eineinviertel Liter Dortmunder Hansa-Bier und zwölf 40-prozentige Steinhäger ein. Die ihnen entnommenen Blutproben gehen an die gerichtsmedizinischen Institute in Göttingen, Bonn, Düsseldorf, Heidelberg, Hildesheim, Kiel, Münster und München. Alle erreichen sie unterschiedliche Ergebnisse, keine zwei von ihnen stimmen überein. Wie viel Promille die drei trinkfesten Polizisten wirklich intus haben, kann nicht geklärt werden.

Die Münchner Arbeitsgemeinschaft für Gärungsgewerbe hält generell nichts von standardisierten Alkoholtests im Straßenverkehr. Es müsse im Einzelfall geklärt werden, wie alkoholisiert ein Fahrer ist. Manche, so argumentiert die Vereinigung, sind bei 1,5 Promille noch durchaus fahrtüchtig. Da dürfe nicht pauschalisiert werden.

Ein Professor Dr. H. Kritzinger schaltet sich in die Debatte ein. Er ist vom Institut für praktische Bioklimatik. Nach Kritzingers Ansicht ist nicht der Alkohol schuld an den vielen Autounfällen, sondern das Wetter. 40 Prozent aller Unfälle, so der Wissenschaftler, seien auf atmosphärische Infralangwellenstrahlen zurückzuführen.

Die Debatte um Alkoholtests im Verkehr dauert an. Ein Diskussionsabend in Bonn mit Wissenschaftlern. Der Karlsruher Professor Dr. Kritzinger ist wieder da, er erklärt zur Überraschung der Zuhörer, dass der menschliche Körper in Momenten der Todesangst Azeton produziert, das dann bei der Blutprobe als Alkohol erkannt wird. Bei Kraftfahrern sei bis zu 1,2 Promille nachgewiesen worden, obwohl sie gar keinen Alkohol getrunken hätten. Ferner trübten Witterungsveränderungen die Aufmerksamkeit des Fahrers; in solchen Fällen könne etwas Alkohol auch positiv wirken.

Ein Dr. Lejeune fordert eine Reform des Bluttests: Die Tests sollen in Zukunft auch die Charakterfestigkeit berücksichtigen. Denn »labile« Menschen würden viel schneller betrunken als »feste« Menschen.

* * *

Nur noch wenige Wochen bis zur Fußball-Weltmeisterschaft in der Schweiz. Am 26. Mai treffen sich die Nationalspieler in der Sportschule des Bayerischen Landessportverbands in München-Grünwald. Trainer Sepp Herberger hat 28 Spieler einberufen. 22 von ihnen dürfen mit zur WM. Am Schluss des Lehrgangs will Herberger bekanntgeben, wer dabei ist. Einige Kandidaten fallen aber schon im Vorfeld aus, weil sie aus beruflichen Gründen absagen mussten.

Als Erster steht der Nürnberger Spieler Günther Baumann an der Pförtnerloge der Sportschule, die streng abgeschirmt ist. Fritz Walter kommt später am gleichen Tag im Trainingslager an. Er ist noch frustriert nach dem verlorenen Endspiel um die Deutsche Meisterschaft. Fritz'

Bruder Ottmar ist sogar erst drei Tage später als die anderen da. Er hatte zunächst keinen geeigneten Vertreter für seine Tankstelle gefunden.

Zwölf Tage werden sie jetzt zusammen sein. Für Herberger ist Disziplin zwar grundsätzlich wichtig, aber die Zeiten des Kasernentons sollen vorbei sein. Herberger hat ein Sportstudium absolviert - ohne Abitur - und neben Sportwissenschaft und Anatomie viel über Psychologie und Pädagogik gelernt. Halb acht aufstehen, frühstücken, dann Theorie, danach hinaus zum Training, laufen, lockermachen, Kondition tanken, Spiel mit dem Ball. Die Spieler sind nach der Laufarbeit auf der Aschenbahn in Schweiß gebadet. Herberger hat ein exaktes Programm ausgearbeitet. Halbstürmer Max Morlock verliert acht Pfund.

Zweimal schauen sich die Spieler mit Herberger gemeinsam die Aufzeichnung des Spiels England - Ungarn an, das 3:6 ausging. Zum allerersten Mal haben die Briten auf eigenem Boden ein Länderspiel verloren. Herberger erklärt währenddessen die taktischen Finessen der ungarischen Spieler. Ungarn-Star Ferenc Puskás und Mittelstürmer Nándor Hidegkuti werden genau unter die Lupe genommen. Sie sind im internationalen Fußball das Maß aller Dinge.

Zwar findet alles streng geheim und unter Ausschluss der Öffentlichkeit statt, doch Neugierige schaffen es immer wieder, über den Zaun zu spähen. Die Zaungäste in Grünwald wundern sich unter anderem, warum die Feldspieler auch Torwarttraining erhalten. Ein Sportreporter der *Süddeutschen Zeitung* berichtet, wie Ottmar Walter die Elfmeter-Bälle seines Bruders hält. Der Grund für das Torwarttraining: Kein Spieler darf laut Reglement bei einem Spiel dieses Turniers ausgetauscht werden, es gibt keine Wechsel und keine Ersatzspieler. Verletzt sich der Torwart, muss dafür ein Feldspieler zwischen die Pfosten. Daher wird geübt.

Nach dem Training ist Freizeit. Die Kegelbahn ist der Ort für weitere Gefechte. Fritz Walter und Flügelstürmer Helmut Rahn holen den Sieg, weil Rahn zum richtigen Zeitpunkt einen Kranz wirft. Als Preis gibt es für jeden ein Buch: den nagelneuen Bestseller *08/15* von Hans Hellmut Kirst mit einer Widmung Herbergers. Von dem Roman wird später noch zu reden sein.

Dreimal geht es in diesen zwölf Tagen nach München ins Kino. Aber für Fritz Walter ist das kein Spaß: Noch immer endet jede *Wochenschau* mit einem Bericht über das 5:1 der Hannoveraner gegen Kaiserslautern. Es ist nicht zum Aushalten. »Nach dreimaligem Kinobesuch haben wir Kaiserslauterner 3 × 5 = 15 Tore von Hannover einstecken müssen«, schreibt Walter in seinen Erinnerungen an jenen Sommer 1954.

Im Alter von 20 Jahren hat Walter sein erstes Länderspiel gemacht und gleich drei Tore geschossen. Als Walter in den Krieg musste, versuchte Herberger, ihn oft für Spiele nach Hause zu holen. Er wollte den Luftwaffensoldaten der Jagdgeschwader 11 und 52 in Sicherheit bringen. Doch im Januar 1945 galt Walter plötzlich als vermisst. Er war in Gefangenschaft, schaffte es aber – wenn auch von den Entbehrungen gezeichnet – im Oktober 1945 wieder nach Kaiserslautern zurück. Seine Rettung war der Fußball: Weil er im Lager beim Fußball glänzte, hatte er die Sympathien des Lagerkommandanten. Eigentlich wäre Walter auf den Transport gen Osten gekommen, so aber durfte er bleiben. Und kam letztlich frei.

Herberger muss Walter in den Tagen vor der WM aufbauen. Der Spieler ist ein Zweifler vor dem Herrn und großen emotionalen Schwankungen unterlegen. Walter sucht dann den Zuspruch seines Förderers. Der macht einen Speiseplan, denn Walter hat immer wieder Schwierigkeiten mit seinem Gewicht. Kein Schweinefleisch mehr, keine fetten Soßen, Alkohol ist auch verpönt. Walter ist Herbergers Lieblingsspieler. Der Trainer war Trauzeuge, als Fritz seine Italia heiratete.

Angesichts der bevorstehenden WM muss sich Deutschland in Testspielen bewähren. Es geht Ende Mai im Sankt-Jakob-Park in Basel gegen die Schweiz. Die Schweizer liegen zur Halbzeit schon deutlich zurück, kommen nach der Pause aber stark aus der Kabine. Am Ende siegen die Deutschen 5:3. Aber die Schweiz hat sich beachtlich geschlagen.

Auf die Frage, warum die zwei Halbzeiten so unterschiedlich verlaufen seien, erklärt der Schweizer Trainer Karl Rappan: »Unsere Spieler haben in der Halbzeit eine Sauerstoffpumpe erhalten.« Das macht die Runde. Auch der Deutsche Fußball-Bund denkt nun darüber nach, ob gute Luft die Leistung der Spieler fördern könnte. »Wenn wir zur Weltmeisterschaft in die Schweiz fahren und die anderen werden mit Sauerstoff aufgepumpt, weiß ich nicht, ob wir es nicht doch ebenso machen sollen«, sagt Carl Koppehel vom Deutschen Fußball-Bund. Herberger erklärt in der Pressekonferenz, man sei interessiert. Nach allen Erkenntnissen von heute nutzen die Deutschen die Sauerstoffpumpe während der WM nicht. Die Wirkung ist ohnehin umstritten.

* * *

Alois Breindl, der junge Kommandant der Freiwilligen Feuerwehr in Eichstätt, hat einen Strafbefehl über 15 Mark wegen des Verstoßes gegen das Jugendschutzgesetz auf dem Schreibtisch liegen. Er habe, so das Amtsgericht, mit einem noch nicht 16 Jahre alten Mädchen nach Mitternacht auf dem Eichstätter Feuerwehrball getanzt. Breindl und sein Anwalt haben aber eine überraschende Verteidigung parat, wie *Der Spiegel* trocken berichtet: Breindl und der Anwalt weisen darauf hin, dass auf dem Münchner Faschingsball der bayerische Ministerpräsident Hans Ehard noch nach Mitternacht mit Romy Schneider, der fünfzehnjährigen Tochter des Ehepaars Magda Schneider und Wolf Albach-Retty, getanzt habe. So habe es in der Zeitung gestanden. Die Verteidigung greift: Das Gericht spricht den Kommandanten Breindl frei.

Romy Schneider ist trotz ihrer Jugend bereits ein Begriff. In dem Film *Wenn der weiße Flieder wieder blüht* neben dem gleichaltrigen Götz George hat sie jüngst mitgespielt. Jetzt, in diesem Mai, beginnt die junge Romy mit den Dreharbeiten ihres zweiten Films *Feuerwerk* an der Seite von Lilli Palmer. Der Streifen kommt im September in die Kinos. Im nächsten Jahr folgt *Sissi – Mädchenjahre einer Kaiserin*, der erste Film der Sissi-Trilogie. Es ist der Beginn einer großen, privat zutiefst unglücklichen Schauspielkarriere.

* * *

Apropos Hans Ehard – Hans ist 1954 zum wiederholten Male der beliebteste Jungen-Vorname in einem Jahr, was vermutlich nicht auf die Beliebtheit des Ministerpräsidenten zurückzuführen ist. Allerdings ist der Hans

1954 zum letzten Mal auf Platz eins im Jahresranking der Neugeborenen-Namen. Der Vorname rutscht im Folgejahr auf Rang vier ab – der Michael ist 1955 der beliebteste Name. 1954 folgen nach Hans in der Hitliste Wolfgang, Klaus und Peter. Bei den neugeborenen Mädchen ist es Angelika, gefolgt von Monika und Gabriele.

Der Vorname Fritz wird nach dem Gewinn der Fußball-Weltmeisterschaft übrigens keinen Siegeszug antreten. Er ist weder 1955 noch 1956 unter den 35 beliebtesten Jungen-Vornamen. Der Fritz – er muss erst noch zur Legende werden.

* * *

Der heißeste Trend auf Deutschlands Straßen in diesem Sommer: per Anhalter durchs Land. Weil »Daumen raus« aber kompliziert, unsicher oder gar gefährlich ist, versuchen nun Autostopp-Vereine ihr Glück. Autofahrende Geschäftsleute verdienen sich ein paar Mark dazu, und Anhalter kommen sicher an, ohne auf die teurere Bahn angewiesen zu sein. Die Idee liegt sozusagen auf der Straße.

Die Zahl der Vereine steigt von Monat zu Monat. In München eröffnet die »Stella-Reisepartner«-Vermittlung. Ein Nürnberger Anwalt gründet die »Mitfahrer-Union Deutschlands«. Ein ehemaliger Regierungsoberinspektor macht sich mit der »Mitfahrer-Zentrale« selbstständig. *Der Spiegel* rechnet vor: Bei der »Mitfahrer-Zentrale« kostet eine Fahrt von Frankfurt nach Köln 7,20 Mark. Das sind zwei Drittel der Benzinkosten eines Volkswagens. Das lohnt sich also für den Fahrer und ist für den Mitfahrer günstiger als die Bahn.

Die Deutsche Bahn argumentiert dagegen - schon allein aus Gründen des Selbsterhaltungstriebs. Autostopp-Vereine verstießen gegen das Personenbeförderungsgesetz, sie seien genehmigungspflichtig. Im Gesetz steht dazu nichts, das ist noch von 1934, da hat niemand an so eine spektakuläre Möglichkeit wie einen Autostopp-Verein gedacht.

Interessanterweise entscheiden die Gerichte in den deutschen Bundesländern allesamt ziemlich gleich: contra die neuen Anbieter und pro staatseigene Bahn. Die Behörden machen über den Sommer viele Vermittlungsstellen dicht oder verbieten die Eröffnung geplanter Vereine. Zur Freude der Bahn.

* * *

Der 33 Jahre alte Exportkaufmann Johann K. ist bankrott. Nun hat er es auf die Zweigstelle der Sparkasse Cadolzburg in Roßtal bei Nürnberg abgesehen. Das ist sein wahnsinniger Plan.

Eine Stunde lang beobachtet K. an einem Mittwochvormittag von einer gegenüberliegenden Gaststätte aus, was sich in der Bank tut. Dabei trinkt er eine Coca-Cola. Mit dem Wagen ist er gekommen, die Nummernschilder hat er mit Farbe verändert. Um elf Uhr geht er in die Bank, als keine Kunden im Schalterraum sind. Zunächst versucht er, den 47 Jahre alten Sparkassendirektor Hans F. mit einem Schraubenschlüssel niederzustrecken. Doch der wehrt sich. Da zieht K. eine Pistole - einen neunschüssigen französischen Trommelrevolver - und schießt die Trommel leer.

Der Bankräuber flieht, ohne seinen Raub zu Ende zu führen. Als ihn der Kolonialwarenhändler Karl H. - Eigentümer des Hauses, in dem die Bank untergebracht ist – verfolgt, erschießt er auch ihn. K. hat eine zweite Pistole dabei.

Roßtaler Einwohner laufen auf die Straße, K. versucht, sie in die Irre zu führen und ruft nach der Polizei. Doch eine Frau hat alles gesehen: »Das ist der Täter! Das ist der Täter!« Sie sind nun hinter ihm her, verfolgen ihn durch die Straßen von Roßtal, bis sie ihn stellen. Die mutigen Anwohner halten K. in Schach und schaffen es, ihn der Polizei zu übergeben.

Auf der Wache täuscht K. einen Herzanfall vor, simuliert zudem Geisteskrankheit. Plötzlich schießt er auf den ihn befragenden Polizisten. K. hat eine dritte Pistole unter dem Mantel gehabt. Der Schuss geht durchs Fenster, die Beamten überwältigen den Bankräuber.

K. gesteht, was sonst? Er habe durch den Banküberfall seine schwierige finanzielle Lage verbessern wollen. Und er macht klar, dass es ihm ernst gewesen ist: »Ich hätte bis zur letzten Patrone weitergeschossen, wenn ich nicht so schnell überwältigt worden wäre.«

Juni

Die Ostberliner behängen ihre Mauern, Ruinen und Zäune mit Transparenten. Es ist Pfingsten, das »Deutschlandtreffen der Jugend« in der Sowjetzone der geteilten Stadt beginnt, Schulen und Freie Deutsche Jugend (FDJ) feiern den Sozialismus mit einem mehrtägigen Fest. Tausende westdeutsche Kinder und Jugendliche mit linker Gesinnung oder linken Eltern kommen ebenfalls. Die Jugendlichen - es sollen an dem Wochenende 700 000 da sein - glauben an eine baldige Wiedervereinigung. Die Farbe Blau - wie die Hemden des kommunistischen Jugendverbands Freie Deutsche Jugend - beherrscht das Straßenbild.

Gegen elf Uhr marschiert die Gesellschaft für Sport und Technik über den Boulevard Unter den Linden, dann kommen die Fallschirmjäger, die Motorradabteilung, die Funker. Es gibt Bier und Bockwurst, es wird getanzt. Auf der Ehrentribüne sitzen die Oberen des Arbeiter- und Bauernstaats sowie Delegationen aus dem Ausland inklusive »des ruhmreichen Komsomols« (*Neues Deutschland*), der Nachwuchsorganisation der Kommunistischen Partei (KP) der Sowjetunion.

Die DDR will zeigen, dass sie erwachsen geworden ist. Es ist alles nicht mehr so improvisiert wie in den ersten Jahren nach dem Krieg. Der SED-Lenker Walter Ulbricht behauptet zur Eröffnung des Deutschlandtreffens im gleichnamigen Walter-Ulbricht-Stadion: »Freiheit existiert in Deutschland nur in der DDR. Die Kriegstreiber haben ihr verderbliches Spiel noch nicht aufgegeben.« 5000 junge Menschen marschieren ins Stadion, die Fanfaren ertönen, in ihren Körben haben sie Friedenstauben, die sie während der Veranstaltung frei lassen. *Die Zeit* kommentiert: »Dieses großartige Gefängnis des östlichen Berlins hat viel süßes Konfekt geworfen.« Die Besucher müssen vor dem Stadion allerdings eine achtfache Kontrolle über sich ergehen lassen. An den S-Bahnhöfen wird ebenfalls kontrolliert, um zu verhindern, dass FDJ-Mitglieder sich Richtung Westberlin absetzen. Die Blauhemden sollen schön da bleiben, wo sie sind – in Freiheit. Das Walter-Ulbricht-Stadion in Berlin-Mitte heißt später Stadion der Weltjugend, bis es Anfang der 1990er-Jahre abgerissen wird. Auf dem Gelände ist heute bezeichnenderweise der Bundesnachrichtendienst (BND) untergebracht.

Dass zwei amerikanische Militärflugzeuge über Walter-Ulbricht-Stadion (während Ulbrichts Rede) und Marx-Engels-Platz ihre Kreise ziehen, scheint ebenso übertrieben wie überflüssig zu sein. Als Provokation aber taugt es. Die jungen Demonstranten rufen: »Es lebe, es lebe, es lebe Wilhelm Pieck und unsere Deutsche Demokratische Republik, hurra, hurra, hurra!« Pieck, der SED-Vorsitzende, sitzt mit einem großen gelben Strohhut auf der Ehrentribüne und lauscht andächtig.

Bonner Politikern stößt es sauer auf, dass die SED westdeutsche Jugendliche über die Grenze lockt und infiltriert. Über Kritik aus dem Westen kann Honecker aber nur lachen. Honecker: »Diese Hetze ist ein Ausdruck der schlotternden Angst der Rüstungsmillionäre und Militaristen vor dem Verständigungswillen der Jugend und ihrem Zusammenschluss.«

Die westdeutsche FDJ wird noch 1954 durch ein Urteil des Bundesverfassungsgerichts verboten. Bereits an Pfingsten 1950 – nach dem ersten »Deutschlandtreffen der Jugend« – ließen die Westdeutschen die Jugendlichen nicht wieder in die Bundesrepublik einreisen. Das Argument: Seuchengefahr. Die Jungs und Mädchen harrten zwei Tage an der Grenze in Herrnberg bei Lübeck aus, dann durften sie wieder rein ins Land – ohne ärztliche Untersuchung.

Auch 1954 holen die Grenzbeamten die westdeutschen Jugendlichen aus den Zügen und durchsuchen sie. Noch einmal *Neues Deutschland*: »Es besteht kein Zweifel, dass die Freie Deutsche Jugend vor allem deshalb mundtot gemacht werden soll, weil sie seit ihrer Gründung konsequent und unbeirrbar für die Sache des Friedens, des Rechts der Jugend auf politische Mitbestimmung, auf Arbeit, auf Freude und Frohsinn kämpft.« Doch auch der »Terrorprozess« – gemeint ist das Verbotsverfahren – werde die FDJ nicht beseitigen, sie werde nur immer stärker.

Das Deutschlandtreffen der DDR zu Pfingsten wird übrigens kein Dauerbrenner. Insgesamt findet es in der Geschichte der DDR nur dreimal statt.

Unterdessen treffen sich ebenfalls an Pfingsten 300 Mitglieder deutscher Indianer- und Cowboy-Clubs im Dreisamtal bei Freiburg. Sie begrüßen sich mit einem »Hau-Kola« und rauchen die Friedenspfeife. Drei Tage leben sie dort wie die großen Vorbilder aus North Dakota und Colorado. Sie wohnen in Zelten, bemalen sich und genießen ein Leben ohne Alltagsängste. Doch auch hier holt sie die Realität ein: Diebe schleichen sich in der letzten Nacht ins Dorf und stehlen aus einem Wigwam einen Koffer mit wertvoller Indianerkleidung. Obwohl das Indianerdorf von Sheriffs Tag und Nacht bewacht wird, können die Bleichgesichter fliehen. Auch die richtige Polizei kann nicht helfen.

* * *

An Pfingstmontag startet das Europäische Fernsehprogramm, an dem sich acht Staaten beteiligen. Die westeuropäischen Länder stellen sich gegenseitig Fernsehsendungen zur Verfügung. Die Eurovision ist geboren. Generationen wird es sich ins Hirn brennen, wenn bei einer Eurovisionssendung am Anfang das blaue Logo mit dem Sternenkreis erscheint und dazu das Präludium des »Te Deum« von Marc-Antoine Charpentier ertönt.

Erste Sendung in der Geschichte der Eurovision: das Narzissenfest im schweizerischen Montreux. Aber kaum ein Bundesbürger kann dieses floristische Highlight sehen, es gibt noch nicht viele Fernseher in Deutschland. Immerhin ist das Bild für die, die es sehen können, »klar und einwandfrei«, wie die *Süddeutsche Zeitung* vermerkt.

Im Hinterkopf haben die Intendanten schon ein anderes Ereignis: Die Fußball-Weltmeisterschaft in der Schweiz soll über das europäische TV-Austauschprogramm gezeigt werden. Sport wird in der Folge 70 Prozent aller Übertragungen ausmachen. Für die Menschen ist es absolut neu, plötzlich Weltmeisterschaften und Olympische Spiele ins Wohnzimmer gesendet zu bekommen.

Ebenfalls an Pfingsten ist Papst Pius XII. in dem Programm zu sehen, zwölf Minuten lang gibt er in sechs Sprachen seinen Segen, auch der Flimmerkiste. Doch sagt Gottes Stellvertreter auf Erden auch: »Kaum hat sich die weittragende Bedeutung dieses Werkzeugs zur Verbreitung von Kenntnissen und Wissen gezeigt, als sich schon gleich ein heikles Problem zu Wort meldet: Wie steht es um den sittlichen Wert der zum Teil neuen Welt?«

Der Spiegel hat noch ganz andere Sorgen mit der Eurovision. Das Magazin erwartet »ein Programm der Dürftigkeit«, es gebe keine Ereignisse von internationalem Interesse, das werde alles sterbenslangweilig. Eine Krönung wie die von Königin Elisabeth II. in England am 2. Juni 1953 findet eben nicht alle Tage statt. Als »Another coronation« (»Noch eine Krönung«) hätten die englischen Journalisten diese Mangelverwaltung bei einer Tagung zum künftigen Programm hinter vorgehaltener Hand bezeichnet. Die Deutschen bieten auf der Tagung einen »Sommerabend am Rhein« und eine Übertragung aus dem Millowitsch-Theater in Köln an, die Dänen laden zum »Rendezvous in Kopenhagen«. Die »Summer Season of European Television Programme Exchanges«, so der offizielle Titel des Projekts im Jahr 1954, erweist sich für die Verantwortlichen letztlich als Riesenerfolg.

Im Juni nimmt auch der Sender Freies Berlin (SFB) seinen Sendebetrieb auf. »Achtung, Achtung, hier ist Berlin«, tönt es um 4.55 Uhr zum ersten Mal von Intendant Alfred Braun aus dem Äther. Dann hört man das Geläut der Berliner Freiheitsglocke. Der Radiosender soll die Ansichten Westberlins in die Ostzone und nach Westdeutschland tragen. Lange hatte Ostberlin versucht, den Start des SFB zu unterbinden. Die Westberliner sind nun verpflichtet, die Wellen nach Westen hin abzuschirmen, so dass der Sender in der Bundesrepublik kaum empfangbar ist. Auch gegen den RIAS (Rundfunk im amerikanischen Sektor) hegt die DDR Argwohn, nicht selten wird er mit Störsendern bekämpft.

Auch das gemeinschaftliche ARD-Programm *Deutsches Fernsehen* ist bereits mit der TV-Ausstrahlung gestartet. Die Landessender sind nun per Richtfunkstrecke miteinander verbunden. Die Fernsehmacher wollen damit dem Kino die Zuschauer abspenstig machen. Die ARD hat im Fernsehen ein Monopol, weil es bis zum Start des ZDF noch fast neun Jahre dauern wird. Zunächst zeigt das Deutsche Fernsehen abends zwei Stunden Programm. Am 1. November 1954, dem offiziellen Start, kommt das Programm vom Nordwestdeutschen Rundfunk NWDR – dem einflussreichsten Sender – und umfasst die *Tagesschau* mit anschließender *Wetterkarte*, eine Sendung zu Allerheiligen und Allerseelen mit dem Titel *Wenn die Blätter fallen in des Jahres Kreise …* sowie den Beitrag *Kunst der Gotik*. Nach einer 15-minütigen Pause folgt von 21.15 Uhr bis 22 Uhr eine Übertragung vom englischen Fernsehen BBC von einer Internationalen Eislauf-Veranstaltung. Reporter ist der 30 Jahre alte Harry Valérien, der später als Mitbegründer und Moderator des *Aktuellen Sportstudios* bekannt wird.

Die Zuschauer haben nun auch teil am Leben der *Familie Schölermann* (Untertitel »Unsere Nachbarn heute abend«). Es ist die erste Familienserie im deutschen Fernsehen überhaupt, anfangs noch live gespielt, mit Einschaltquoten von bis zu 90 Prozent. Die Bundesbürger verfolgen gebannt, wie sich die Familie nacheinander einen Staubsauger, einen Kühlschrank und einen Fernseher anschafft. Den Schölermanns geht es nicht schlecht. Den Sohn der Familie spielt Charles Brauer, der später neben Manfred Krug als *Tatort*-Kommissar in Hamburg ermittelt. Dem Bildungsauftrag kommt das Deutsche Fernsehen unter anderem mit Werner Höfers sonntäglichem

Internationalen Frühschoppen (heute *Presseclub*) und Robert Lembkes heiterem Beruferaten *Was bin ich?* nach. Showmaster wie Hans-Joachim Kulenkampff (*Wer gegen wen*) und Peter Frankenfeld (*1:0 für Sie*) werden landesweite Berühmtheiten.

Auch auf anderer Ebene gibt es gute Nachrichten für Fernsehfans: Die Fachabteilung Rundfunk und Fernsehen in Köln wendet sich in einer Erklärung gegen die Behauptung, dass die Strahlen, die angeblich aus dem Fernseher kommen, gesundheitsschädlich seien. Auch ziehe längerer Fernsehkonsum das Herz keineswegs in Mitleidenschaft. Experimente des Radiologischen Instituts der Universität Freiburg hätten bewiesen, dass kein Grund zur Sorge bestehe. Bei einem normalen Betrachtungsabstand von zwei Metern sei praktisch keine Strahlung mehr möglich. Die Strahlung sei auch geringer als zum Beispiel die des Leuchtzifferblatts einer Armbanduhr – und über deren schädigende Strahlung habe sich noch niemand beschwert.

* * *

Die Nationalspieler haben nur wenig Zeit, um nach dem Trainingslager in Grünwald zu verschnaufen. Es will auch niemand auf der faulen Haut liegen. Für den Mittwoch nach Pfingsten sollen sich alle 22 Spieler in der Sportschule Schöneck bei Karlsruhe-Durlach einfinden.

Fritz Walter macht auch Pfingsten keine Pause. Er fährt mit seiner Frau Italia nach Obertal in den Schwarzwald, wo er trainieren kann und ihn keine lästigen Anrufe plagen. Eine Waldstrecke mit ungefähr 1000 Metern läuft er jeden Morgen vier Mal. Während er mechanisch läuft, so erzählt es Walter später, hämmern die Gedanken in seinem Kopf. Das kann er auch im Urlaub nicht abstellen. Die Aufgabe, die vor ihm liegt, ist zu groß. Die entnervte Italia fragt ihn: »Wozu rennst Du denn so blödsinnig?! Wozu?!«

* * *

Körper und Schädel des großen Komponisten Joseph Haydn sind endlich vereint. Genau 145 Jahre und sechs Tage nach seinem Tod wird der Musiker in Eisenstadt mit sämtlichen Körperteilen zur wirklich allerallerletzten Ruhe gebettet. Es ist nun schon die dritte Grablegung des »Vaters der Symphonie«.

Haydns Kopf war acht Tage nach seinem bescheidenen ersten Begräbnis im Jahr 1809 von Freunden und Verehrern aus dem Sarg gestohlen worden. Im Wien Anfang des 19. Jahrhunderts herrschte eine »Schädelhysterie«, der auch Haydns Kopf anheimfiel. Rädelsführer des Diebstahls war - nach allem, was man weiß - Karl Rosenbaum, ein Freund und Verehrer Haydns und ehemaliger Sekretär des Fürsten Esterházy. Ob er den Schädel mit Mittätern stahl oder einen Totengräber beauftragte - so die beiden kursierenden Versionen -, ist bis heute nicht klar.

Der Grabfrevel wurde elf Jahre später entdeckt, als die Exhumierung und Umbettung nach Eisenstadt erfolgen sollte. Statt eines Schädels lag im Grab nur eine Perücke. Die Leichenschänder wurden aber schnell ausfindig gemacht: die Rosenbaums. Der Haydn-Fan gab sodann einen Schädel zurück, der aber nicht Haydns Schädel war. Bei der Hausdurchsuchung durch die Polizei hatte Frau Rosenbaum den echten Haydn-Schädel in ihrem Bett versteckt und sich krank und bettlägrig gegeben.

So wurde der falsche Schädel mit den anderen Körperteilen zum zweiten Mal beerdigt. Der echte Schädel ging über Jahrzehnte von Hand zu Hand und landete schließlich bei einer Gesellschaft von Musikfreunden.

Und diese Gruppe entschließt sich in diesem Sommer 1954, den Schädel endlich herauszurücken. In Eisenstadt ist mittlerweile ein Mausoleum für Haydn entstanden, das ihn verdient hat.

Das Begräbnis am 5. Juni 1954 wird so feierlich begangen, als sei Haydn gerade erst gestorben. In der Eisenstädter Bergkirche ist der Leichnam im Sarg vor dem Hochaltar aufgebahrt. »Weihrauch weht, Ergriffenheit waltet, Ewigkeit schauert«, berichtet der Bayerische Rundfunk. Der Bildhauer Gustinus Ambrosi nimmt den Schädel und präsentiert ihn den Menschen in der Kirche. Kein Pieps und kein Räuspern sind zu hören. Dann legt Ambrosi den Kopf feierlich wieder zurück in den Sarg. Es ist nun zusammen, was zusammengehört.

* * *

Das Oberste Gericht der DDR macht Georg Dertinger den Prozess. Der Politiker der Ost-CDU und ehemalige DDR-Außenminister bekommt 15 Jahre Zuchthaus, weitere Politiker und Angestellte Dertingers kommen ebenfalls ins Gefängnis. Auch Ehefrau Maria, Freiin von Neuenstein-Rodeck, wird eingesperrt, ebenso sein bester Freund, Landgerichtsrat Eberhard Plehwe. Und selbst Dertingers Sekretärin, Frau Bubner, wird inhaftiert. Sie alle sollen die Zerstörung der DDR geplant und mit den amerikanischen und britischen Geheimdiensten zusammengearbeitet haben. Die Richter urteilen: »hinterhältige Spionage- und Zersetzungstätigkeit und Verschwörung«.

Dertinger wehrt sich im Juni 1954 vor Gericht nicht mehr. Der Berliner Pfarrerssohn, der in der Phase des Nationalsozialismus als Redakteur für stramme Gazetten schrieb - ein Journalist unter Goebbels - und sich nach dem Krieg auf die Seite der Sowjets schlug, ist für den Schauprozess präpariert worden.

Aber auch die CDU lässt ihn fallen und bezichtigt ihn der Doppelzüngigkeit. Dertinger hat keine Freunde mehr in der Partei. Als die Sowjets ihm 1947 einen Ministerposten versprachen, entschied er sich für ein Leben im Kommunismus. Nach einem Besuch in Moskau 1950 sagte Dertinger im Freundeskreis: »Jetzt weiß ich, dass ich auf der Seite der Sieger stehe.«

Bis 1964 sitzt Dertinger als gebrochener Mann in der Sonderhaftanstalt Bautzen II, dann begnadigt ihn der DDR-Staatsrat. Vier Jahre später stirbt Georg Dertinger in Leipzig.

* * *

Gustav »Bubi« Scholz geht ein Wagnis ein, das seiner Karriere einen derben Rückschlag versetzen kann. Der amtierende Weltmeister (Kampfgewicht 73,5 Kilogramm) tritt in Berlin gegen Emile Delmine (72 Kilogramm) an, und der Belgier ist stark. Viele glauben, er kann den Deutschen schlagen. Delmine ist ein harter Puncher und ein harter Nehmer. Erst in der Woche zuvor hat sich der deutsche Mittelgewichtsmann Hans Stretz gegen den Clair Redmond aus Trinidad blamiert. Nun riskiert der Deutsche Boxsport-Verband die nächste Pleite.

Beide schenken sich von Anfang an nichts, viele Schläge treffen. In der ersten Runde geht Scholz gleich zu Boden, der Schiedsrichter zählt bis vier, dann ist der Berliner wieder auf den Beinen. Und der Rechtsausleger Scholz hat die bessere Technik. In Runde vier dann der Volltreffer, eine prachtvolle Kombination mit einer Linken zur Leber und einer Rechten zum Kopf schickt Delmine auf die Bretter. Er liegt k. o. am Boden, wird ausgezählt. Scholz packt den noch Bewusstlosen und will ihn wie einen nassen Sack aufheben. Doch da ist nichts mehr zu machen. Scholz ist und bleibt Mittelgewichtsweltmeister. Die Halle feiert ihren Bubi, auch wenn sich die Zuschauer einen längeren Kampf gewünscht hätten.

Warum Scholz diesen Kampf in seiner Autobiografie *Der Weg aus dem Nichts* unerwähnt lässt, weiß nur er selbst. Scholz setzt – im Buch wie im Leben – irgendwann andere Prioritäten. Scholz feiert das Leben, es sind die vibrierenden 1950er-Jahre in Berlin. Die Anfänge des Rock'n'Roll, die Jazznächte in der »Badewanne« in der Nürnberger Straße, der Boxertreff »Roxy« mit den Filmsternchen und Halbwelt-Parvenus. Davon weiß Scholz in seiner Biografie durchaus detailreich zu berichten.

* * *

Die Sommersaison beginnt, die große Reisezeit steht an. Die Deutschen wollen sich etwas gönnen, ein Stück vom Wirtschaftswunderkuchen abhaben. Die meisten fahren an die Nord- und Ostsee, in den Schwarzwald oder in den Bayerischen Wald, sie bleiben im Land.

Doch mehr als eine Million Deutsche wollen laut einer Umfrage aus dem Frühjahr 1954 nach Italien reisen. Es ist der neue Sehnsuchtsort der dolcevita-tollen Deutschen. Riccione. Jesolo. Bardolino. Die Blechlawine rollt in den Ferien gen Süden, die Bundesbürger sitzen im Opel Kapitän, im VW Käfer und auf Motorrädern. Die Deutschen erreichen den Lago Maggiore und den Lago di Garda, gehen ins »Ristorante« und bestellen »Vino«, »Pasta Arrabiata« und »Espresso«. Die Sehnsucht nach Italien besingen deutsche Schlagersänger in zahllosen Liedern (»O mia, bella Napoli«). Ein zehntägiger Urlaub in Riccione mit Hotel und Vollpension kostet aber 190 Mark, das ist für viele Bundesbürger fast ein Monatsgehalt.

Aber auch Spanien, bislang recht unbekanntes Touristen-Terrain, bietet sich jetzt als Urlaubsland an. Deutsche brauchen für Spanien ein Visum sowie einen Devisen-Nachweis und eine Bestätigung des Arbeitgebers, dass sie nach Beendigung des Urlaubs wieder an ihren Arbeitsplatz zurückkehren. »Spanien, das liegt vis-à-vis von Nordafrika«, erklärt die *Süddeutsche Zeitung* zur Sicherheit ihren Leserinnen und Lesern.

Vor allem der wachsende Wohlstand und die zunehmende Verstädterung (und der damit verbundene Wunsch, »mal rauszukommen«) führen 1954 zum Anstieg des Tourismus. Aber auch mehr Freizeit und mehr private Motorisierung befördern den Trend. Den Begriff Tourismus hat es davor kaum gegeben, nun wird er häufiger benutzt. Ein neues Phänomen. 1954 werden erstmals Daten zum Tourismus der Bundesbürger erhoben. Demnach will jeder vierte Bundesbürger (24 Prozent) über 14 Jahren (9,3 Millionen) 1954 auf Reisen gehen. Die große Mehrheit bleibt aber wie gesagt im Land.

Das ist vielleicht auch besser so. Mancher deutsche Tourist benimmt sich im Ausland schon wieder, als sei er gerade ins Land eingerückt, um es zu annektieren. Der Außenpolitische Ausschuss des Bundestags befasst sich mit Berichten über das Verhalten deutscher Touristen jenseits der eigenen Grenzen. Man ist besorgt. Auf einer Pressekonferenz berichtet der CDU-Bundestagsabgeordnete Gustav-Adolf Gedat, ein übrigens zuvor begeisterter Nationalsozialist, es hätten sich in den vergangenen Monaten »geradezu skandalöse Dinge« auf diesem Gebiet abgespielt, so dass man einfach nicht länger schweigen könne. Das Ansehen Deutschlands sei gefährdet. In Spanien, einem eigentlich deutschfreundlichen Land, seien Hoteliers gegenüber Deutschen inzwischen abweisend, und auch in Italien habe sich die Lage bereits zugespitzt. Er habe solche Situationen selbst erlebt, sagt Gedat, Autobusse »vollbeladen mit besoffenen, deutschen Männern«. Auf der Fahrt werde lauthals gesungen. Es beginnt mit »Erika bumm bumm« und endet mit dem Matrosenlied »Wir fahren gegen Engelland«. Eine der zwölf goldenen Regeln, die das Stuttgarter Institut für Auslandsbeziehungen in diesem Sommer aufstellt, heißt: »Singe gern, wenn man dich darum bittet, aber singe nur dann.«

Ausgangspunkt der Debatte ist das Osterwochenende 1954, als rund 200 000 Deutsche in den Niederlanden waren. Einwohner hatten Zettel an Autos deutscher Eigentümer gesteckt: »Deutsche niet erwünscht«. Die Zettel ähneln in Form und Aussehen den in der Nazizeit üblichen Schildern mit der Aufschrift »Juden nicht erwünscht«. Der Text geht weiter: »Alte Wehrmachtskameraden, wohin mit Ferien? Natürlich nach Holland, wo es gut und billig fressen ist und wovon alles zu holen ist, genauso wie im Krieg.« Laut niederländischen Zeitungen sollen deutsche Jugendliche zuvor in Arnheim auf offener Straße das Horst-Wessel-Lied, eine Art Parteihymne der NSDAP, gesungen haben.

Vor dem Hintergrund, dass die Deutschen vor nicht allzu langer Zeit in Länder wie Frankreich laut, lärmend und mordend einmarschiert sind, sagt Gedat: »Wie, glauben Sie, werden wohl die Einwohner eines kleinen französischen Dorfes reagieren, wenn deutsche Motorradfahrer mit heulendem Auspuff durch die Straßen rasen, dass sich kein Kind mehr aus dem Haus trauen kann?« Einer von Gedats Vorschlägen lautet, diesen Leuten den Pass zu entziehen. Der Schriftsteller Golo Mann vergleicht die Touristen mit Hitler-Heeren.

Die Deutschen sind, das ist keine allzu große Überraschung, generell nicht so beliebt. »Selbst wenn wir uns auf unseren Ferienreisen diskret und milde wie englische Bischöfe aufführten, empfände die Welt an uns kein reines Vergnügen«, schreibt der Journalist und Schriftsteller Friedrich Sieburg in *Die Zeit*. Sieburg wundert sich über die »rätselhafte Fähigkeit des Deutschen, Störungen auszusenden, ob er will oder nicht«. Diese unbehagliche, übertriebene Tüchtigkeit der Deutschen, die schon wieder spürbar ist, empfindet der Rest der Welt als nur schwer erträglich. Was der Deutsche macht, das macht er richtig. Und das macht ihn unbeliebt.

Der Deutsche hat nämlich »das doppelte Gesicht«. Der italienische Germanist Giovanni Necco bringt in diesem Sommer sein Werk *I due volti della Germania* (»Die zwei Gesichter Deutschlands«) heraus. Hier das Gesicht verehrungswürdiger Schöpfungen der Humanität, dort die krankhafte Hybris. Necco rennt damit in der internationalen Öffentlichkeit offene Türen ein, wenn er etwa schreibt, es bestehe weiter Gefahr vor dem Gesicht des »amoralischen Herren- und Übermenschen«. Die Ansicht – auch vor dem Hintergrund einer neuen Wiederbewaffnung –, Deutschland werde wieder in seine alten Unarten verfallen, verbreitet sich. Ressentiments sterben so schnell nicht.

Für die DDR-Bürger dagegen geht Urlaub anders. Er ist wie alles im Leben »eingeplant«. Wer in den Urlaub geht, wird »abberufen«. Die Hotelzimmer vergibt seit diesem Sommer der Freie Deutsche Gewerkschaftsbund (FDGB). Er setzt fest, wer wo hinfährt. Wer es wagen sollte, in dem Land ein freies Bett ohne FDGB-Zuweisungsschein zu buchen, muss mit Ärger rechnen. Pro Woche darf der Urlauber für seinen Aufenthalt 70 bis 80 Mark an den FDGB abführen. Dafür hat er die schönen Urlaubsziele auf dem Darß und auf Usedom. Und keinen Stress mit der Unerwünschtheit im Ausland.

* * *

Es herrscht kein großer Rummel, als die deutsche Mannschaft am 11. Juni um 11.38 Uhr geschlossen mit dem Zug von Karlsruhe in die Schweiz fährt. Einige Fans sind am Bahnhof und wünschen »Alles Gute«. Die Spieler tragen ihre DFB-Kleidung. In Durlach haben sie graue Hosen, grüne Sakkos mit DFB-Wappen, Hut, dazu Krawatte und Schuhe bekommen. Unterziehhosen hat jeder selbst mitzubringen. Es ist ein wahrlich geruhsamer Anfang für ein Wunder.

An der Grenze verulken die Schweizer Zöllner die Spieler: »Was wollt ihr denn in der Schweiz? Ihr habt doch nicht etwa vor, die Ungarn, Brasilianer oder Urus zu schlagen ...?« Sie wünschen den Kickern »einen schönen Urlaub am Thuner See«.

Von Euphorie und Ekstase ist in diesen Tagen keine Spur. Ein Reporter des NWDR berichtet: »›Fußball hat im Nachkriegsdeutschland keinen hohen Stellenwert‹, sagen die verantwortlichen Programmmacher. Uns Reportern sagte der Direktor: ›Fordert nicht so viel Sendezeit. Das, was Ihr macht, interessiert nur eine Minderheit.‹« Der Reporter beklagt auch, dass Fußball in den Augen bestimmter Leute als Proletensport gelte.

Nach der Ankunft am Hauptbahnhof in Bern fährt die Delegation mit dem Bus weiter in den Ort Spiez. Das »Hotel Belvédère« am Thuner See im Berner Oberland ist das Quartier der Deutschen für die Zeit der WM. Großer Garten, Liegestühle, Blick auf die Berge, nah am See, weite Wiesen und auch sonst keine besonderen Vorkommnisse. »Und Kahnfahren könnt ihr jeden Tag!«, ruft Herberger den Spielern zu. Fritz Walter ist mit Stürmer Helmut Rahn in Zimmer Nr. 303 im dritten Stock.

Das Hotel ist perfekt. Die Spieler genießen die Ruhe. Die Idee eines abgeschiedenen, gemütlichen Quartiers nimmt der DFB bei der Weltmeisterschaft 2014 in Brasilien wieder auf, als der Verband sich für »Campo Bahia« in Porto Seguro entscheidet - bekanntlich mit Erfolg. Die Ungarn sind 1954 dagegen in Solothurn an einer lauten Straße beim Bahnhof untergebracht. Die Stars wollen lieber was erleben. Diese Entscheidung wird später in Ungarn noch zu Diskussionen führen.

Zehn Kilometer vom Hotel entfernt liegt der Fußballplatz, auf dem die Deutschen trainieren können. Es ist der gleiche Platz, den auch die Uruguayer - noch amtierender Weltmeister - nutzen. Die Südamerikaner dürfen von 9 bis 10.30 Uhr, danach ist die Nationalelf von 10.30 bis 12 Uhr dran. Die »Urus« mögen die Deutschen, Rahn ist einigen Spielern von einer Südamerika-Reise seines Vereins Rot-Weiß Essen bekannt. Doch sie schauen auch etwas mitleidig auf die deutschen Kicker. Die Uruguayer sind sehr von sich überzeugt. In der Zeitung steht, dass sie den Coupe du Monde erst gar nicht mit in die Schweiz nehmen wollten – weil sie ihn ja eh behalten.

Ins Hotel der Deutschen kommen ein paar Fans, einige Journalisten und mancher Prominente. Der wortkarge Walter gibt Interviews ohne Neuigkeitswert. Einmal besucht der Kunstmaler Hans Purrmann Spiez und möchte mit Walter zusammengebracht werden. Purrmann arbeitet in der Schweiz, ist ein Jugendfreund Henri Matisses und malt hügelige Landschaften, Strände und Seeufer. Und er freut sich, als ihm der Fußballer eröffnet, dass er eines von seinen Gemälden im Hause hängen hat. Der Künstler hält Walter wegen seines ästhetischen Spiels selbst für einen Künstler. Sie verstehen sich bestens.

* * *

Dieser Mann wird Deutschland in diesem Sommer in helle Aufregung versetzen: Pierre Mendès-France. Das französische Parlament wählt den sozialistischen Politiker mit großer Mehrheit zum neuen Ministerpräsidenten. Dabei waren seine Prognosen gar nicht günstig. Aber es steht fest: Die alte Regierung ist gestürzt, Ministerpräsident Joseph Laniel abgelöst, Mendès-France der Mann der Stunde.

Der Neue, der dem Chansonnier Charles Aznavour ähnelt, verspricht, den Indochina-Krieg binnen 30 Tagen per Vertrag zu beenden. Denn noch immer wird dort gekämpft. Seine Arbeitsmethode macht Mendès-France unmissverständlich in einem Interview klar: eins nach dem anderen. Er beschäftigt sich so lange ausschließlich mit einem Thema, bis es erledigt ist. Und als Erstes muss er das Blutvergießen in Indochina beenden.

Adenauer weiß, welchen Stellenwert Mendès-France einer möglichen Europäischen Verteidigungsgemeinschaft einräumt. Gar keinen. Der radikalsozialistische EVG-Gegner appelliert im eigenen Land an die »Patrioten guter Gesinnung«, diese »Schwächung Frankreichs« nicht zuzulassen. So wird Mendès-France zum Schicksal Deutschlands.

Doch Adenauer braucht und will die EVG. Ein Staat ohne Armee bleibt doch nur ein Protektorat und ein Spielball fremder Mächte. Wiederbewaffnung ist sein Hebel, um letztlich das Besatzungsstatut loszuwerden. Doch eigentlich ist Adenauer Pazifist und kein Militarist. Angeblich soll er schon das Wort »Panzerschrank« gehasst haben.

* * *

1,5 Millionen Soldaten sind noch vermisst, davon gelten mehr als 120 000 als verschollen. Das ergibt der Bericht des Deutschen Roten Kreuzes (DRK) für das Jahr 1953/1954, der in diesem Juni der Öffentlichkeit vorgestellt wird. Die Zahl der Kriegsgefangenen, die aus der Sowjetunion schreiben, wird von Jahr zu Jahr kleiner. Von über 100 000 Soldaten hören die Angehörigen seit 1951 nichts mehr. Das DRK versucht, mit dem Russischen Roten Kreuz Kontakt aufzunehmen. Bei der Jahreshauptversammlung in

Trier spricht DRK-Präsident Heinrich Weitz die Hoffnung aus, dass über die Kollegen in der Sowjetunion die Freilassung der Internierten möglich sein könnte. Die Kundgebung platzt aus allen Nähten, so viele Zuhörer sind da. Sie kommen voller Angst und Hoffnung.

Drei Millionen Mark bekommt das DRK von der Bundesregierung in diesem Sommer, um zu versuchen, all die Schicksale dieser Menschen aufzuklären. Mit dem Geld werden Fotos von Vermissten vervielfältigt, DRK-Mitarbeiter besuchen Soldaten- und Traditionsvereine und zeigen die Bilder herum. Bei umfangreichen Tests habe sich herausgestellt, dass die Bilderdienste weit mehr Fälle aufgeklärt hätten als bloße Namenslisten. Der Bildersuchdienst arbeitet ohne Pause. Die Hoffnung stirbt zuletzt.

* * *

Im ganzen Bundesgebiet läuft der Film *Die rote Linie* an. Der Untertitel lautet »Vom Zarenreich bis Malenkow«. Der Dokumentarfilm besteht aus sowjetischen Originalaufnahmen, die von Flüchtlingen in den Westen geschmuggelt wurden. Dort wurden sie zusammengestellt und in eine Rahmenhandlung eingebunden.

Die Sowjetunion versucht nun alles, um den Film zu verhindern. Spione sollen den Mitproduzenten auf dem Münchner Filmball angesprochen haben, ob der Rückkauf des Films möglich sei. Für das Originalnegativ wurden der Produktionsfirma angeblich bis zu einer Million Dollar geboten. Auch zu Drohungen soll es gekommen sein. Unter anderem haben Ostanhänger den Schauspieler Ernst Konstantin im Visier, der in der Rahmenhandlung einen Ostoffizier spielt. In den KP-Zeitungen ist von einem Hetzfilm die Rede. Doch die Versuche der Sowjets bleiben erfolglos, der Film läuft breit in deutschen Kinos. Der Regisseur bleibt anonym, er nennt sich im Abspann Richard Richardsen.

Der Filmdienst von heute ist von dem Film wenig überzeugt. Ein »antisowjetischer Propagandafilm mit oberflächlichem Kommentar« sei es, heißt es da, »ein typisches, sehr fragwürdiges Produkt des ›Kalten Krieges‹, das mit tendenziös arrangierten Halbwahrheiten ein schiefes Bild der Zeit und der politischen Fakten zeichnet«.

66 Jahre später, im Jahr 2020, wird es wieder einen Dokumentarfilm namens *Die rote Linie* geben – es geht um die Rodung des Hambacher Forsts im Rheinland und die Proteste.

Immerhin bringen jetzt die Internationalen Filmfestspiele etwas Glamour nach Westberlin, die am Tag nach dem 17. Juni beginnen. Richard Widmark, Sophia Loren und Gina Lollobrigida kommen nach Berlin, die Stadt ist ganz aufgeregt. Niemand wird auf dem Filmball öfter fotografiert als Sophia Loren. Ein neuer, alter Glanz funkelt in der einst so polyglotten Kunst- und Kulturstadt. Die Filme werden in den Lichtspielhäusern an der Sektorengrenze zu Ostmark-Preisen gezeigt, damit auch Bewohner des sowjetisch besetzten Teils in den Genuss kommen.

Bundesinnenminister Schröder vergibt die Berlinale-Preise. Der Siegerfilm kommt aus Großbritannien und heißt *Der Herr im Haus bin ich* (*Hobson's Choice*). Aus Deutschland wird der Zwei-Millionen-Mark-Film *Rummelplatz der Liebe* prämiert, in den Hauptrollen Eva Bartok und Curd Jürgens. Eva Bartok als Artisten-Lilli, Curd Jürgens als Rummelplatz-Besitzer.

Bartok und Jürgens sind *das* deutsche Traumpaar. Auch in der Realität - sie heiraten 1955. Frau Bartiók alias Ivanova Szöke ist zu dem Zeitpunkt schon eine geschiedene Kovács, geschiedene Paal und eine zu scheidende Wordsworth. Von Jürgens lässt sie sich nur ein Jahr später, 1956, wieder scheiden. *Der Spiegel* widmet ihr im Sommer 1954 eine eigene Titelstory.

In Deutschland sind seichte Schnulzen angesagt. Nach dem Krieg ist nichts anderes gewollt. Der Publizist Klaus Kreimeier sieht in der Zeit eine »geistige Stagnation mit restriktiven Auswirkungen auf das kulturelle Leben«. Über das Filmniveau bei der Berlinale schreibt die *Frankfurter Rundschau*: »Man gewinnt den Eindruck, als sei eine Revue der ›idiotensicheren‹ Verkaufsfilme passiert, die weder dem abendländischen Geiste noch den künstlerischen und politischen Problemen der Zeit Ausdruck gibt und lediglich dem laschen Vergnügen dient.«

Bei der Uraufführung von *Rummelplatz der Liebe* während der Berlinale in der Berliner Waldbühne wird der flache Film von den Zuschauern gnadenlos ausgepfiffen und verlacht. Jürgens nimmt die Kritik selbstironisch als »gesunde Reaktion der Berliner« auf. Das Publikum in der Waldbühne tauft den Film in »Fummelplatz der Liebe« um.

* * *

Da atmen eine Menge Leute auf. Deutschland erlässt das Amnestiegesetz. Delikte und Straftaten, die vor dem 1. Januar 1954 begangen worden sind und deren zu erwartende Strafe drei Monate Haft nicht übersteigt, werden gelöscht. Dazu zählen auch Verkehrsdelikte (inklusive

Trunkenheit am Steuer). Bei aus Not begangenen Delikten wird auf Strafen bis zu einem Jahr amnestiert. In den Genuss der Amnestie werden mehrere Hunderttausend Personen kommen. Ausgenommen sind Straftaten aus Gewinnsucht, Hochverrat, Staatsgefährdung, Landesverrat, Beteiligung an verbotenen Vereinigungen, Mord und Totschlag, Flucht bei Verkehrsunfällen, Verschleppung und politische Verdächtigung, Raub und räuberische Erpressung.

In den Justizbehörden löst das Gesetz keine Begeisterung aus. Einerseits werden sie mit der Rückabwicklung lange beschäftigt sein. Andererseits entdecken sie die Ungerechtigkeit in der Maßnahme, denn jene, die ihre Strafe hinauszögern, sind nun die Nutznießer, während jene, die rechtzeitig gezahlt oder ihre Strafe abgesessen haben, die Dummen sind. In Göppingen zum Beispiel kann in diesem Frühsommer rund die Hälfte der angesetzten Gerichtsverfahren nicht stattfinden, weil die Angeklagten in Erwartung der anstehenden Amnestie nicht erscheinen. Die Leute spielen jetzt auf Zeit. »Noch nie habe ich es erlebt, dass die Öffentlichkeit ein Dreivierteljahr lang wusste, dass eine Amnestie bevorsteht«, klagt Oberstaatsanwalt Hans Schmucker.

Noch größere Debatten entfacht aber das in diesem Sommer erlassene Straffreiheitsgesetz, das Amnestie für Haftstrafen von bis zu drei Jahren für Vergehen in der Zeit des Zusammenbruchs des »Dritten Reichs« zwischen 1. Oktober 1944 und dem 31. Juli 1945 gewährt. Es amnestiert in den Paragrafen 6 und 9 auch Gewalt- und Tötungshandlungen in der NS-Zeit, die »in der Annahme einer Amts-, Dienst- oder Rechtspflicht begangen worden sind«. Die Zahl eingeleiteter Ermittlungsverfahren fällt

1954 auf ein Rekordtief ab: Waren es 1950 noch 2500, sind es jetzt nur noch 183.

Der Bundestagsabgeordnete und Rechtsanwalt Otto Heinrich Greve (SPD) befürchtet, dass dadurch viele NS-Straftaten ungesühnt bleiben. Das Straffreiheitsgesetz wird in der Folge von den Richtern vielfach angewandt. »Ich möchte den Richter sehen, der dann nicht in der Lage ist, innerhalb des Rahmens von drei Jahren Freiheitsstrafe alles unterzubringen, was nach seiner Auffassung amnestiewürdig ist.« Greve scheut sich nicht, konkrete Beispiele zu nennen, wie Tötung und Misshandlung von Kriegsgefangenen oder gesetzwidrige Standgerichte. Andere aber, wie der Bundestagsabgeordnete Adolf Arndt (SPD), sehen es letztlich so: Es sei »ohnehin schlecht, zehn Jahre danach noch etwas aburteilen zu wollen, ohne dass man heute überhaupt noch die damaligen Umstände und die damalige Mentalität rekonstruieren« könne. Von Justiz und Staat jedenfalls werden viele Ex-Nazis fortan nicht mehr behelligt.

Walter Menzel, der Vorsitzende des Verfassungsschutz-Ausschusses, wird im Bundestag angesichts maßloser Urteile gegen Kommunisten und gleichzeitiger Amnestieanordnungen für ehemalige Nazi-Straftäter ein Jahr später sagen: »Durch diese Amnestie wurden all jene, die sich vor 1945 an hilflosen und wehrlosen Menschen so mörderisch und viehisch vergangen hatten, begnadigt, wenn nicht mehr als drei Jahre Freiheitsstrafe zu erwarten waren. Das ist es, was unser Rechtsgefühl auf das Tiefste verletzt: dass Menschen vor dem Richterstuhl so verschieden und nicht gleichbehandelt werden.«

* * *

Es ist der 17. Juni 1954, der erste Jahrestag des Volksaufstands in der DDR, jetzt offizieller »Tag der deutschen Einheit« in der Bundesrepublik. An einem Gedenkkreuz für die Opfer vom 17. Juni 1953 brennen Feuer, lange Fackelzüge führen zum Mahnmal in Berlin-Kreuzberg. Mit einem Schweigemarsch gedenken viele Gruppierungen hier und anderswo dem tragischen Ereignis. Mit Panzern waren die Sowjets an jenem schwarzen Tag der Geschichte gekommen und walzten den Widerstand des eigenen Volkes nieder. Mindestens 55 Menschen kamen ums Leben.

Vor dem Schöneberger Rathaus findet eine Massenkundgebung statt. 40 000 Menschen sind da. »Niemand hat größere Ehre als jene, die ihr Leben lassen für ihre Brüder«, sagt Berlins Regierender Bürgermeister Walther Schreiber (CDU). Auch Vizekanzler Blücher und Oppositionsführer Ollenhauer sprechen in Schöneberg. Angehörige von Opfern des Aufstands sind auf der Bühne, in schwarz gekleidet, die Stimmung ist gedrückt, es ist sehr still. Ollenhauer fordert den Osten auf, die Lehren aus dem 17. Juni zu ziehen und zur Entspannung in der Welt beizutragen.

Im Bonner Bundeshaus gibt es einen Staatsakt. Adenauer erklärt, dass zur äußeren Einheit eines Volkes auch eine innere gehöre, und dass »wir uns alle fragen müssten, ob wir auch wirklich alles Erdenkliche für unsere Freunde und Verwandten in der Sowjetzone tun, was in unserer Macht steht«. Am Hermannsdenkmal finden sich 20 000 Anhänger der FDP zusammen, um in nächtlicher Feierstunde die Gefallenen der Nation zu ehren.

Hier und da gibt es in Berlin Unruhen. Bei Reden kommt es zu Störversuchen, die Zwischenrufer werden von Kundgebungsteilnehmern schwer verprügelt. Die Polizei nimmt 46 Personen fest. An dem Tag sind es 34 Grad in der Stadt, die Hitze steigt manchen zu Kopf. »Wie sich später erwies, waren meist die Falschen verprügelt worden«, urteilt die *Wochenschau*.

Im sowjetisch beherrschten Teil der Stadt gehen die Menschen an dem Tag ganz normal arbeiten. Hier merkt man die Besonderheit des Datums nicht, es wird Alltag gespielt, alles soll seinen gewohnten Gang gehen. Nur an den Sektorengrenzen sind die Wachmannschaften noch größer als sonst.

Die DDR schweigt den 17. Juni die kommenden 37 Jahre lang tot, während er für die Westdeutschen ein Tag des Gedenkens wird. Erst mit dem deutsch-deutschen Einigungsvertrag 1990 verliert der 17. Juni in der Bundesrepublik seinen Status als gesetzlicher Feiertag. Seitdem gibt es den 3. Oktober.

Kurz vor dem 17. Juni 1954 kommt es in der DDR zu einem viertägigen Schauprozess gegen angebliche Rädelsführer des Aufstands. Es wird ein Schreckensurteil: Wolfgang Silgradt und Werner Mangelsdorf sowie die beiden FDP-Ostbüro-Mitarbeiter Hans Füldner und Horst Gassa werden zusammen zu 45 Jahren Gefängnis verurteilt. Die Staatssicherheit hat die vier im Februar aus Westberlin entführt. Die angeblichen Agenten seien Drahtzieher und Hintermänner dieses »faschistischen Umsturzversuchs«. Beweise gibt es nicht. Mangelsdorf ist der Einzige von ihnen, der überhaupt an einer Veranstaltung am 17. Juni 1953 teilgenommen hat, als Streikführer in Gommern in Sachsen-Anhalt. Sie werden vor allem wegen ihrer Biografie verurteilt. Sie sind Staatsfeinde.

Silgradt war Journalist, bis er zum Kriegsdienst eingezogen wurde. Nach 1945 wurde Silgradt stellvertretender Landrat von Leipzig. 1950 flüchtete er in die Bundesrepublik, weil er seine Verhaftung fürchtete, er unterhielt Kontakte zum CDU-Büro in Ostberlin. Silgradt arbeitete unter anderem für die »Liga der Menschenrechte« als Flüchtlingsreferent.

Anfang 1951 nahm ein DDR-Bürger Kontakt mit Silgradt auf. Dieser gab vor, als politischer Flüchtling in der Bundesrepublik anerkannt werden zu wollen. Mehrmals waren sie etwas trinken, verbrachten Kneipenabende zusammen. Dafür war Silgradt anfällig.

An einem Abend gesellte sich noch eine Frau hinzu, die die Vorlieben Silgradts zu kennen schien. Sie feierten, der Alkoholkonsum war beachtlich. Nachts stiegen sie dann gemeinsam ins Taxi und landeten in einer Ostberliner Wohnung – Silgradt hatte den Grenzübertritt in der Dunkelheit nicht bemerkt. Nun entpuppten sich die beiden neuen Freunde als Geheime Mitarbeiter (GM) des Ministeriums für Staatssicherheit (MfS). Weitere MfS-Mitarbeiter warten in der Wohnung, um ihn zu verhaften.

Unter Druck gestehen Silgradt und die anderen im Juni 1954, was der Staatsanwalt von ihnen hören will. Unter anderem beichtet Silgradt seine angebliche Zusammenarbeit mit dem amerikanischen Geheimdienst CIC, dem amerikanischen »Hetzsender« RIAS und anderen Spionagezentralen. Das Oberste DDR-Gericht will hier den Beweis erbringen, dass der Aufstand vom 17. Juni 1953 vom Westen initiiert worden war. Das eigene Volk würde das nie tun.

Frage des Richters: »Wozu dienten dem CIC diese Informationen?«

Antwort Silgradt: »Um im Falle eines Angriffs der Westmächte Ziele für die Bomber zu haben«.

Die Angeklagten erfüllen unter Zwang die ihnen zugedachte Rolle in dem Schauprozess. Silgradt bekommt wie Mangelsdorf 15 Jahre Zuchthaus, Füldner zehn, Gassa fünf Jahre. Mangelsdorf gesteht vor Gericht »umfangreiche Spionage zur Kriegsvorbereitung«. Silgradt wird zehneinhalb Jahre später von der Bundesregierung freigekauft.

Die Stasi will auch Paul Conow verhaften, einen Redakteur der LDLP-Zeitung *Der Morgen*. Doch der entzieht sich der Verhaftung durch Flucht. Conow alias Willert – alle in den FDP-Ostbüros haben Decknamen – besorgt sich zuvor Strychnin-Kapseln, um der Stasi auf keinen Fall lebend in die Hände zu fallen.

* * *

»Oyez, oyez, oyez!« Václav Hrneček hört den Ausruf in einem Münchner Gerichtssaal. Mit diesen Worten eröffnet der United States District Court in der bayerischen Landeshauptstadt die letzte Sitzung, um das Urteil gegen Hrneček zu verkünden. Stramm steht der ehemalige stellvertretende Kommandant des tschechischen Konzentrationslagers für deutsche Gefangene da, fast stolz blickt er drein. Er ist der »Henker von Budweis«.

Hrneček war 1949 nach Bayern gekommen und gab sich als sudetendeutscher Vertriebener Johann Richter aus. Der Tscheche fand Arbeit bei der US-Armee in München. In der Stadt lebten aber auch viele ehemalige Lagerinsassen, und bald kursierten Gerüchte, Hrneček sei hier. Man hat ihn gesehen und erkannt. Im Juli 1952 wurde er in einem Münchner Telegrafenamt beim Hauptbahnhof festgenommen. Er wehrte sich mit Gewalt, doch das half ihm jetzt nicht mehr. In Hrnečeks Wohnung wurden

Pässe mit vier verschiedenen Namen gefunden, zudem eine Walther PPK, eine belgische 9 Millimeter FN und eine Starterpistole.

Das Gericht wirft ihm nun schwere Misshandlungen und Prügeleien vor. Er benutzte Peitschen, Gummiknüppel, Stahlruten. Menschen starben unter seiner Knute. Hrneček - er war von Mai 1945 bis November 1946 in dem Internierungslager beschäftigt - ist ein Unmensch.

Richter Leo Goodman hört 65 Zeugen an. Hrneček will die Schuld anderen zuschieben, dem Lagerkommandanten oder Untergebenen. Doch das zieht nicht. Das Urteil: Hrneček ist schuldig in insgesamt zwölf Fällen der einfachen, gefährlichen und schweren Körperverletzung und in zwei Fällen der Körperverletzung mit Todesfolge. Acht Jahre Zuchthaus, die letzten drei Jahre auf Bewährung. Goodman bezeichnet ihn als kaltblütig und grausam. Als straferschwerend wertet das Gericht, dass Hrneček in dem Prozess gar keine Reue zeigt und in wesentlichen Punkten schlicht lügt.

Die Zeit ist mit dem Urteil zufrieden. Doch nach rund einem halben Jahr erlässt das Gericht die Haft mit der Auflage, dass er Deutschland binnen 48 Stunden verlässt. Einen Tag vor Heilig Abend 1954 kommt er frei. Ein Visum für die USA bekommt er auch. Hrneček ist weg.

* * *

Frau Rommel besucht Ägypten. Und sie wird gefeiert. Der Aufenthalt der Witwe des Generalfeldmarschalls Erwin Rommel entwickelt sich zu einer großen Sympathiebekundung. Ihr ursprünglich auf zehn Tage geplanter Besuch muss aufgrund zahlreicher Einladungen und Empfänge zu ihren Ehren verlängert werden. Bei einer Presseveranstaltung teilt die rüstige Ostpreußin mit, sie hege keinen Groll gegen die Engländer, sie werde El Alamein besuchen und auch ans Grab britischer Gefallener gehen. In El Alamein freut sie sich, dass die deutschen Soldatengräber in gutem Zustand sind. »Sie sind alle meine Söhne«, sagt sie bei der Kranzniederlegung an den deutschen Gräbern.

In der Schlacht von El Alamein haben die Alliierten unter Montgomery im Juli 1942 den deutschen Vormarsch in Afrika zum Stehen gebracht. Die Schlacht gilt als Wendepunkt des Zweiten Weltkrieges. Als Lucie Rommel nun über den Verlauf der Schlacht berichtet wird, bricht sie in Tränen aus. Im Kairoer Lido-Kino nimmt sie an einer Benefizveranstaltung teil, bei der der Film *Rommel* gezeigt wird und Spenden für ägyptische Kriegsinvaliden gesammelt werden.

Nach Frau Rommels Rückkehr nach Deutschland ist sie gleich Stargast bei der Filmpremiere *Das war unser Rommel.* Zudem ist sie bei den Afrika-Kämpfern dabei, die sich in Heidelberg treffen. 15 000 ehemalige Angehörige des Afrikakorps bekennen sich dort ganz fortschrittlich zu einem vereinten Europa. Der Vorsitzende des Traditionsverbands, Paul von Lettow-Vorbeck, fordert die einstigen Soldaten auf, in der gegenwärtigen politischen Situation nicht die Nerven zu verlieren. Beim Aufbau einer neuen deutschen Wehrmacht müssten neue Wege eingeschlagen werden, »nicht weil früher alles falsch« war, sondern weil sich die Zeiten geändert hätten. Lucie Rommel und der ehemalige Generalfeldmarschall Albert Kesselring legen während einer Feierstunde auf dem Heidelberger Ehrenfriedhof Kränze für die Gefallenen beider Weltkriege nieder.

Lucies Mann Erwin Rommel, der »Wüstenfuchs«, war 1944 von Hitler zum Suizid gezwungen worden. Hitler unterstellte ihm eine Beteiligung am Attentatsversuch vom 20. Juli 1944. Selbstmord oder Prozess vor dem Volksgerichtshof – das waren Rommels Optionen.

Lucie Rommel brachte 1950 die Biografie *Erwin Rommel: Krieg ohne Hass* heraus, um das Bild ihres Mannes in der öffentlichen Meinung positiv zu beeinflussen. Als sie 1971 stirbt, findet sie ihre letzte Ruhestätte neben ihrem Mann. Lucies und Erwins Sohn Manfred Rommel wird mehr als zwanzig Jahre lang, von 1974 bis 1996, Oberbürgermeister von Stuttgart sein.

* * *

Bei den Beratungen im Haushaltsausschuss des Bayerischen Landtags geht es hoch her. Landwirtschaftsminister Alois Schlögl fühlt sich »gerupft wie eine Henne«, denn er muss in seinem Ressort die größten Abstriche hinnehmen. Sparen ist angesagt.

Doch für Schlögl sehen einige Parlamentarier durchaus Sparmöglichkeiten. Eines der Themen des Tages ist, ob ein Ministerialrat seine Dienstreisen mit oder ohne Sekretärin unternehmen soll. Die Frage stellt Franz Lippert (BP) coram publico in den Haushaltsberatungen. Denn das Landwirtschaftsministerium wendet jährlich für Dienstwagen 67 000 DM auf. Nach nicht zu bezweifelnden Angaben des Ministeriums sei festgestellt, so Lippert weiter, dass ein namentlich bekannter Ministerialrat mit seiner Sekretärin Dienstreisen mit Übernachtung unternimmt, und zwar ziemlich regelmäßig am Anfang jedes Monats. Es interessiere ihn nicht, »wie weit diese beiden ineinander verschlungen« seien. Angesichts der Kosten müsse aber der Schein vermieden werden, dass hier private Neigungen zu Mehrausgaben führten. Schlögl leitet ein Ermittlungsverfahren gegen den Ministerialrat ein.

* * *

Das Eröffnungsspiel der Fußball-Weltmeisterschaft in der Schweiz naht. 16 Mannschaften nehmen an dem Turnier teil. Haushoher Favorit ist Ungarn. Von den letzten 27 Länderspielen haben die Ungarn nicht eines verloren. 1952 haben sie Olympisches Gold geholt. Was Bozsik, Kocsis, Puskás & Co. spielen, ist für viele nicht weniger als Kunst. 1954 wird ihr Weltmeisterjahr, keine Frage. Ungarn ist das neue Uruguay.

Das Geheimnis der Mannschaft beschreibt Stürmerstar und Infanterie-Oberstleutnant Puskás damit, dass sie schon seit fünf Jahren fast unverändert zusammenspielen. Bei einem nicht öffentlichen Vorbereitungsspiel vor der WM gegen den FC Solothurn gewinnen sie spielend leicht 9:0 – ohne dass die Topstars mitgespielt haben.

Nach und nach kommen nun alle Mannschaften in die Schweiz und verteilen sich auf die Orte von Basel bis Magglingen. Seit Monaten sind die Quartiere in der Eidgenossenschaft ausgebucht. Die Hotels verschicken nur noch Absagen. Rund 1000 ausländische Journalisten sind im Land.

Der mexikanische Trainer Francisco Hernández macht sich Sorgen, als er sich in der Stadt Nyon, Ort des Quartiers, umsieht. »Die vielen schönen Mädchen«, die am Strand des Genfer Sees flanieren, lenkten seine Spieler von ihrer eigentlichen Aufgabe ab. Zuvor waren sie in

St. Cergue, sind aber wegen des schlechten Wetters umgezogen. Hernández: »Dort war es einfacher, da gab es nur Kühe.«

Das Eröffnungsspiel am 16. Juni bestreiten Frankreich und Jugoslawien. Es ist aber kein Straßenfeger. Das Stadion in Lausanne ist mit 27 000 Zuschauern nicht ausverkauft. Es geht 1:0 für Jugoslawien aus. Die Zeitungen berichten kaum.

Tags drauf ist schon die deutsche Elf gegen die Türkei dran. Neben der Türkei sind Südkorea und Ungarn in der Gruppe. Zwei Länder einer Gruppe kommen weiter, zwei scheiden aus. Türkei und Ungarn sind »gesetzt«, sie spielen gegen Südkorea und Deutschland. Die »Gesetzten« haben es leichter. Der Türkei reicht im Grunde ein Unentschieden gegen die Deutschen, denn gegen Südkorea werden sie gewinnen. Deutschland muss gewinnen, weil es zwei Punkte braucht, denn Herberger ist klar: Gegen Ungarn werden sie verlieren. Gewinnen sie gegen die Türken, werden sie in einem Entscheidungsspiel in der Vorrunde noch einmal gegen die Türken antreten. Das System ist 1954 noch etwas kompliziert. Eine Regelung, in der in einer Gruppe jeder gegen jeden spielt, würde nach Ansicht der FIFA zu viel Zeit kosten. Die Regel führt im Vorfeld zu vielen Protesten.

Vor dem Spiel der Deutschen tischen die Kellner im Hotel Poulet auf, Hühnchen. Von Spiez nach Bern sind es etwa 30 Kilometer mit dem Bus. Die beiden Mannschaften tragen normalerweise weiße Trikots, daher losen die Spielführer, wer weiß tragen darf. Die Türken spielen nun in Rot.

Deutschland tritt mit Turek, Laband, Kohlmeyer, Eckel, Posipal, Mai, Klodt, Morlock, den Walters und Schäfer an.

30 000 Zuschauer kommen ins Stadion, 15 000 davon sollen Deutsche sein. Herberger sagt beim Hinausgehen: »Ihr dürft Euch in der ersten Viertelstunde auf keinen Fall überrumpeln lassen!« Die Verteidigung gilt als Achillesferse der Mannschaft.

Es sind erst wenige Minuten gespielt, da geht Rot durch Suat 0:1 in Führung. War es das schon? Die Deutschen erstarren. Die Verteidigung ist wacklig wie Pudding. Ein schlechter WM-Start. Eine Niederlage würde de facto das Aus im Turnier bedeuten, nach nur einem Spiel.

Doch die Deutschen sind gar nicht schlecht. Dann schon das 1:1 in der 14. Minute durch Hans Schäfer. Die Spannung steigt, die Zuschauer hält es nicht auf ihren Sitzen. Deutschland spielt immer besser. Die Türken spielen derweil Theater, rollen sich verletzt am Boden und diskutieren wortreich mit dem Schiedsrichter oder untereinander. Halbzeitpause.

Zweite Halbzeit. Und jetzt läuft es. 2:1 Bernhard Klodt, 3:1 Ottmar Walter. Die Türken sind furchtbar genervt, spielen hart, die Deutschen erwidern die Härte aber auch. Und dann noch Max Morlocks wunderschönes Kopfballtor. Am Ende, nach einer grandiosen zweiten Halbzeit, gewinnt die deutsche Mannschaft mit 4:1.

Jetzt gibt es kein Halten mehr, die deutschen Fans rennen nach dem Schlusspfiff aufs Spielfeld. In der Kabine sagt Klodt etwas Verrücktes: »Wenn wir Weltmeister werden, spring' ich mit den Kleidern kopfüber in den Thuner See.«

Die Menschen in Deutschland hören das Spiel am Radio. Das Radio überträgt die zweite Halbzeit. Das Fernsehprogramm Eurovision, das seit wenigen Tagen sendet, schafft es nur, ein Spiel pro Tag zu übertragen, und entscheidet sich für das England-Match. Die *Süddeutsche Zeitung* urteilt nach dem Türkei-Spiel: »Keine andere Mannschaft (von den Ungarn abgesehen) zeigte solche Kombinationszüge wie die deutsche Fünferreihe«.

Am Ende des Tages gibt es für die Spieler im Hotel ein Glas Bier, was Herberger sonst nicht gestattet. Fritz Walter gönnt sich eine Unterwassermassage bei Masseur Erich Deuser. Es geht ihm gut. Hier in der Schweiz mit all den Stars hat er nicht den Druck wie in Deutschland, wo alles nur auf ihn starrt. Bei der WM sind die Deutschen nur Außenseiter. Das ist die Rolle, die er mag und die ihm liegt. Die Ungarn gewinnen derweil gegen Südkorea mit 9:0. Alle schauen auf diese Stars. Sollen sie nur.

Als Nächstes treten die Deutschen gegen die Magyaren an, drei Tage nach dem ersten Spiel. Die Mannschaft fährt am Vortag nach Rheinfelden in der Nähe des Austragungsorts Basel. Wagenkolonnen machen sich nun aus Deutschland auf in die Schweiz. Basel gleicht an dem Morgen einer deutschen Stadt. Wer kein Quartier findet, schläft die Nacht vor dem Spiel im Freien. Sie haben Fahnen, Spruchbänder, Kuhglocken und Trompeten dabei. Der Schwarzhandel blüht, teils wird der fünffache Preis für ein Ticket verlangt – und bezahlt. Der Sieg gegen die Türken macht Lust auf mehr.

60 000 Zuschauer sind im Stadion. Schon fünf Stunden vor dem Anstoß füllen sich die Stehplatz-Tribünen. Mancher macht unter der sengenden Schweizer Sonne schlapp. Unter den Zuschauern sind der Schauspieler Hans Albers, der gerade in dem Jahr mit dem Spielfilm *Auf der Reeperbahn nachts um halb eins* reüssiert, und andere Prominente.

Herberger aber beschließt, nicht die besten Spieler auflaufen zu lassen. Ausgemustert sind Turek, Laband, Morlock, Ottmar Walter, Schäfer. Der Chef will sie für das Entscheidungsspiel gegen die Türkei schonen. Keiner soll sich verausgaben, keiner soll sich verletzen, keiner soll durch eine Klatsche sein Selbstvertrauen verlieren. Denn eine Niederlage gegen Ungarn wird ohnehin erwartet. Die Taktik hat Herberger schon vor Monaten ausgearbeitet. Auf sieben Positionen verändert Herberger die Mannschaft. Nur Fritz Walter lässt er spielen, damit er vorsorglich einmal Ungarns Spielweise kennenlernt - man weiß ja nie. Andererseits: Mit einem Unentschieden würde Deutschland gleich die K.-o.-Runde erreichen. »Bei einem Unentschieden braucht ihr nicht mehr gegen die Türken antreten und habt acht Tage Pause«, sagt Herberger den Spielern.

Die vielen Zuschauer im Basler Sankt-Jakob-Park wussten nichts von Herbergers Plänen. Sie sind gekommen, um ihre Stars zu sehen. Als nun die Aufstellung über Lautsprecher bekanntgegeben wird, ertönt ein langanhaltendes, gellendes Pfeifkonzert von den Rängen.

Anstoß. Die Ungarn sind erwartet stark. Und die schlimmsten Befürchtungen werden bestätigt: 1:0 nach nur drei Minuten durch Kocsis, den späteren Torschützenkönig des Turniers. 2:0 Puskás, 3:0 Kocsis - und dabei sind erst 21 Minuten gespielt. 3:1 steht es zur Halbzeit nach einem Tor von Alfred Pfaff.

Die Ungarn haben auch in der zweiten Halbzeit keine große Mühe mit den Deutschen. Fritz Walter denkt dabei schon an das nächste Spiel gegen die Türkei. 4:1, 5:1. Liebrich foult Puskás, der verletzt und mit dickem Knöchel vom Platz humpelt. Liebrich muss wegen dieses groben

Fouls in der Presse viel Kritik einstecken (*Die Welt*: »Die übelste Tat«). Puskás, der Weltstar, ist durch die Verletzung bis zum Endspiel außer Gefecht gesetzt.

Erst als die Ungarn 7:1 führen, lassen sie nach. Die Partie macht ihnen wohl keinen Spaß mehr. Am Ende verliert Deutschland 8:3. Helmut Rahn und Richard Herrmann schießen die beiden weiteren deutschen Tore. Abpfiff. Walter wird später schreiben: »Auch Katastrophen nehmen ein Ende.«

Die Pfiffe der deutschen Fans sind das Letzte, was die Spieler im Stadion zu hören kriegen. Manche Fans beschimpfen Herberger gar als Volksverräter. Fritz Walter ist erschüttert darüber, wie gnadenlos die Anhänger ihre Mannschaft abstrafen. Das trifft ihn. Und die Kritik in der Heimat ist auch nicht leiser. Eine »beschämende Vorstellung«, konstatiert *Die Welt*. Die Post, die die Spieler in die Schweiz geschickt bekommen, ist verheerend. »Höchste Zeit für Sie zu verschwinden!«, »Hängen Sie sich doch auf!« – es sind zur Genüge Geschmacklosigkeiten dabei.

Die Legendenbildung will, dass das Geheimnis des Erfolgs der Zusammenhalt der Mannschaft gewesen sei: der ewiglich zitierte »Geist von Spiez«. Doch als die ausgemusterten Spieler vor der Partie von ihrem Schicksal erfahren, gründen die den »Klub der Unzufriedenen« (Helmut Rahn), gehen auf eigene Faust in ein Wirtshaus am anderen Ufer des Thuner Sees und kippen ein paar Bier. Rahn wird das später einmal öffentlich gestehen. Von Fritz Walter will man freilich anderes hören: »Den Geist von Spiez«, erklärt er in der Rückschau, »haben wir eigentlich aus Kaiserslautern mitgebracht und auf die Nationalmannschaft übertragen.«

Ein Sieg, eine Niederlage, das bedeutet Entscheidungsspiel. Also wieder Türkei, nur zwei Tage nach dem Ungarn-Unfall. Und wieder Poulet. Es ist der 23. Juni. Es geht nach Zürich. Drückende Schwüle liegt über der Stadt. Nur 17000 Zuschauer sind im Hardturm-Stadion. Von beiden Mannschaften wird nicht viel Filigranes erwartet.

Eine allumfassende Euphorie für die WM gibt es in Deutschland noch immer nicht. Nur die echten Fans bekommen mit, was in der Schweiz passiert. Die meisten Deutschen kennen ihre Nationalspieler nicht. Die Fußballer spielen verstreut in Deutschland in vier Oberligen und sind zum Teil noch nie mit einem Bild in einer überregionalen Tageszeitung abgedruckt oder gar im noch kaum existierenden Fernsehen gezeigt worden. Die Gesichter der späteren Helden sind zu diesem Zeitpunkt unbekannt. Zwei Wochen später hingegen werden sie in jeder Zeitung des Landes zu sehen sein.

Deutschland tritt dieses Mal in Topbesetzung an. Die abergläubischen Türken wollen nicht wieder in Verlierer-Rot spielen und bitten den deutschen Spielführer, ob man vielleicht auf die Auslosung verzichten könne und sie in Weiß spielen dürften. Walter versteht das. Die Deutschen spielen in Grün.

Doch das Weiß bringt den Türken auch kein Glück. 1:0 Ottmar Walter, 2:0 Schäfer, 2:1, 3:1 Morlock, es läuft für die Deutschen. Nach der Halbzeit 4:1 Morlock, 5:1 Fritz Walter. Die Türken geben auf. 6:1 Morlock, 7:1 Schäfer. Das Spiel endet 7:2. Und Fritz Walter ist der brillante Dirigent dieses Spiels.

Deutschland steht im Viertelfinale und gehört zu den besten acht Nationalmannschaften der Welt. Ein italienischer Journalist schreibt, es sei absurd, dass ein Team wie

Deutschland im Viertelfinale stünde. Was er nicht weiß: Es wird noch absurder.

* * *

Über Madrid glüht die Sonne, die Luft schwirrt. An diesem heißen Nachmittag stehen fünf Reiter im Club de Campo im Finale der Spring-Weltmeisterschaft, darunter einer, der von allen nur HGW genannt wird: Hans Günter Winkler. Fast noch berühmter als der junge Mann ist seine Stute: Halla.

Der 27 Jahre alte Winkler, Sohn eines Reitlehrers, gilt als gefährlichster Rivale des amtierenden Weltmeisters Paco Goyoaga. Er ist der Liebling des Publikums. Die Madrilenen müssen befürchten, dass ein Deutscher ihrem Sohn der Stadt den Sieg stiehlt.

An dem Morgen vor dem Entscheidungsritt klopft die hübsche spanische Nachwuchsreiterin Paula Elizalde an Winklers Tür. Ob er nicht mit zum Schwimmen kommen wolle, fragt sie. Winkler, dem Weiblichen grundsätzlich nicht abgeneigt, willigt spontan ein. Paula Elizalde bringt noch zwei Freundinnen und einen Freund mit und so fahren sie ins Freibad.

Die drei benehmen sich Winkler gegenüber komisch, wie er in seiner Autobiografie schreibt. Sie wollen dauernd Schwimmspiele im Wasser und Wettläufe auf dem Rasen veranstalten. Er soll mit ihnen um die Wette kraulen, doch er bevorzugt gemütliches Hundepaddeln – zum Unmut Paulas. Dann machen sie Tauchspiele, alle versuchen dauernd, Winkler hinunterzuziehen. Doch er will nicht und hält sich am Geländer fest. So geht das die ganze Zeit weiter. Sie lassen ihn keine Sekunde in Ruhe.

Winkler wundert sich, spielt aber ein bisschen mit. Als sie auf dem Rasen Leichtathletik treiben wollen und sich zum Sprint aufstellen, macht der Deutsche lieber ein paar Lockerungsübungen. Er ist ohnehin in guter Kondition. Eher machen nun seine neuen Freunde langsam schlapp.

Auf dem Rückweg sagen die jungen Spanier nicht mehr viel. Ein merkwürdiger Vormittag. Ein wirklich komischer Ausflug. Aufklärung folgt.

Am Nachmittag reiten die Sportler zum Weltmeisterschaftsfinale in die Arena ein. 20 000 sind im Stadion. Staatschef General Francisco Paulino Hermenegildo Teódulo Franco y Bahamonde Salgado Pardo, kurz Diktator Franco, sitzt und schwitzt auf der Ehrentribüne. Auch der deutsche Botschafter Adalbert Alfons Maria Ascension Antonius Hubertus Joseph von Bayern, kurz Prinz Adalbert von Bayern, Urenkel König Ludwigs I., ist da.

Der Parcours besteht aus acht Hindernissen und einem Wassergraben. Jeder reitet sein eigenes Pferd sowie das des jeweils anderen, so lautet die Regel. Dieses Vorgehen hat die Fédération Équestre Internationale im Jahr 1953 eingeführt. So soll sichergestellt werden, dass nicht ein Reiter mit einem äußerst hervorragenden Pferd gewinnt, sondern der wirklich beste Reiter.

Winkler kann mit allen fünf Pferden inklusive Halla am besten umgehen. Er ist am schnellsten und macht die wenigsten Fehler. Und Goyoaga, der spanische Held und Hoffnungsträger, der 1953 in Paris erster offizieller Weltmeister wurde und als Titelverteidiger auftritt, patzt, er macht Fehler. Kurzum: Hans Günter Winkler gewinnt die Weltmeisterschaft der Springreiter 1954 in Madrid. Goyoaga erhält Bronze.

In der Abenddämmerung flammen Scheinwerfer auf, eine Schwadron der maurischen Garde und die Gala-Eskorte der Stadt reiten ins Stadion. Schließlich kommt der Turniersieger auf Halla an der Spitze der Endrundenteilnehmer in die Arena. Er tritt vor Franco und bekommt aus dessen Händen den Goldpokal überreicht. Das Deutschlandlied erklingt, die Deutschlandfahne wird gehisst. Winkler dreht im Rausch eine Ehrenrunde.

In seinem Wohnort Warendorf, das zum Zentrum der deutschen Reiterei avanciert, wird Winkler empfangen wie ein Held. Ein Telegramm von Bundespräsident Heuss ist ihm vorausgeeilt in die münsterländische Stadt. Ganz Warendorf ist geflaggt, als er in einer Kutsche zum Marktplatz gefahren wird. Winkler wird in den folgenden Jahren ein Nationalheld - wie Fritz Walter. Es ist der größte Triumph deutscher Reiter in der Nachkriegsgeschichte.

Die Geschichte mit Paula Elizalde ist noch nicht zu Ende. Später wird ihm die spanische Schönheit gestehen, dass sie einen perfiden Plan gehabt hat an jenem Vormittag in Madrid. Sie sah in Winkler - zu Recht - eine Gefahr für Goyoaga, den sie abgöttisch anhimmelte. Sie wollte Winkler durch die vielen Schwimm- und Sportübungen im Freibad müde machen und so seine Chancen schmälern.

Mit dem Plan hat sie bekanntlich keinen Erfolg gehabt. Doch mit einem hat sie doch Erfolg gehabt: Paula Elizalde wird später den Nachnamen Goyoaga tragen.

* * *

Die Schmuggler zwischen West und Ost setzen jetzt auf Rohstoffe und Hochprozentiges. Früher waren es Ami-

Zigaretten, Nylonstrümpfe oder Schreibmaschinen, jetzt sind Nickel und Alkohol hochbegehrt.

In Ostdeutschland besteht akuter Bedarf an Nickel, einem Grundstoff zur Erzeugung von Edelstahl. Der Rohstoff kommt aus überseeischen Gebieten, wird in Europa aufbereitet und nun über Westdeutschland in die sowjetischen Machtbereiche geschleust. Die Nickelschieber machen damit das große Geld - wenn sie nicht entdeckt werden. Zollfahnder konfiszieren in diesem Juni Nickelbestände, die in einem Lastwagen hinter Holzstämmen versteckt sind, im Wert von mehreren Hunderttausend Mark.

In umgekehrter Richtung beobachten die Behörden, dass große Mengen Alkohol geschmuggelt werden. Die Schmuggler machen sich hier das große Preisgefälle zunutze. Der Fusel kommt aus Rumänien, Ungarn, Bulgarien. Lastwagen sind so präpariert, dass sie in dem großen Treibstofftank noch einen weiteren haben, der dann mit fast reinem Alkohol (mehr als 90 Prozent) befüllt wird. Der Trick fällt den Fahndern durch einen Zufall auf: Ein Zollbeamter schaut bei einer Routineprüfung in den Tank, der Treibstoff riecht stark nach Alk. Ein Leck im Alkohol-Tank, die beiden Flüssigkeiten haben sich miteinander vermischt. In den kommenden Tagen fliegen Dutzende Schmuggler auf, weil die Fahnder nun den Trick kennen.

* * *

Bis hierhin haben Fritz Walter und seine Kollegen noch kein einziges WM-Spiel anschauen können. Der nächste Fernseher ist mehr als 20 Kilometer entfernt und steht in einem kleinen Radiogeschäft. Da ergibt sich die Chance, dort das Spiel Frankreich gegen Jugoslawien zu gucken, Walter und Liebrich werden vom Hotelbesitzer hingefahren. Aber sie sehen nur die erste Halbzeit, weil sie zum Abendbrot schon wieder im Hotel sein müssen. Jugoslawien gewinnt. Es ist der nächste Gegner der Deutschen.

Die Weltmeisterschaft geht nun in die K.-o.-Runde. Im Viertelfinale tritt Gastgeber Schweiz gegen den Nachbarn Österreich in Lausanne an. Das ist das erste Spiel, das Fritz Walter und die anderen sogar live im Stadion anschauen können. Und dieses Spiel wird eines der verrücktesten der WM-Geschichte. Obwohl die Schweiz 3:0 führt, verlieren sie am Ende 5:7.

Der Schweizer Kapitän Roger Bocquet läuft mit einem Tumor im Kopf auf, er dürfte überhaupt nicht spielen, zumal es unerträglich heiß ist an diesem Tag am Genfer See. Doch er will dieses Turnier hinter sich bringen, um sich dann ins Krankenhaus zu begeben. »Und ich weiß nicht, ob ich (das Spiel) überleben werde«, sagt Bocquet vor dem Anstoß. Der Trainer will ihn auf einer weniger zentralen Position einsetzen, doch Bocquet hört nicht auf ihn. Der Kapitän bekommt kaum mit, was auf dem Spielfeld passiert.

Bocquet wird nach dem Turnier erfolgreich behandelt und ein langes Leben haben. Am 10. März 1994 segnet der Fußballer im Alter von 72 Jahren das Zeitliche.

Nicht weniger berühmt wird die Viertelfinal-Begegnung Ungarn gegen Brasilien. Für viele ist es das vorgezogene WM-Endspiel. Jedoch gelangt es zu trauriger Berühmtheit. Statt zu Fußballzauber entwickelt sich die Partie zu einer einzigen Treterei. Drei rote, x gelbe Karten, am Ende prügeln sich die Spieler, die Schweizer Polizei muss auf dem Spielfeld eingreifen. Nach dem Abpfiff schlägern sich die

Brasilianer vor dem Kabineneingang mit Schweizer Gendarmen. In den Kabinen setzen die Durchgedrehten die Prügelei fort. *Die Zeit* schreibt von »unglaublichen Radauszenen«. Die *Neue Zürcher Zeitung* spricht unrühmlich von der »Schlacht von Bern«. *Bild* (mit Blick auf die Brasilianer): »Der Urwald war los«. Ungarn gewinnt das Viertelfinale 4:2.

Und dann der 27. Juni. Deutschland in Genf gegen Jugoslawien. Zwischenrunde. Noch zwei Spiele und eine Woche bis zum Finale. Wieder Poulet, klar. Nur nichts verändern. Fußballer sind abergläubisch.

Nicht einmal 10 000 Zuschauer sind im Stadion Charmilles. 3000 deutsche Schlachtenbummler sind dabei. Die Schweizer Zuschauer stehen hörbar auf der Seite der Jugoslawen. Der Himmel ist bedeckt und grau. Die Jugoslawen sind haushoher Favorit. Die deutsche Mannschaft fühlt sich aber gefestigt in diesen Tagen. Diesmal spielt Rahn statt Klodt im Sturm. Mittelläufer Posipal spielt nicht, er hat darum gebeten. Die Nerven, das Turnier wird ihm zu groß.

Anstoß. Die Deutschen kommen gut ins Spiel. Sie gehen etwas glücklich - durch ein Eigentor des Jugoslawen Horvat - mit 1:0 in Führung. Aber der Gegner stürmt und stürmt. Jugoslawiens Mittelfeldmann Cajkowski hängt wie eine Klette an Walter. Die Jugoslawen sind besser. Wie durch ein Wunder steht es zur Halbzeit immer noch 1:0.

Zweite Halbzeit. Jugoslawien ist ein brutal starker Gegner. Die Deutschen werden weiter bedrängt, sie ziehen sich in die Defensive zurück. Das Spiel wird härter. Fast pausenlos rennen die Jugoslawen aufs gegnerische Tor zu. Torwart Turek hält »unhaltbare« Bälle. Aber »langsam, ganz langsam«, wie Walter später aufschreibt, beginnen die Jugoslawen zu resignieren. Und dann ist da Rahn, der eigensinnige Spieler, der so oft in der Kritik steht. Er macht in der 86. Minute das 2:0 und erlöst die Mannschaft. Dabei bleibt es. Deutschland steht im Halbfinale.

Die deutschen Fans, wieder versöhnt mit ihrer Elf, laufen aufs Feld und tragen einige Spieler auf den Schultern vom Platz. Fritz Walter will das nicht, weil es ihm schon einmal Pech gebracht hat. Der Abergläubische läuft schnell in die Kabine.

In den Katakomben schüttelt Herberger jedem die Hand. Ein deutscher Reporter dringt ein und küsst jeden Spieler ab. Walter ist nicht nachtragend gegenüber der Presse, kann sich jedoch eine gewisse Schadenfreude nicht verkneifen. Ein glücklicher, aber letztlich verdienter Sieg. Das ist die allgemeine Sprachregelung auf deutscher Seite.

Es ist inzwischen später Abend. Auf dem Heimweg mit dem Bus an den Thuner See erfahren sie bei einer Pause an einer Tankstelle von aufgeregten Fans, die im Besitz eines Transistorradios sind, dass Deutschland im Halbfinale in Basel gegen Österreich spielen wird.

Die Deutschen gehören nun zu den besten vier Mannschaften der Welt. Aber Herberger sagt in all seiner Weisheit: Der nächste Gegner ist immer der schwerste.

In der Heimat schenkt die Öffentlichkeit dem Turnier nun mehr Beachtung. Selbst die Ahnungslosen bekommen jetzt mit, dass sich da etwas Großes anbahnen könnte. Neben Zeitungsaufmachern zu den Landtagswahlen von Nordrhein-Westfalen stehen nun Meldungen über den Einzug der deutschen Nationalelf ins Halbfinale. Vor acht Tagen noch das Fiasko gegen Ungarn, nach dem sich alle abgewendet haben, und nun stehen die Deutschen plötzlich mit einem Bein im WM-Finale. Walter liest in einer Zeitung vom »Wunder von Genf« – und wundert sich. War die Leistung ein Wunder? Der Begriff will ihm nicht einleuchten. Später wird die WM zum »Wunder von Bern«.

Die deutschen Zeitungen haben ihre militaristische Sprache auch fast ein Jahrzehnt nach der Kapitulation noch nicht abgeschüttelt. Von der »slawischen Festung« schreiben sie, von der »Abwehrschlacht der Deutschen«, sogar vom »Endsieg« wird nun unbekümmert berichtet. Die Deutschen waren laut *Die Welt* gewillt, »nicht zu kapitulieren«. Ja, sie haben es gut gemacht, »unsere braven Kämpfer« (*Kicker*).

Fußball-Deutschland hat übrigens auch ein »Wunder von Gelsenkirchen«. Der TSV Hüls wird Deutscher Amateur-Fußballmeister. Die Mannschaft aus Marl am Nordrand des Ruhrgebiets kantert Neu-Isenburg in der Glückauf-Kampfbahn mit 6:1 nieder. 18 000 Zuschauer sehen live zu. Die Hessen finden kein Mittel gegen die Westfalen. Drei Mal trifft Schweinsberg, zwei Mal Wollenberg, ein Mal Zawieracz. »Ein unglaublicher Jubelsturm herrschte bei der Pokalübergabe durch Professor Dr. Zimmermann vom DFB-Vorstand an Mannschaftsführer Finn«, schreibt das *Jahrbuch Westfalen*.

Am Abend feiern die Spieler, fast alles Bergmänner, den Sieg bei einem festlichen Bankett in Gelsenkirchen. Anderntags dann die (kurze) Heimreise und Empfang der »Helden von Gelsenkirchen«, mit Autokorso und viel Händeschütteln.

Bemerkenswert ist, dass alle Spieler der Mannschaft aus dem Stadtteil Hüls kommen. Der Verein benennt sich aber in TSV Marl-Hüls um, als ein Darlehen der Stadt winkt.

Die Spieler werden noch im Sommer 1954 Vertragsfußballer und spielen in der II. Liga West.

Und das Wunder geht noch weiter. In der Saison 1959/1960 erreicht der TSV Marl-Hüls den zweiten Platz und steigt damit in die Oberliga West auf, die damals höchste Spielklasse mit Vereinen wie FC Schalke 04 und VfL Bochum. Als schon drei Jahre später die Bundesliga startet, verzichtet der Verein aber auf eine Teilnahme. Das Wunder hat ein Ende.

Im Jahr 2019 geht der TSV Marl-Hüls in die Insolvenz, um sich daraufhin neu zu gründen. Die erste Mannschaft spielt heute in der Kreisliga B.

* * *

Der Scharl Lorenz hätte den Sieg verdient. Er ist ein Baum von einem Mann, »a Bracke«, wie man hier in Bayern sagt, hat Finger wie Seile. Und wie der Scharl Lorenz sich da so bedächtig an den Turniertisch setzt, stets bereit ist für den nächsten Kampf, der, meinen die Zuschauer im Münchner Löwenbräukeller, muss der nächste bayerische Meister im Fingerhakeln sein.

Aber der Scharl Lorenz macht einen Fehler. Er hätte sich die Schwielen von den Fingern schneiden sollen. Er ist noch unerfahren, der junge Kerl, und wegen der Schwielen ist ihm nun im Wettkampf Haut und Fleisch vom Finger gerissen. Die Sanitäter sammeln die abgerissenen Hautlappen liebevoll ein und schauen, ob da noch was drangepappt werden kann. Da hakelt der Scharl Lorenz halt mit der linken Hand weiter. Damit erreicht er noch den fünften Platz bei den Bayerischen Meisterschaften.

Landessieger wird der Seitz Sepp aus Hausham, der alle Gegner über den Tisch zieht. Er ist auch schon so etwas wie eine Legende. Wenn der Riese, 41 Jahre alt, in seiner Krachledernen dröhnend auf die Bühne steigt - vorab noch schnell eine Maß geleert -, wird es still im Löwenbräu. Er ist Bergmann in Hausham bei Schliersee, dort, wo seit 100 Jahren Steinkohle abgebaut wird, und dort, wo das Vereinsleben der Fingerhakler einst seinen Anfang nahm. Der Brazn-Sepp braucht kein Training, weil er jeden Tag an die fünf »Hunde« - offene, kastenförmige Förderwagen - zu je 200 Kilogramm Ladung mit einem Finger zieht. Während des eintägigen Turniers trinkt er zehn Liter Bier, wie Journalisten mitzählen.

* * *

Die Frage ist, ob Massimo Faella aus Neapel zurechnungsfähig ist. Davon hängt ab, ob er ins Gefängnis geht oder in die Nervenheilanstalt. Faella ist vom Landgericht München I angeklagt, einen Menschen getötet zu haben, den er nicht kennt und mit dem er nichts zu tun hat.

Faella hat sich in einem italienischen Restaurant mit einem Landsmann gestritten, es ging nach draußen, wo Faella ein Messer zückte und es jemand anderem, Michele Uccello, der bei dem Streit nur zuschaute, ins Herz stach. Faella floh, wurde aber in der Innenstadt in einem Café auf einer Toilette festgenommen.

Nun die Vernehmung vor Gericht.

Der Vorsitzende: »Sie haben das Messer gezogen und ihn niedergestochen. Warum haben Sie das getan?«

Faella: »Er hat mich geschlagen.«

»Aber das war doch nicht Uccello?«

Faella zuckt die Achseln.

»Uccello hat doch auch eine Mutter, die jetzt in Neapel um ihn weint.«

»Nein, nein.«

»Warum nein?«

»Der war doch nicht aus Neapel.«

»Wo hat er denn sonst gelebt?«

»Gar nicht, er ist doch jetzt tot.«

»Wissen Sie denn nicht, dass man einen Menschen nicht töten darf?«

»Ich hatte keine Zeit, darüber nachzudenken.«

»Aber dann sind Sie doch davongelaufen.«

»Natürlich, es kamen ja drei auf mich zu.«

»Tut es Ihnen nicht leid, dass Sie einen Menschen umgebracht haben?«

»Ich weiß nicht, was ich sagen soll, er hat mich ja geschlagen.«

Kein Gefängnis. Faella geht wegen Geisteskrankheit in die Anstalt.

* * *

Die New Yorker Börse verzeichnet plötzlich fallende Kurse von Tabakkonzernen. Was ist passiert? Die amerikanische Krebsforschungsgesellschaft hat einen Bericht herausgegeben, demzufolge es einen Zusammenhang zwischen Zigarettenrauchen und Krebs geben soll. Raucher zwischen 50 und 70 Jahren erleiden öfter Herzanfälle und erkranken öfter an Krebs als Nichtraucher. Die Nachricht schlägt am Finanzmarkt ein. Die Aktien von American Tobacco geben um 3,50 Dollar nach.

Auch in Deutschland entspinnt sich eine Debatte darüber. Im niedersächsischen Cloppenburg findet ein Aufklärungsabend großen Besucherandrang. Die sensationellen Veröffentlichungen der letzten Zeit über die Verbreitung von Lungenkrebs infolge des Rauchens lehnt der Vortragende, der leitende Arzt der Röntgen-Abteilung des evangelischen Krankenhauses Oldenburg, aber ab. Unbegründet, weil unerforscht, urteilt der Wissenschaftler.

Der Zigarettenkonsum nimmt in Deutschland zu, seit die Senkung der Tabaksteuer am 8. Juni 1953 in Kraft getreten ist. 4,3 Milliarden D-Mark geben die Bundesbürger pro Jahr (Zeitraum 1. April 1953 bis 31. März 1954) für Tabakwaren aus, was ein leichtes Plus gegenüber dem Vorjahreszeitraum bedeutet. Das gilt vor allem für die industriell hergestellte Zigarette: 702 Zigaretten raucht der Bundesbürger pro Jahr im Schnitt (Vorjahr: 596). Es wird seit der Steuersenkung mehr gequalmt, auch weil die Frauen mitrauchen. Es gilt gar als schick.

In den Zeitungen finden sich Anzeigen, die das Rauchen als gesundheitsfördernd darstellen. »Glück muss der Mensch haben und eine Salem No. 6«, heißt es da. »Bleib fit - rauch FILTRA«, schlägt gleichnamige Marke vor. Die »Traditions-Zigarette« Mokri ist »so nussartig süß und dabei ganz mild«. Und Zuban formuliert: »So gut wie die ersten Gaben des Sommers. So gut ist diese Cigarette, die immer wieder schmeckt - Tag für Tag. Morgen so gut wie gestern und heute!« Und »Reemtsma Gelbe Sorte« bringt es auf den Punkt: »Wie sind wir doch schon wieder verwöhnt!«

* * *

Bill Graham ist ihnen erschienen. Der amerikanische Prediger beginnt in Deutschland seinen Feldzug zur Erweckung des Glaubens. Erst spricht er in Düsseldorf vor 35 000 Menschen, dann in Berlin vor 90 000. Er ist das Gesicht der christlichen Amerikanisierung. Und er hat eine Weltmission.

Auf einer riesigen Tafel in Berlin steht: »Kommet her zu mir alle, die ihr mühselig und beladen seid, ich will euch erquicken.« Es geht nicht nur streng gottesfürchtig zu, es gibt auch säkularen Rummel rund um die Veranstaltung. Die Würstchenbuden machen gute Geschäfte, es gibt Bonbons und Coca-Cola. Grahams Traktätchen mit dem Wort Gottes kosten zehn Pfennig das Stück. 2000 Chorsänger schmettern Geistliches. Und da kommt er selbst, der blonde hochgewachsene Gottesmann, in blau, auf die Bühne. Einer seiner Mitarbeiter spricht zum Warmwerden vorab vom Podium und verbreitet »Fröhlichkeit für Zwölfjährige« (*Die Zeit*).

Dr. William Franklin Graham, kurz Billy, 35 Jahre alt, wird von seinen Gegnern als bestbezahlter Evangelist der Welt oder schlicht als Blender abgetan. Der Glaube mag alt sein, aber die Methoden, die Graham nutzt, sind modern. Es ist Massenwerbung für den Heiligen Geist. Dass er in den besten Hotels absteigt und immer bestens gekleidet ist, ist für ihn kein Widerspruch zum Christlichen. Er ist kein Wanderprediger in härenem Gewand, er ist der »Werbefachmann Gottes« (*Düsseldorfer Nachrichten*).

Nicht weniger als zwölf Mikrofone sind an seinem Rednerpult befestigt, als er auftritt. Graham spricht, dass auch der einfache Mann ihn versteht, er will ein für jedermann verständliches Christentum verwirklichen. »Billy

Graham ist – als Redner – kein Exhibitionist. Er ist nicht einmal ein kühler Techniker der Massenpsychologie. Er ist ganz einfach ein Mann, der glaubt und dessen Glaube einfach ist«, meint *Der Spiegel.* Sein Thema ist die Verdammnis des Menschen zur Sünde und die Chance auf Erlösung durch den Glauben. Am Ende beten die Berliner das Vaterunser, in den Bussen auf der Rückreise singen die Bekehrten Erweckungslieder.

* * *

Am 30. Juni regnet es in Basel. Das ist gut. Mittlerweile ist bei Regen von »Fritz-Walter-Wetter« die Rede. Schöner, glitschiger Rasen. Hitze kann Fritz Walter dagegen gar nicht leiden. Im Krieg hat er unter der Glutsonne Sardiniens Malaria bekommen.

Walter ist nicht mehr der Zweifler, der er noch vor vier Wochen war. Er glaubt jetzt an den Sieg und den Einzug ins Finale. Die Verletzungen Morlocks und Posipals sind bis zu jenem Mittwoch nahezu ausgeheilt. Ein gutes Zeichen, der Abergläubische zieht daraus seinen Nektar.

Das grenznahe Basel ist zum Halbfinale voll mit deutschen Fans. »Basel erlebt eine friedliche Invasion der Deutschen«, schreibt Walter. 30 000 oder 40 000 Deutsche sollen da sein, so genau weiß man das nicht. Im Stadion schwenken ein paar von ihnen schwarz-rot-goldene Fähnchen.

Für die meisten Beobachter sind die Österreicher der Favorit. Die Spieler sind athletisch, elegant, temporeich. Walter nennt die Österreicher nur »die Wiener«, weil alle Spieler von den Hauptstadtvereinen Austria, Vienna, Rapid und Wacker kommen. Wir *werden* gewinnen, sagen die Österreicher. Wir *wollen* gewinnen, sagen die Deutschen.

Vorsichtig stellt Walter vor dem Spiel seinen Talisman Mecki in der Kabine auf den Kleiderhaken. Eine unbekannte junge Frau hat ihm die Figur kurz vor dem Turnier zugesandt. Mecki ist seitdem immer bei ihm.

Die Deutschen laufen in Bestbesetzung auf. Sie spielen mit grünen Trikots. Doch die Mannschaft beginnt nervös. Die Österreicher sind gut. Sie haben Chance um Chance. Mit der Zeit aber steigert sich die deutsche Mannschaft. Es geht hin und her. Und dann plötzlich die Führung. Walter setzt sich durch und legt für Schäfer auf. Der trifft zum 1:0 in der 31. Spielminute. Das Stadion tobt. Ohrenbetäubender Lärm. 1:0 für Deutschland. Das ist auch der Halbzeitstand.

Die zweite Halbzeit wird berühmt und in die Fußballgeschichte eingehen. Fritz Walter spielt sich in einen regelrechten Rausch. Nach einer einstudierten Ecke Walters köpft Morlock drei Minuten nach Wiederanpfiff zum 2:0. Dann steht es plötzlich 2:1, Turek lässt einen Ball aus den Händen gleiten, der Österreicher Probst nutzt den Fehler eiskalt aus. Es ist noch nichts entschieden.

Doch die Deutschen sind haushoch überlegen und stürmen weiter. In der 56. Minute ist Morlock durch, dringt in den Strafraum, als Stopper Happel – knapp 30 Jahre später wird er Trainer des Hamburger SV sein – ihm in die Beine rutscht. Happel klammert sich mit beiden Füßen an Morlocks Standbein fest – Elfmeter.

Fritz Walter nimmt sich den Ball, geht zum Punkt. »Was is? Hasche Mumm?«, fragt sein Bruder Ottmar ihn. Fritz nickt. Umständlich legt er sich den Ball zurecht. Liebrich dreht sich zu Turek um, er kann nicht hinsehen. »Fritz, dei Eck«, murmelt Ottmar. »Ja, mei Eck«, sagt Fritz. So gibt Fritz Walter den Dialog später einmal wieder. Und er entscheidet sich für »seine« Ecke, die rechte. 3:1.

Fritz Walter ist überragend. Er spielt die Österreicher im Alleingang aus. Er dirigiert die Spieler, gibt Anweisungen, schreit und ruft, was sonst gar nicht seine Art ist. Für Kommandos ist er eigentlich zu bescheiden. Die österreichische Mannschaft bricht nun zusammen. Ottmar Walter macht das 4:1 nach Vorlage seines Bruders. Fritz Walter trifft noch einmal per Elfmeter nach einem Foul von Torwart Zeman. 5:1. Noch neun Minuten zu spielen. Hier ist alles klar. 6:1 steht es nach 90 Minuten, weil Ottmar Walter noch einmal trifft. An allen Treffern ist Fritz Walter beteiligt, zwei erzielt er selbst, zwei sein Bruder Ottmar.

Für Fußballexperten ist es bis heute das beste Spiel, das die deutsche Nationalmannschaft jemals gemacht hat. Vergleichbar nur noch mit dem 7:1 Deutschlands gegen Brasilien bei der Weltmeisterschaft 2014.

Die Pressestimmen sind eindeutig. »Deutschland gab Österreich die Lehre, die es brauchte«, meint der *Guardian* gnadenlos. Der *Wiener Kurier*: »Größtes Debakel in Österreichs Fußballgeschichte. Deutschland rennt uns mit 6:2 (sic) so über den Haufen, dass uns Hören und Sehen vergeht.« Die österreichischen Spieler seien auf dem Platz von den Deutschen teils geradezu lächerlich gemacht worden. Und Herberger sagt: »Das war das beste Match, das die Deutschen jemals gespielt haben.«

Fritz Walter wird der Star, der er nicht sein will. Er steht jetzt im Mittelpunkt des Geschehens, dabei will er doch nur Teil der Mannschaft sein. Das Halbfinale ist vielleicht das beste Spiel seiner Karriere. Es sind die Tage, in denen er zum Helden einer ganzen Nation wird. Aus dem Menschen Fritz Walter wird der Mythos Fritz Walter.

Nach dem Spiel sitzen sie im Bus, der von Fans umringt wird. Da entdecken Fritz und Ottmar Walter den Vater, und sie winken ihn herbei. Als Walter Senior in den Bus einsteigen will, knallt ihm Albert Sing, der Herberger-Kompagnon, die Bustür vor der Nase zu. Sing kennt den Vater nicht. Walter Senior quetscht sich dabei drei Finger, die schnell blau anlaufen. Als er im Bus ist, mit schmerzhaftem Gesicht, wünscht er allen Glück.

Parallel läuft das zweite Halbfinale Ungarn gegen Uruguay. Nach 90 Minuten steht es 2:2, es geht in die Verlängerung. Am Ende gewinnen die Ungarn 4:2. Der Titelverteidiger ist ausgeschieden.

Die Sensation ist nun amtlich: Ungarn und Deutschland werden am 4. Juli 1954 im Berner Wankdorf-Stadion das Endspiel um die V. Fußball-Weltmeisterschaft, den Coupe Rimet, austragen. Der *Guardian* prognostiziert: »Man kann für die Deutschen nichts anderes voraussehen als schwere Schläge.«

* * *

Das schlechte Wetter betrübt Astronomen und Hobbysterngucker, die die Sonnenfinsternis vom 30. Juni beobachten wollen. Während das seltene Naturschauspiel in den USA bei wolkenlosem Himmel bewundert werden kann, sieht man es in Europa bei diesem dichten Wolkenvorhang nur an wenigen Stellen.

Um 12.08 Uhr MEZ am 30. Juni berührt der Kernschatten des Mondes die Erde bei O'Neill im amerikanischen Bundesstaat Nebraska und lässt den Ort zu High

Noon dämmern. Der Schatten rast von dort mit einer Geschwindigkeit von 2800 Kilometern pro Stunde Richtung Nordosten nach New York, über den Atlantik, Grönland, Skandinavien. In Großbritannien ist die Sonnenfinsternis recht gut zu sehen, in Südschweden noch besser. Zahlreiche Expeditionen aus aller Welt versammeln sich in diesen Tagen in der Region zwischen der Westküste bei Strömstad und der Insel Öland im Osten.

In Deutschland gehört Bonn zu den wenigen Orten, an denen die Bürger das Naturereignis gut miterleben können. Auf dem Wendelstein bei Bayrischzell erreicht die Verdunkelung mit 77 Prozent um 13.57 Uhr ihren Höhepunkt, die Vögel verstummen, die Wissenschaftler ziehen schnell ihre Jacken an. Hochprozentiger Enzian wird gegen die plötzlich einsetzende Kälte herumgereicht. In Bayern schwärzen die Menschen Glasscherben über Kerzen, um sie als Augenschutz zu verwenden.

Juli

Der Mars rückt an die Erde heran. Am 2. Juli ist der Planet so nah wie lange nicht mehr. Nur noch 64 000 Kilometer sind es zwischen den Erdbewohnern und den vermuteten Marsmännchen. Sonst sind es mehr als 50 Millionen Kilometer.

Astronomen aus der ganzen Welt sind ganz kirre. Alle Fernrohre sind auf den Kriegsplaneten gerichtet. Das wichtige Marskomitee tagt, in dem sich Wissenschaftler zusammengetan haben. Mars macht tatsächlich mobil.

Der Mars ist deshalb so interessant, weil sich seine Oberfläche recht gut beobachten lässt. Bei anderen Planeten geht das so nicht; Pluto ist zu weit von der Erde entfernt, Merkur zu nah an der Sonne, die anderen von mächtigen, undurchsichtigen Lufthüllen umgeben. Der Mars ist auch der einzige Planet neben der Erde, auf dem nach Aussagen der Wissenschaftler Leben theoretisch möglich ist. Allerdings ist der Mars recht unfruchtbar, es gibt nur Wüste, was ihm auch den rötlichen Anschein gibt. Er hat keine Ozeane, Seen oder Flüsse.

Der Amerikaner Percival Lowell hatte dazu folgende These: Dass die Linien auf der Oberfläche des Mars so regelmäßig aussehen, könne nur bedeuten, dass sie künstlich angelegt seien. Der Astronom und Reiseschriftsteller war sich sicher, dass es Kanäle zur Bewässerung sind, angelegt von Marsmenschen.

Eine Botschaft vom Mars – am 2. Juli kommt sie nicht.

Dafür mehren sich in diesen Wochen die Meldungen über »fliegende Untertassen«. Nicht wenige Menschen verleitet das zu der Ansicht, dies könnten nur Flugmaschinen von einem anderen Planeten sein. Die Polizei berichtet über eine deutlich gestiegene Anzahl an Anzeigen. In Berlin, Oberbayern, Oberschwaben, Oberfranken. Leute berichten von rötlich-gelben Lichtkörpern am Himmel, die in der Luft stünden, plötzlich hin- und herzuckten, um dann schlagartig zu verschwinden. Die Marsmenschen, bald werden sie kommen.

Es ist die Stammtischdiskussion dieses Sommers. Jede Zeitung und jede Zeitschrift, die etwas auf sich hält, schreibt in großflächigen farbigen Reportagen über UFOs (Unbekannte Flugobjekte), die von anderen Planeten Richtung Erde aufgebrochen sein müssen. Die Gazetten überbieten sich mit Schauergeschichten von Vorstößen aus dem Weltall, jedes Blatt hat ihre eigene. Es ist selbst eine Nachricht in deutschen Zeitungen wert, dass in der norwegischen Ortschaft Kautokeino drei »leuchtende Gegenstände« am Himmel gesichtet worden seien, die »gestaffelt und mit großer Geschwindigkeit davonflogen«.

Der amerikanische Journalist Major Donald E. Keyhoe macht 1954 Furore mit dem Werk *Der Weltraum rückt uns näher* (*Flying Saucers from Outer Space*). Hieb- und stichfest legt er dar, wie seit geraumer Zeit außerirdische »Teller« von zehn bis 30 Meter Durchmesser die Erde umrunden, offenbar mit einem Mutterschiff von 300 Metern. Die Scheiben glühen je nach Schnelligkeit rot, grün oder weiß, und innen scheint es bläulich.

Es muss ein bezaubernder Anblick sein. Aber leider ist keines bislang gelandet. Doch die Zeitungen bleiben dran. Ein Augenzeuge berichtet, er habe des Nachts keine Untertasse, aber eine »fliegende Heftzwecke« beobachtet, sie sei Kurven geflogen und habe einen bläulichweißen

Schweif nach sich gezogen. Nach kurzem Anhalten sei der Flugkörper mit extremer Geschwindigkeit entschwunden. Mit dieser Räuberpistole schafft es der Augenzeuge tatsächlich auf die Titelseiten in Deutschland.

Dem Chef-Luftmarschall Lord Dowding liegen 10 000 Augenzeugenberichte über das Erscheinen außerirdischer Flugobjekte vor. »Ich habe niemals eine ›fliegende Untertasse‹ gesehen, und trotzdem glaube ich fest, dass es welche gibt«, sagt der berühmte Flugexperte in diesem Sommer. Seine Gewissheit begründe sich in den zahlreichen glaubwürdigen Aussagen der Augenzeugen. Alle Kritiker, die nicht an die Existenz dieser Flugobjekte glauben möchten, müssten schon eine Theorie finden, die auch die unerklärlichen Tatsachen erklärt. Zum Beispiel, so Dowding, den Fakt, dass auf einem Radar der Amerikaner ein Flugobjekt mit errechneten 15 000 Stundenkilometern gesichtet worden ist. Kein irdisches Material könne so schnell sein.

In Deutschland meldet sich der berühmte Jagdflieger Adolf Galland zu Wort: »Ich habe noch nie derartige Flugobjekte gesehen und staune nur über die Berichte darüber.« Das ist ein Schlag.

Eine plausible Erklärung für solche Vorkommnisse hat die Universität München im Sommer 1954. Es sind Kugelblitze. Dr. Güttler von der Universität lehnt sich weit aus dem Fenster und behauptet, es gebe gar keine »fliegenden Untertassen«, weder hier noch anderswo, auch nicht in den USA, wo die Diskussion um das Phänomen ebenfalls sehr verbreitet ist.

Der Kugelblitz ist 1954 noch nicht erforscht, auch für die Wissenschaftler ist das Phänomen ein Rätsel. Man nimmt an, dass es aus Knallgas entsteht, wenn ein »normaler« Blitz durch die Atmosphäre schießt. Das erhitzte Gas leuchtet in der Feuchtigkeit der Luft, durch das Abkühlen entstehen Zuckungen, kleine Explosionen.

Bis heute hält die Debatte an. Im April 2020 wird das Pentagon aus heiterem Himmel die Echtheit von drei Videoclips im Internet bestätigen, in denen amerikanische Kampfjets unbekannte Flugobjekte verfolgen. Diese Flugobjekte sollen völlig undenkbare Geschwindigkeiten erreicht haben und auch sonst sehr außerirdisch ausgesehen haben. In der *New York Times* äußert sich ein Astrophysiker, der mal für das Pentagon gearbeitet hat, dass das Verteidigungsministerium in Besitz von Materialteilen sei, die von »off-world vehicles« stammten. Müssen wohl Unfälle gewesen sein.

Eine Taskforce der US-Regierung, die all die Rätsel lösen soll, meldet im Sommer 2021, dass sie keine Beweise für UFOs gefunden habe, allerdings bleiben 120 Fälle ungelöst. Für sie gibt es schlicht keine Erklärung.

Eine Erklärung hat dagegen der US-Investigativjournalist George Knapp, der jahrelang dazu geforscht hat: Die Menschheit sei bloß ein »agricultural product«, eine Art landwirtschaftliches Erzeugnis einer intelligenteren, höheren außerirdischen Spezies. Die Erde sei eine Art Gehege.

* * *

Die DDR führt eine »Volksbefragung« durch. Welch Wunder, was dabei herauskommt: 93,2 Prozent haben für einen Friedensvertrag und den Abzug der Besatzungstruppen sowie gegen den EVG-Vertrag gestimmt. Das Volk denkt offenbar genau das Gleiche wie die Obrigkeit. Die Ergebnisse in kommunistisch regierten Ländern sind insgesamt wenig überraschend. Neutrale Beobachter sind bei der Befragung nicht zugelassen. Das Ganze ist eine Farce. »Das nur den Kommunisten zugängliche echte Ergebnis einer solchen Befragung lässt ein Urteil über den Erfolg ihres terroristischen Apparates zu«, schreibt der *Tagesspiegel*. Die Volksbefragung sei ein Mittel zur psychischen und physischen Unterdrückung. Die *Berliner Morgenpost*: »Warum jubelt Pankow eigentlich? Zusammen mit den 1,3 Prozent Stimmenthaltungen (das waren die ganz Mutigen, die weder Terror noch Denunziation fürchten) haben rund acht Prozent gegen Pankow gestimmt. Trotz aller Spitzel.«

* * *

Nun sind sie plötzlich der Mittelpunkt des Geschehens, ob sie wollen oder nicht. Wenn die Deutschen in Thun um 10.30 Uhr zum Training auflaufen, stehen etliche Deutsche und auch viele Schweizer am Rand des Spielfelds. Eine Menge Reporter aus verschiedenen Ländern belagern jetzt den Platz. Es werden Fotos geschossen, die Spieler müssen sich mal so, mal so hinstellen. Fritz Walter dazu: »Gründlich will man plötzlich das Versäumnis, sich nie um uns gekümmert zu haben, nachholen.«

Fritz Walter und die anderen sind nun voller Zuversicht. Alles ist möglich. Die Stimmung könnte nicht besser sein. Die Spielerfrauen sind in den benachbarten Hotels einquartiert. Der »Herr Herberger« fühlt sich wie der Herbergsvater und schaut, dass der Besuch der Frauen im Belvédère um 22 Uhr seinen Abschluss findet. Keine Ablenkung bitte.

Im Hotel landen nun wäschekorbweise Telegramme und unzählige Päckchen mit Glücksbringern. Fritz Walter, der Abergläubische, baut sich auf seinem Nachttischchen einen Schrein mit Porzellanschweinchen, Kuschelhasen und Glückspfennigen auf.

* * *

Großer Preis von Frankreich am 4. Juli. Nach tagelangem Dauerregen glitzert die Sonne über der Champagne. Das Autodrom in Reims ist ausverkauft, ungefähr 150 000 Zuschauer sind da, so genau weiß man das bei dem Trubel nicht.

Es herrscht große Aufregung, denn erstmals seit 1939 treten die berühmten Mercedes-Silberpfeile, die Stromlinien-Rennwagen des schwäbischen Herstellers, wieder bei einem Grand Prix an. Die Vorkriegstriumphe sind allen noch in guter Erinnerung. Die Mercedes-Piloten der Saison heißen Juan Manuel Fangio, Karl Kling und Hans Herrmann. Noch aber beherrschen die Italiener mit Ferrari und Maserati den Rennsport.

Doch die Fahrer kommen überhaupt nicht bis zur Strecke. Die Transportwagen stecken im Verkehrschaos fest. Hubschrauber und Polizei müssen die Transporter lotsen, um an ihr Ziel zu kommen.

Am Tag vor dem Rennen sitzt Karl Kling mit seiner Frau in einem Zimmer des »Hotel Continental« in Reims, gleich gegenüber dem Bahnhof. Aus dem offenen Fenster hört er die Zeitungsjungen rufen. »Les Allemands« versteht er immer wieder, denn dieses Wochenende regieren – ob in Reims oder in Genève – die Deutschen die Sportwelt. »Wenn man die in den Abendstunden besonders stark belebten Boulevards entlangpromeniert oder in einem der gemütlichen Cafés im Freien einen Aperitif einnimmt, hat man das Gefühl einer ehrlichen Sympathie, mit der die Franzosen unsere sportliche Wiederkehr aufnehmen«, schreibt Karl Kling in seinem Buch *Jagd nach dem Sieg*. Kling dürfte das mit der Sympathie im Schwung der Euphorie etwas verklärt haben. Nicht alle sind an diesem Wochenende für die Deutschen.

Es wird ein Kampf auf Biegen und Brechen. 61 Runden, 506,4 Kilometer, alle zweieinhalb Minuten werden die Boliden am Start/Ziel-Punkt vorbeischießen. Fangio im Mercedes W196R war im Training tags zuvor die Runde mit 2:29,4 Minuten gefahren, Kling schaffte 2:30,4 Minuten. Das sind gute Aussichten für die Mercedes-Fahrer. Weiterer Anreiz für die Rennfahrer: Die Sektkellerei Pommery spendiert dem ersten Fahrer, der auf der Strecke die 200-km/h-Grenze überschreitet, 50 Flaschen Pommery-Champagner. Fangio, von seinen Fans »El Chueco« (»Der Krummbeinige«) genannt, gewinnt den Preis im Training prompt.

Das Feld ist bestens besetzt. Maserati schickt Topfahrer Onofre Marimón aus Argentinien, Lancia leiht seine Asse Alberto Ascari - der Weltmeister von 1952 und 1953 - und Gigi Villoresi an die Freunde aus Modena aus. Das Aufgebot zeigt, wie ernst die Italiener die neue Konkurrenz aus Deutschland nehmen. Ascari fährt beim Training am Vortag die Runde in 2:30,5 Sekunden, mehr als eine Sekunde langsamer als Fangio.

Ferrari ist mit Froilán González vor Ort, der wegen seiner draufgängerischen Fahrweise »Der Puma« genannt wird. Neben ihm gehen der Engländer Mike Hawthorn und der Franzose Maurice Trintignant für Ferrari an den Start.

Endlich geht es los. 21 Rennwagen stehen am Start. Alle sind sie nervös. Charles Faroux, der 81-jährige, greise französische Automobil-Journalist, gibt um 14.45 Uhr mit der Fahne das Startzeichen. Mercedes und Ferrari starten stark. Schon nach fünf Runden ist das Feld aufgespalten, nach acht Runden schaffen die Silberpfeile die erste Überrundung eines Wagens. Weltmeister Ascari im Maserati ist schon ausgeschieden, Ferrari-Pilot González ebenfalls (Ölrohrbruch). Nach 100 Kilometern liegen alle drei Silberpfeile in Führung. Was für ein verrücktes Comeback.

Gewitterwolken hängen mittlerweile über der Strecke, Regen setzt ein. Es wird ein Höllenritt. Nur noch acht von 21 Fahrzeugen sind überhaupt im Rennen. An den Boxen geben sie Zeichen, dass Fangio und Kling langsamer fahren sollen. Doch sie ziehen durch.

In der vorletzten Runde ist Kling vor Fangio. Im Übereifer schreit der deutsche Rundfunksprecher Reiner Günzler ins Mikrofon: »Karl Kling hat gewonnen! 15 Meter Abstand zu Fangio! Er hat auf den letzten Metern noch einmal, nein, das ist falsch …« Günzler ist zu früh dran. Eine Runde noch.

In der letzten Runde ist plötzlich wieder Fangio vorn. Auf der Geraden zum Ziel rasen sie Rad an Rad, sind gleichauf. Faroux reißt die Fahne nach unten. Fangio ist mit einer Zehntelsekunde vorn. Eine halbe Wagenlänge.

Nach 61 Runden heißt es: Doppelsieg der Mercedes-Rennfahrer Juan Manuel Fangio und Karl Kling. Die Mercedes-Techniker haben es geschafft, dass die Wagen nicht einmal getankt werden mussten und auch keinen Reifenwechsel hatten. *Der Spiegel* bringt auf der Titelseite die Schlagzeile »Wer tankt, verliert«. Fangio erhält für seinen Sieg 13 000 Mark, Kling 6 000 Mark.

Ein paar Tage darauf ist das Team zurück in Stuttgart. Telegramme des Bundespräsidenten und des Bundeskanzlers sind schon da. Der baden-württembergische Wirtschaftsminister und der Stuttgarter Oberbürgermeister laden zum Empfang im Daimler-Werk in Untertürkheim.

Später wird es in Anlehnung eines anderen Sportereignisses das »Wunder von Reims« genannt. Aber es ist gar kein Wunder. Mercedes wird die Saison dominieren, und Fangio wird Weltmeister. Fangio ist ein kurioser Rennfahrer, der 14 Stunden Schlaf braucht, nicht täglich trainiert und privat nicht Auto fährt, weil er befürchtet, »auf den überfüllten Straßen einen Unfall zu verursachen«. Er ist über Jahrzehnte Rekordweltmeister in der Formel 1. Erst 2003 löst ihn der Deutsche Michael Schumacher als Rekordhalter ab.

* * *

Auch für Kling sind das besondere Tage. Er, der Mercedes-Mitarbeiter aus der Kundendienstabteilung, hat in Reims zum ersten Mal als offizielles Mitglied des Mercedes-Benz-Rennteams an einem der »Grand Épreuves« teilgenommen, die zur WM-Wertung zählen. Darauf hat er 18 Jahre – seit dem Tag, als er damals in die Sportabteilung der Daimler-Benz AG in Untertürkheim aufgenommen wurde – gewartet.

* * *

Die deutschen Fußballfans schauen an diesem Sonntag nach Bern. Die Fußballnationalelf steht zum ersten Mal in einem WM-Finale. Allein das ist schon Wunder genug. Die Begeisterung ist mittlerweile auf weite Teile Deutschlands übergeschwappt.

Niemand, wirklich niemand zweifelt an einem Sieg der Ungarn. Die Deutschen sind nach Ansicht der internationalen Presse nur durch Zufall ins Endspiel gelangt. Die Chancen der Deutschen auf einen Sieg sind winzig. Im Grunde nicht existent. Das drückt auch Trainer Herberger nicht anders aus. Dieser Zweckpessimismus, den der Cheftrainer öffentlich zelebriert, ist aber auch taktischer Natur. Er spielt die Rolle des Underdogs, weil er mutmaßt, das erhöhe die Chancen auf böse Überraschungen für den Gegner.

Dabei ist Herberger zu dem Zeitpunkt der Ansicht, wie er später verraten wird, dass die Ungarn durchaus anfällig seien, vor allem in der Abwehr. Und natürlich sind die Deutschen stark, sonst wären sie doch nicht ins Endspiel gekommen. Die deutsche Mannschaft schöpft auch Selbstvertrauen aus der Tatsache, dass sie sich von Spiel zu Spiel gesteigert hat. In der Folge entsteht der Mythos von der »Turniermannschaft«. Die Elf ist jetzt geschlossen, und Fritz Walter ist ihr Kopf und ihr Herz.

Sonntag, 4. Juli, am frühen Morgen. Über dem Berg am Thuner See geht die Sonne auf, und das ist Fritz Walter gar nicht recht. Er ist einer, der den Regen mag. Walter legt sich noch einmal ins Bett. Nachdenken. Frühstück ist heute erst um 9 Uhr. Gleich danach fahren Herberger und Zeugwart Adi Dassler, der Gründer von Adidas, los in Richtung Bern. Sie wollen die Platzverhältnisse begutachten. Aber nach einer Viertelstunde sind sie wieder am Hotel – ein Autounfall. Herberger hält das für ein gutes Omen. Und fährt mit einem anderen Auto zum zweiten Mal los.

Der Vormittag vergeht, und wenige Stunden vor dem Finale, die Spieler sind gerade beim Poulet, fängt es tatsächlich an zu regnen. Walters Wetter. Feucht und kühl. Schweizer Schnürlregen gegen ungarische Artisten, das passt. Gegen 15 Uhr fährt der deutsche Tross von Spiez zum Stadion ins nahe Bern.

Im Wankdorf-Stadion sind 65 000 Zuschauer, darunter viele Deutsche, die tatsächlich noch Einlasskarten bekommen, weil vorbestellte Tickets aus anderen Ländern zurückgegeben werden. Mancher ausländische Nachbar mag die Deutschen nicht sehen. Am Ende gewinnen sie noch!

Eurovision überträgt, das Radio sogar in voller Länge. Deutschlands Straßen sind jetzt leer, wie ausgestorben, verödet. Autos fahren nicht, die haben noch kein Radio, da würde man das Ereignis des Jahres verpassen. Alle Sender Westdeutschlands inklusive Westberlins und Radio Saarbrücken sind angeschlossen. Die Fernsehapparate stehen in Schaufenstern von Radiogeschäften und in Gaststätten. Hier gibt es »Public Viewing« (beziehungsweise »Public Hearing«), lange bevor es erfunden wird. Allein im Düsseldorfer Apollo-Theater sehen 3000 Zuschauer die Übertragung gemeinsam an. Es gibt Gerangel um die »Fernsehkarten«. Die Polizei muss ordnend eingreifen, als sich die Schalter in Düsseldorf öffnen. Eine Million Menschen sehen das Spiel laut Schätzungen live am Fernseher.

Auf Borkum ist die Stadthalle voll bis auf den letzten Platz, obwohl es nur eine Radioübertragung über Lautsprecher gibt. Die Kinderstunde im NWDR muss leider ausfallen. In Dörfern, in denen es keinen Fernseher gibt, setzen sie Busse ein und fahren in nächstgrößere Städte, in der Hoffnung, irgendwo etwas sehen zu können vom Endspiel.

In Bern prasselt inzwischen der Regen herunter. Das Stadion, der Platz, alles schön nass. Dem NWDR-Radioreporter aber fällt etwas anderes auf: »Ein Blick auf den Platz lässt uns verwundert in die Runde blicken und staunen. Es ist nur die ungarische Fahne aufgezogen, die deutsche fehlt, warum auch immer.«

Gegen 16.45 Uhr betreten die Spieler das Feld, die Ungarn in weinroten Trikots und schwarzen Hosen, die Deutschen in weißen Trikots und schwarzen Hosen. Offizielle Anzugträger begrüßen die nervösen Spieler. Fifa-Präsident Jules Rimet schüttelt jedem Spieler die Hand, die Mannschaftsführer Walter und Puskás stehen neben Rimet und nennen ihm die Namen jedes einzelnen Spielers. Die Zeremonie wird wegen des starken Regens verkürzt. Die Fotografen stürzen sich auf den nächsten Weltmeister Ungarn, schießen Mannschaftsfotos, während den Deutschen kaum Beachtung geschenkt wird. Die Nationalhymnen ertönen, die Zuschauer erheben sich. Die Ungarn haben Seitenwahl, die Deutschen Anstoß. Die deutsche Aufstellung: Turek, Posipal, Kohlmeyer, Eckel, Liebrich, Mai, Rahn, Morlock, Ottmar Walter, Fritz Walter und Schäfer.

Offenbar kann es auch Schiedsrichter Bill Ling nicht abwarten – sieben Minuten zu früh pfeift er das Spiel an: um 16.53 Uhr.

Die Deutschen beginnen stark. Walter fühlt sich leicht, er ist jetzt überhaupt nicht mehr nervös, das erzählt er zumindest später. Doch schon in der 6. Minute geht das ungarische Team in Führung. Zu dem Zeitpunkt wäre das Spiel offiziell noch gar nicht losgegangen. Puskás macht das Tor mit einem schönen Flachschuss ins lange Eck. Das Drama nimmt seinen Lauf und droht zur Tragödie zu werden. Denn schon drei Minuten nach dem 1:0 lässt Turek einen riskanten Rückpass von Kohlmeyer durch die Hände gleiten, sowohl Turek als auch Kohlmeyer sind ausgerutscht. Glitschiger Boden ist doch nicht ausnahmslos gut. Der Spieler Czibor hat keine Mühe, den Ball ins leere Tor zu schieben. 2:0. Hier bahnt sich kein Wunder an.

Schlimmer hätte es nicht kommen können. In diesen Minuten sind sich die Ungarn sehr sicher, dass sie dieses Spiel nicht verlieren können und nicht verlieren werden. Niemand im Stadion sieht das anders. Die ganze Welt sieht das so. Enttäuschung macht sich bei den Zuschauern breit, weil es nun kein spannendes Finale mehr wird. Aber die Deutschen werden auch nicht von ihren Fans ausgepfiffen wie noch beim ersten Spiel gegen die Ungarn.

Wiederanpfiff. Die deutschen Spieler glauben an sich, sie kämpfen. Schon drei Minuten später gelingt Max Morlock zur Überraschung aller der Anschlusstreffer. 2:1. Ziehen jetzt die Ungarn wieder an? Aber in der 18. Minute gelingt sogar der Ausgleich durch Helmut Rahn nach einer Walter-Ecke. Es ist nicht zu glauben. 2:2. Bis zu dem Zeitpunkt fällt in diesem Finale alle viereinhalb Minuten ein Tor. Ein verrücktes Spiel. Die Zuschauer sind kurz vor dem Ausrasten.

Die Ungarn wirken geschockt. Sie spielen jetzt mit Wut. Pfostenschuss. Fast das 3:2. Aber die deutsche Mannschaft spielt immer besser. Sicherer.

Zum Halbzeitpfiff machen die Ungarn einen unsicheren, gar labilen Eindruck. In der Kabine der Deutschen keimt Hoffnung auf. Es ist ziemlich ruhig, es wird nicht viel gesprochen. Luft holen. Herberger schaut zufrieden. Die Deutschen sind keineswegs unterlegen. Ist hier heute mehr drin?

In der zweiten Halbzeit kommt es zu der erwarteten dramatischen Partie. Die Ungarn rennen ein ums andere Mal aufs deutsche Tor, doch der Ball will nicht hineingehen. Zweimal Pfosten. Und Kohlmeyer rettet noch einmal auf der Linie.

So berichten es nachher Augenzeugen. Denn vom WM-Finale 1954 existiert heute kein vollständiger Mitschnitt. Ganze 15 Minuten aus der *Wochenschau* sind gerettet worden und heute verfügbar. Das Filmmaterial ging durch mehrere Hände, Produktionsfirmen kauften es, verschnibbelten es, versauten es, warfen Streifen weg. Deutschland wird zum ersten Mal Weltmeister, und das Spiel ist nicht in voller Länge anzusehen – verrückt und schier unglaublich. Spätere Berichte von Spielern und der berühmte Radiokommentar von Herbert Zimmermann sind daher heute die wichtigsten Quellen. Der Regisseur Sönke Wortmann wird das Ereignis zum 50-jährigen Jubiläum in dem Sportfilm *Das Wunder von Bern* nachzeichnen.

Es ist über weite Strecken ein temporeiches Spiel. Die Ungarn greifen an, die Deutschen werden aber nicht müde. Großchancen der Ungarn, mehrmals Außennetz. Doch je länger das Finale dauert, desto müder werden die ungarischen Spieler. Die Pässe kommen nicht mehr so präzise an wie sonst. Das weltberühmte Stürmer-Trio Kocsis, Hidegkuti und Puskás trifft heute einfach nicht.

Die meisten Zuschauer im Stadion erwarten bereits eine Verlängerung. Doch dann die 84. Minute. Schäfer schlägt eine Flanke in den ungarischen Strafraum, mehrere Spieler springen hoch, abgewehrt, aber zu kurz. Rahn springt der Ball vor die Füße. »Aus dem Hintergrund müsste Rahn schießen«, ruft Radiokommentator Zimmermann in seiner unvergessenen Reportage für die ARD-Anstalten. Und Rahn tut das auch. Aus 14 Metern trifft er mit dem linken Fuß zum 3:2. Rahn fällt bei dem Schuss hin, so sehr legt er sich ins Zeug. Später sagt der Essener: »Ich habe gar nicht gesehen, wohin der Ball ging. Aber ich wusste: Der ist drin. Drinner geht's nicht.«

Das Unvorstellbare wird plötzlich vorstellbar. Nur noch sechs Minuten zu spielen. Zimmermann kommentiert sich um Kopf und Kragen. »Halten Sie mich für verrückt, halten Sie mich für übergeschnappt (...) 3:2 für Ungarn« – eine Stimme im Hintergrund korrigiert ihn – »Ich bin schon verrückt, Entschuldigung, 3:2 für Deutschland natürlich.« Dann spricht er mit dem Sekundenzeiger: »Geh' doch schneller, geh' doch schneller, aber er tut es nicht, er geht mit der Präzision, die ihm vorgeschrieben ist.« Zimmermann wird später für Aussagen wie »Turek, du bist ein Fußballgott« kritisiert. Er muss sich entschuldigen, weil ein Teil in der CDU das für Gotteslästerung hält.

1966 stirbt Zimmermann an den Folgen eines Autounfalls. Seine Radioreportage wird später auf Initiative des Südwestfunks über das verbliebene Filmmaterial »drübergeschnitten«, weil auch der Original-Fernsehkommentar verschollen ist.

Und dann noch der Schock. Kurz vor Schluss erzielen die Ungarn das 3:3. Doch Schiedsrichter Ling gibt das Tor nicht. Abseits. Linienrichter Griffiths aus Wales hat die Fahne oben. Er hat sie wirklich oben. »Kein Tor. Kein Tor. Kein Tor. Puskás abseits«, schreit Zimmermann.

Die Deutschen spielen jetzt auf Zeit. Auf kurzer Distanz passen sie sich den Ball zu. Noch eine große Großchance der Ungarn, Turek faustet den Ball weg. Dann der Schlusspfiff. »Aus! Aus! Aus! Auus! Das Spiel ist aus!« Das sind die berühmtesten Worte Zimmermanns.

Wolfgang Hempel, der Kommentator für Radio DDR, sagt zeitgleich: »Das Unvorstellbare ist passiert. Die ganze Fußballwelt steht auf dem Kopf. Die Ungarn sind großartige Verlierer: Sie gratulieren den westdeutschen Spielern, die sich vor Freude einfach nicht mehr zu halten wissen. Nun, das ist natürlich nur zu verständlich.« Hätte der Fußball-Bund der DDR, der DFV, die Aufnahmefrist zur Weltmeisterschaft nicht verpasst, hätte sich auch die DDR für das Turnier qualifizieren können. Viele in der DDR sehen diesen Sieg – entgegen der verlautbarten Meinung – als gesamtdeutschen Sieg an und freuen sich mit den Westdeutschen. Das macht es für die Propagandablätter in der darauffolgenden Woche besonders schwer.

Derweil lässt der ungarische Kommentator seinen Tränen freien Lauf. Das war die große Chance auf den WM-Titel, das weiß er. So nah kommen sie dem Ziel nicht mehr. Ungarn wird nie Weltmeister werden. Die beste Platzierung schafft das Land 1962 mit dem fünften Platz bei einer WM. Seit 1990, dem Zusammenbruch des Ostblocks, hat sich Ungarn kein einziges Mal für eine Fußball-Weltmeisterschaft qualifiziert.

Die noch junge Bundesrepublik, noch nicht einmal souverän, wird neun Jahre nach der Kapitulation des Nazi-Regimes Fußball-Weltmeister. Und ein Pfälzer, Fritz Walter, fast 34 Jahre alt, abgeschrieben noch vor wenigen Wochen, selbst ein ewiger Zweifler, ist der Held der Nation. Er und die Mannschaft. Sie erleben in diesen Minuten den Höhepunkt ihres Fußballerlebens.

Alle liegen sich in den Armen. Auch Fans sind in dem Pulk. Und Herberger, den sie nun in die Mitte nehmen.

Der Trainer hat einen Wunsch: Er möchte den Ball als Andenken. Den müssen sie von Schiedsrichter Ling besorgen, der hält ihn fest in den Händen. Von englischen Schiedsrichtern ist bekannt, dass sie den Ball großer Spiele gern behalten. Kohlmeyer kümmert sich, und Ling gibt den Ball am Ende des Dialogs widerwillig ab. Den Ball drücken sie Herberger in die Hand, der ihn von den Spielern signieren lässt und später mit nach Hause nach Hohensachsen in der Nähe Mannheims nimmt. Nach Herbergers Tod ist das berühmte Rindsleder ein gern gezeigtes Stück bei Ausstellungen.

Der Regen hat nun aufgehört. Die Zeremonie beginnt. Berner Feierstunde. Das Rednerpult ist aufgebaut. Während die deutschen Spieler noch eine Ehrenrunde drehen, stehen die Ungarn schon todtraurig da, bereit, ihren Trostpreis in Empfang zu nehmen. Rimet, 80 Jahre alt, spricht seinen Text auf Französisch, die deutschen Spieler verstehen kein Wort. Nun ist Walter dran. Der Kapitän bekommt die Jules-Rimet-Trophäe überreicht und die Goldmedaillen in einem Pappkarton in die Hand gedrückt. Fritz Walter verneigt sich, ein Mikrofon wird ihm vor die Nase gehalten. Schüchtern sagt er ein paar Worte.

Die deutsche Nationalhymne ertönt. Es ist noch die gleiche Musik wie früher, aber mit einem anderen Text. Heuss wollte die Hymne des Komponisten Haydn 1952 ganz weghaben, aber Adenauer setzte sich durch, jetzt gibt es Haydns Melodie mit der dritten Strophe des Textes des Dichters Hoffmann von Fallersleben statt der in Ungnade gefallenen, verbotenen ersten Strophe.

Die Fans im Stadion aber singen die erste Strophe der Hymne (»Deutschland, Deutschland über alles …«). Man kann es deutlich hören: Wir sind wieder da. »Man wird es uns 30 000 deutschen ›Schlachtenbummlern‹ (…) verzeihen, dass wir bei der Siegerehrung, als die Bundeshymne ertönte, nicht die vom Gesetz vorgeschriebene 3. Strophe des Deutschlandliedes, sondern die allbekannte erste gesungen haben«, lautet der erste Satz des Leitartikels in der *Passauer Neuen Presse*. Die Mannschaft habe »vor den Vertretern der ganzen Welt im Berner Stadion (gezeigt), was deutsche Leistung bedeutet.« Auch die *Süddeutsche Zeitung* meint, dass das »Über alles« in Bezug auf Fußball ja nicht ganz falsch sei. Der *Rheinische Merkur* ist in diesem Moment ergriffen: Fritz Walter »nahm den Becher aus purem Gold, Wert 30 000 Mark, und das Stadion sang ›Deutschland über alles‹.«

Das Ausland allerdings nimmt die Darbietung der Deutschland-über-alles-Strophe mit Entsetzen zur Kenntnis. Ein Reporter von *Le Monde* schreibt: »Die Erde zittert. Jung, fest, begeistert singen die Deutschen. Machtvoll, auf dass es die ganze Welt höre und wisse, dass Deutschland wieder einmal über alles erhaben ist. Nun fröstelt mich mehr und mehr, und ich sage mir ›Achtung‹.« Der *Vorwärts* in der DDR: »Ein Teil der westdeutschen Zuschauer, die sich einen 14-tägigen Urlaub in den Schweizer Hotels leisten konnten, gröhlte (sic) am Schluss das Deutschlandlied. Sie sind sicher zu borniert, als dass sie begreifen könnten, dass dieser Ball, der in der 82. Minute (sic) hinter Grosicz (sic) in den Maschen landete, weder eine Welt einstürzen lässt, noch die Situation des westdeutschen Imperialismus verbessert.«

Im Bus warten die Frauen auf ihre Helden. Nur ganz langsam kommt der Bus voran, überall stehen Fans auf den Straßen. Die Spieler stimmen einen Gesang an. Aber es will nicht recht klappen. Einer nach dem anderen verstummt, alle hängen ihren Gedanken nach.

Vor dem Spiezer Hotel ist was los. Für die Spieler gibt es erst einmal einen Kasten Bier, dessen Inhalt sie im dritten Stock unter sich leeren. Sie brauchen jetzt den Trubel noch nicht. Telegramme kommen an, viele Telegramme. Das Telegrafenamt von Spiez hat Probleme, es liegen noch 500 Telegramme zur Bearbeitung da. Auch Anrufe kommen nicht mehr durch.

Das erste Telegramm ist von Adenauer, dann kommt das von Heuss. »An Ihrem großartigen Sieg nimmt das ganz deutsche Volk mit größter Freude Anteil«, lässt Adenauer ausrichten. Heuss schreibt: »Mit dem heutigen Sieg in der Fußball-Weltmeisterschaft, dessen sich Millionen Deutsche freuen, werden die großartigen Leistungen gekrönt, die Sie in der Schweiz gezeigt haben.« Das ist betontes Understatement. Euphorische, nationalistische Töne wissen beide zu vermeiden, um keinen falschen Eindruck im Ausland zu erwecken. Undenkbar auch, dass Adenauer oder Heuss oder ein Minister aus dem Kabinett zum Endspiel nach Bern gereist wären, wie es heute Politiker zu tun haben. Diese Zeiten sind zu ernst für so etwas.

Auf dem anschließenden Festbankett erfahren die Spieler, dass jeder 1000 Mark plus 200 Mark für jeden Spieleinsatz bekommt. Viele Reden, viele Blumensträuße. Dann wird getanzt und getrunken. Die Stimmung steigt. Erst um drei Uhr ist Schluss.

Trotz des langen Tages (und des langen Abends) kann keiner schlafen. »Schalt Dein Kofferradio ein«, sagt Rahn zu Fritz Walter um vier Uhr in der Früh. Irgendein Sender spielt noch Tanzmusik. Sie liegen im Bett und können es immer noch nicht glauben. Rahn springt auf, schreit, er träume das doch alles nicht, oder? Und schlägt zum Beweis einen Salto im Zimmer. So erzählen es die beiden Hauptdarsteller später.

Um sechs Uhr endet die Tanzmusik, und sie starren gegen die Decke. Rahn steht auf, geht auf den Balkon und bringt in schönstem Ruhrgebietsdeutsch seine Essener Marktfrau zum Besten.

»Prima schnittfeste Tomaten, Leut!

Die prima Oma-Lutsch-Birnen für zahnlose Großmütter!

1a Rotkohl, Weißkohl, Wirsing, Spinat!

Wenn keiner kommt, dann leckt mich am …

Leute, ich bin das Leben leid, heut wird die Ware verschenkt!

Prima schnittfeste Tomaten!«

Fritz Walter liegt im Bett und lacht, bis ihm die Tränen laufen.

Die Ungarn wollen die Niederlage noch immer nicht wahrhaben. Puskás sagt nach dem Spiel, der rutschige Rasen sei schuld, er habe daher Schusspech gehabt. Manche Ungarn kolportieren, das Endspiel sei an den Stuttgarter Autohersteller Mercedes-Benz verkauft worden. Die Indizien sind allerdings dünn: Puskás lässt sich während des Turniers als Besitzer eines Mercedes in den Medien ablichten, und Trainer Gusztáv Sebes erklärt in einem Interview, er wolle sich auch einen Mercedes zulegen. Für eine Verschwörung reicht das nicht.

In der Heimat werden die ungarischen Spieler am Flughafen mit Pfiffen, Buhrufen und Beleidigungen empfangen. Sie müssen den Flughafen durch den Hinterausgang verlassen und werden zu unerwünschten Personen in ihrem Land. Viele ungarische WM-Teilnehmer gehen später ins Ausland, spielen in Spanien, Deutschland oder Italien. Puskás, der spätere Star von Real Madrid, braucht Jahrzehnte, um Bern zu verdauen. Als zu seinem 70. Geburtstag im Jahr 1977 eine Filmbiografie über ihn erscheint, spart diese das Jahr 1954 einfach aus. Beim Festakt zu Puskás' Ehren fahren er und Fritz Walter immerhin gemeinsam in einer Kutsche durch Budapest, nebeneinandersitzend. Sie reden nicht viel miteinander.

Und überhaupt sollen die Deutschen gedopt haben, die Spekulationen halten sich in Ungarn hartnäckig. Tatsächlich gestehen die Deutschen, im WM-Lager zur Spritze gegriffen zu haben. Dabei habe es sich jedoch nur um Vitamin- und Traubenzucker-Injektionen gehandelt.

Die ausländische Presse schaut ganz genau auf Deutschland. Die *Gazzetta dello Sport*: »Das war Deutschland, wie es leibt und lebt. Teutonische Unberechenbarkeit, die sich auf den Fußballrasen geschlichen hat.« *The Times*: »Deutschland – Ungarn 3:2. In diesen wenigen Worten in kalter Druckerschwärze drückt sich eines der dramatischsten und sicher eines der überraschendsten Endspiele in der ganzen Geschichte der Fußball-Weltmeisterschaften aus.« Der reißerische *Daily Express* fasst das Ereignis in halb deutsche, halb englische Worte: »Der Tag – for germans«. Hinter dem Wort »Tag« ist ein Sternchen gesetzt, das Sternchen hat auf der Seite folgende Anmerkung: »Der Tag – eine berühmte deutsche Bezeichnung für den Ausbruch zweier Weltkriege.«

In der DDR haben die Journalisten die schwierige Aufgabe, den Sieg kleinzureden und die Brüder in Ungarn nicht zu erzürnen. Gleichzeitig aber freuen sich die Ostdeutschen – ihre Leser – über diesen WM-Gewinn. Es ist ein kleines bisschen Wiedervereinigung im Kopf.

Der Ostberliner *Vorwärts* kommt am 5. Juli auf Seite sieben mit der belanglosesten Überschrift aller Zeiten: »Die 90 Minuten im Berner Wankdorf-Stadion.« Das SED-Blatt kann es sich nicht verkneifen zu behaupten, erst Liebrichs »bewusstes Foul an Puskás« vor zwei Wochen habe die Umstände für den deutschen Gewinn geschaffen. »So ist es kein frohstimmender Sieg, zu dem man ihnen die Hände schütteln könnte.«

Die deutschen Spieler, so war es vor Turnierbeginn ausgemacht, sollen am 5. Juli nach Hause fahren und in den Urlaub gehen dürfen. Doch davon ist jetzt keine Rede mehr. Nun beginnen die Festwochen erst. Mit dem Zug, auf dem in großen Buchstaben »Fußball-Weltmeister 1954« geschrieben steht, fährt der deutsche Tross bei Schaffhausen über die Grenze nach Deutschland. Dass Abertausende Menschen die Zugstrecke säumen, macht die Spieler sprachlos. In den drei Wochen haben sie in der Heimat eine Begeisterung entfacht, von der sie selbst während des Turniers nicht viel mitbekommen haben. Sie waren als kleine Außenseiter in die Schweiz gefahren, fast unter Ausschluss der Öffentlichkeit, und kommen als Weltmeister zurück.

Jetzt müssen sie außerplanmäßig an fast jedem Bahnhof halten, weil dort schon Tausende Menschen warten und ihre Stars sehen wollen. In Singen am Bodensee, dem ersten Halt auf deutscher Seite, der Grenzstadt am Hohentwiel, ist alles schwarz vor Menschen. 10 000 stehen am Bahnhof in Erwartung des Bundesbahn-Sondertriebwagens. Die Kapelle kann das Deutschlandlied nicht spielen, weil es so eng ist, dass sie keinen Platz für die Noten hat, die Musiker kriegen die Arme kaum hoch. Dafür spielen sie zwei Märsche, die sie auswendig können. Der Bürgermeister will eine Rede halten, doch die geht im Trubel unter. Die Menschen stehen auf den Gleisen, auf den Dächern, überall. In Konstanz und anderswo das gleiche Bild: An jedem Ort werden die Spieler mit Geschenken überhäuft, Blumen, Bücher, belegte Brote. Auch hier sind keine Reden möglich. Die Euphorie schlägt jede Ordnung.

In Lindau ist eine Übernachtung geplant. Hier ist der Bahnhof in weiser Voraussicht bereits abgesperrt, dennoch ist halb Oberschwaben da. Die Kinder haben schulfrei. Die Honoratioren des Bodenseeorts laden zum Dinner, zu Fuß geht es am Seehafen zum »Hotel Reutemann«. Es wird Mitternacht, die Spieler sind müde, überfordert, fertig. Doch die Reise ist noch lange nicht zu Ende. Von Lindau geht es anderntags frühzeitig über Stationen in Immenstadt, Kempten, Günzach, Kaufbeuren nach München. Überall halten sie und müssen sich zeigen.

In München machen sich die Menschen schon morgens auf den Weg, Autokolonnen verstopfen den Verkehr, der Schulunterricht fällt aus, Läden und Betriebe machen zu. Die Stadtverwaltung entschließt sich, ab 15.30 Uhr dienstfrei zu geben. 300 000 Menschen sind auf der Straße, andere Schätzungen gehen weitaus höher. *Bild*: »Einfach toll: München explodiert vor Freude.«

Die Weltmeister-Spieler bahnen sich in 15 mit Blumen geschmückten Mercedes-Wagen mühsam den Weg durch die Innenstadt bis zum Marienplatz. Vom Balkon des Rathauses präsentieren sie sich der Menge, wie es heute die Profis des FC Bayern München nach einer gewonnenen Meisterschaft tun. Später fahren die Weltmeister noch in die Staatskanzlei, wo ihnen Ministerpräsident Ehard je einen bayerischen Löwen aus Nymphenburger Porzellan schenkt. Abends geht es – mit ordentlich Verspätung – in den »Löwenbräukeller« zur offiziellen Feier. 1500 aufgeregte Ehrengäste warten dort schon. Die Gäste fordern mit Sprechchören jeden einzelnen Spieler auf, ihnen mit einem Drei-Liter-Humpen Bier zuzuprosten. Helmut Rahn tanzt Boogie-Woogie zur Musik der oberbayerischen Blaskapelle.

Die Tournee geht noch immer weiter. Am 7. Juli werden Fritz Walter und die anderen durch die Innenstadt von Kaiserslautern kutschiert, er sitzt hinten in einem großen VW-Cabriolet. Kaiserslautern hält sich selbst auch ein bisschen für einen Weltmeister. 100 000 Menschen stehen Spalier. Die Schulen bleiben geschlossen, die Geschäfte sind mit Girlanden geschmückt.

In Berlin überreicht Theodor Heuss den Spielern 14 Tage nach dem Finale im vollen Olympiastadion den Silberlorbeer, die höchste Sportauszeichnung der Bundesrepublik. Heuss ist an dem Wochenende ohnehin in Berlin, weil seine Wiederwahl zum Bundespräsidenten ansteht. Die Silberlorbeer-Überreichung wird mit den Norddeutschen Leichtathletikmeisterschaften zusammengelegt, warum auch immer. Das Olympiastadion ist proppenvoll, alle sind in banger Erwartung der Weltmeister. Doch die vielen Tausenden Menschen schauen nun erst einmal geduldig zu, bis auch die letzten Athleten ihre Wettbewerbe beendet haben. Bei der Ehrung der Fußballhelden selbst ist von der Tribüne aus nicht viel zu sehen, es ist kein Podest aufgebaut, die Ehrung findet irgendwo da unten auf dem Rasen statt, die Zeremonie geht quasi unter.

Das Deutschlandlied soll nun kommen. Heuss verliest über Lautsprecher die dritte Strophe der Nationalhymne, um danach alle zum Gesang zu bitten. Niemand soll offenbar auf die Idee kommen, eine andere als die dritte Strophe zu intonieren. Danach spielt die Kapelle »Das ist die Berliner Luft, Luft, Luft«, dann gehen die Lichter im Stadion aus und viele, viele Zündholzflämmchen leuchten auf.

Nach Bonn müssen sie auch noch. Von Bundesinnenminister Schröder bekommen alle Weltmeister in der Hauptstadt ein Fernsehgerät geschenkt. Und als sie Dingolfing besuchen, erhält jeder als Gastgeschenk einen Motorroller. Die Firma Hans Glas macht so ihre Goggos bekannt. Die »kesse Hannelore« (*Passauer Neue Presse*) vom Goggo-Club Dingolfing fährt Herberger durch die Stadt, der hinten mit Fahne in der Hand sitzt. Max Morlock, mit seiner Frau im Sattel, gibt zu stürmisch Gas und baut gleich einen Unfall. Er bekommt später in der Fabrik einen neuen Roller.

Die WM ist auch ein Konjunkturprogramm für die Unterhaltungselektronikindustrie. Mehr Deutsche besitzen nun einen Fernsehapparat. Der Verkauf nimmt vor und während der WM laut Schätzungen um plus minus 200 Prozent zu. Bis zur WM 1954 gab es unterm Strich keine 40 000 TV-Geräte in Deutschland. Am Ende des Jahres sind es mehr als 100 000 Apparate. Der »Run« auf die Geräte führt dazu, dass die Lager von Telefunken, Saba und Mende leergeräumt sind. Die Hersteller kommen mit der Produktion nicht hinterher. In Deutschland läuft während des Endspiels wohl kein einziger Fernseher, vor dem nicht mindestens zwei Dutzend Menschen sitzen. Für viele ist es das erste Fernseherlebnis ihres Lebens.

Die Weltmeisterschaft ist auch der Beginn des eigentlichen Aufstiegs von Adi Dassler und seiner Schuhfirma

Adidas. Der Zeugwart der deutschen Mannschaft kann gut mit Herberger. Er hat für das Turnier Fußballschuhe mitgebracht, die sonst keine Mannschaft hat. Sie haben auswechselbare Schraubstollen, je nach Witterung und Platzverhältnissen kann der Schuh den Bedingungen angepasst werden. Bei nassem Wetter haben die deutschen Spieler demnach lange Stollen unter den Sohlen und somit angeblich mehr Halt. Dassler ist steter Ansprechpartner für die Mannschaft, bei den WM-Spielen sitzt er mit auf der Bank. »Adi, stoll' auf« soll, so die Legende, einer der Sätze Herbergers vor den Partien gewesen sein. So wird Dassler zum Schuster der Nation. Nach der WM 1954 schießt der Adidas-Absatz in Europa in die Höhe. Adidas wird zum Weltmarktführer der Sportartikelindustrie, bis der US-Hersteller Nike das Herzogenauracher Unternehmen in den 1980er-Jahren überholt.

* * *

Dieser WM-Sieg schafft in Deutschland Platz für überbordendes Selbstbewusstsein. Der *Kicker* schreibt, der Erfolg sei »ein Triumph der Mannschaftsleistung, des Körpers und des Geistes« gewesen. Das klingt schon wieder wie früher. Einer der verherrlichenden NS-Propagandafilme der Filmemacherin Leni Riefenstahl aus dem Jahr 1935 trägt den Titel *Triumph des Willens*.

Viele Sportjournalisten verlieren in diesen Tagen die nötige Distanz zu dem, über das sie schreiben. »Uns zittern die Knie, die Hände, uns lacht das Herz – was sind das für schwache Ausdrücke für dieses ungeheure Wunder«, meint die *Westdeutsche Allgemeine Zeitung*. Die Medien überfrachten den Fußball mit Symbolik, die Leser lieben es. Da muss mehr sein als Fußball. Zauberformeln wie »Kameradschaft« erinnern an Landser-Romantik, diese »Hingabe an den Einzelnen im Dienst der Gemeinschaft«, dazu »Einsatzwillen«, »Unterordnung«, »Selbstbeherrschung«, »Pflichtbewusstsein«, »Erprobung der Kraft am Gegner«, aber auch natürlich »Achtung vor dem Rivalen«. Es ist die alte Kontinuität über die Stunde Null hinaus, wie der Historiker Arthur Heinrich schreibt. Selbst die Entsagung in Spiez, wo die Spielerfrauen in einem anderen Hotel zu schlafen hatten, wird als deutsche Siegestugend verklärt.

Der mediokre redegewandte Fußballpräsident Peco Bauwens hält in München eine Rede, in der ihn der Nationalismus völlig überwältigt. »Die Jungens haben wirklich gezeigt, was ein gesunder Deutscher, der treu zu seinem Land steht, zu leisten vermag«, glüht er und redet von der »stolzen deutschen Fahne«. Die britische *Times* ätzt, Bauwens habe so gesprochen, »als ob sie einen Erbfeind auf dem Schlachtfeld vernichtet hätten«. Die *Süddeutsche Zeitung* nennt Bauwens' Ansprache eine »Sieg-Heil-Rede«. Die *Frankfurter Allgemeine Zeitung* erinnert aber auch daran, dass er ein »politisch gänzlich unverdächtiger Mann« sei. Bauwens wehrt sich gegen die Kritik, gesteht aber auch ein, seine Rede sei keine rhetorische Glanzleistung gewesen.

Die *Süddeutsche Zeitung* warnt vor der neuen, deutschen Selbstbesoffenheit: »Welche Art von Begeisterung haben wir denn noch auf Lager, wenn etwa die Einigung Deutschlands kommt oder der Weltfriede oder etwas dergleichen?« Doch die Helden von Bern lassen sich auch friedlich betrachten. *Die Zeit*: »Je bescheidener wir diese überraschenden Erfolge hinnehmen, je weniger wir von nationalem Empfinden und Hochmut in sie hineinlegen, um so mehr werden wir in der Welt wirken.« *Die Welt*: »Vom Wunder sprechen nur die anderen, wir selber nicht, wir tun unser Bestes, in der Arbeit wie im Spiel. Man sollte da nicht von Wunder reden, sondern es als eine Leistung anerkennen, zumal wir selber weit davon entfernt sind, wie schon einmal und allenthalben in den totalitären Staaten, politisches Kapital zu schlagen und es dem nationalen Selbstgefühl zuzuleiten.« Der *Düsseldorfer Fortschritt*: »Für Millionen beglückter Menschen sind diese Siege ein Trost und ein Hoffnungsstrahl in einer Zeit der Ungewissheit und des Suchens nach neuen Ufern ...«

Im Ausland kochen die Klischees wieder hoch. Diese Deutschen mit ihrem anstrengenden Fleiß und ihrer unsympathischen Perfektion. Sie gewinnen das weltgrößte Fußballturnier, sie gewinnen die Formel 1, werden Weltmeister im Springreiten. Die Ressentiments werden vor allem von britischen Boulevardblättern befeuert, die noch heute davon leben, gegen die Deutschen zu schießen.

* * *

Tief hängen die Wolken über dem Vogtland, über Bayern und über Sachsen. Schon seit Wochen zieht ein breiter Strom kalter Luftmassen aus Grönland über Nordwesteuropa nach Deutschland Richtung Süden. Auf der östlichen Hälfte Europas stemmt sich eine Warmluftfront dagegen. Das Ergebnis aus beiden gegensätzlichen Luftkörpern ist eine konstante Schlechtwetterlinie.

Nach längerer Trockenzeit beginnt es in Deutschland zu regnen. Und es hört nicht mehr auf. Es ist eine Sintflut. Flüsse verwandeln sich in reißende Ströme, die Pegel steigen und steigen, die Isar geht auf die fünf Meter zu, die Salzach steigt stündlich um 20 Zentimeter, Donau und Inn erwarten historische Höchstmarken. Alle Brücken sind gesperrt, oder sie sind schon weggerissen. Die Fluten reißen auch Bäume, Heuschober, Hausrat und tote Tiere mit. Menschen sterben. Die Rott bei Griesbach, die normalerweise rund 15 Meter breit ist, erstreckt sich nun in der Breite auf rund 1600 Meter.

Aus den Alpen melden Meteorologen Mitte Juli starke Neuschneefälle in einem Ausmaß, wie es sonst ab Ende Oktober normal ist. Auch auf dem Feldberg im Schwarzwald schneit es. Es fällt mehr Schnee als an Weihnachten.

Es ist die schwerste Hochwasserkatastrophe seit dem Jahr 1899. In Oberösterreich ist es gar die schlimmste Katastrophe seit 1501. Wo früher Flüsse waren, sieht man aus dem Hubschrauber nur noch riesige schmutzige, endlose Seen.

Bayern ruft nach einem Dauerregen von 50 Stunden die höchste Alarmstufe aus. Es ist ein einziges Katastrophengebiet. Passau, die Dreiflüsse-Stadt, ist am schwersten betroffen. Ein Drittel des Stadtgebiets von Passau steht unter Wasser. In manchen Teilen schauen nur die Baumkronen heraus. Die Bürger sind mit Booten unterwegs. Der Bayerische Rundfunk unterbricht seine beliebte Musiksendung, was wirklich nie vorkommt, und fordert die Menschen bestimmter Orte und Landkreise auf, ihre Wohnungen und Häuser zu verlassen. Zigtausende sind obdachlos, es gibt Todesopfer – auch, weil manche Menschen nicht aus ihren Wohnungen und Häusern wollen. In dem österreichischen Dorf Pilching klammert sich ein 90-jähriger Greis an den Dachsparren seines Häuschens fest, am Abend retten ihn Einsatzkräfte mit Gewalt.

Die Zeit wünschte, es wäre mehr Hilfsbereitschaft in der Bevölkerung da. »Während der aufopfernde Einsatz der uniformierten Helfer - deutscher, amerikanischer und russischer - bei der Flutkatastrophe hohes Lob verdient, kann man dies von den Zivilisten nicht behaupten.« So stünden Scharen müßiger Neugieriger da, teils mit Bussen angekarrt, und glotzten. Viele Nachbarn würden ins Unglück Geratene nicht aufnehmen. »Andernorts konnten Arbeitslose nur mit Gewalt aus dem Wirtshaus zur Hilfe geholt werden.« Die *Wochenzeitung* vermutet sarkastisch, hätten diese Leute eine Uniform getragen, hätten sie ihren Dienst mit Eifer erfüllt. Aber als Zivilisten taugten sie nichts.

Die Regierungen beider deutscher Teile helfen mit Bereitschaftspolizei, Soldaten und Geld. Geschenke »von drüben« wollen die Bayern aber nicht annehmen. Die bayerische Staatsregierung lehnt das Angebot des kommunistischen Freien Deutschen Gewerkschaftsbundes über Sachspenden im Wert von einer Million Ostmark ab. Aber ganz freundlich: Danke, aber im Hinblick auf die vom Hochwasser Betroffenen in Mitteldeutschland - also auf DDR-Seite - sollten die Spenden doch bitte eher in die eigene Region gehen.

Wenn die Wasser zurückgehen - und die Wetterberichte sagen ab Mitte Juli eine Beruhigung der Lage voraus -, ist die Lage noch immer ernst. Es besteht Seuchengefahr. Eine geregelte Müllabfuhr ist nicht möglich. Nasse Keller, in denen sich Ratten breit machen, müssen erst ausgepumpt werden. Tierkadaver müssen von den Straßen und Feldern entfernt werden. Doch noch wollen die Wassermassen nicht weichen. Parallel läuft der Großkampf gegen den Schlamm. Die *Passauer Neue Presse* rät, der Rundfunk solle bitte keine Tanzmusik spielen, das sei nicht angebracht in diesen Tagen.

Dann hört es auf zu regnen. Das Wetter bessert sich, es wird wärmer. Doch das bedeutet, dass nun die Schneeschmelze in den Bergen einsetzt, was die Flüsse abermals anschwellen lässt. Es ist ein einziges großes Unglück.

Am Ende des Monats Juli melden die Meteorologen: Nie war ein Juli so nass. In Passau erreichte der Niederschlag in dem Monat eine Intensität von 272,6 mm - das bedeutet 272,6 Liter pro Quadratmeter. Die tiefste Tagestemperatur lag bei 6,2 Grad Celsius.

* * *

Es ist Urteilsverkündung im Fall Tolsdorff. Der Prozess hält die Öffentlichkeit seit Wochen in Atem. Theodor Tolsdorff, einstiger Generalleutnant, Kriegsheld und Träger des Ritterkreuzes mit Brillanten, hat bei Kriegsende den sechzigjährigen Zivilisten Franz Holzhey hingerichtet, weil er beim Anrücken der Amerikaner mutmaßlich das Kapitulationszeichen gesetzt hatte. Es war der 3. Mai 1945.

Die Umstände der Erschießung können vor Gericht nicht restlos aufgeklärt werden. War es Recht oder Unrecht, das Schild aufzustellen? Zu dem Zeitpunkt gab es Hitlers Durchhaltebefehl, den aber manche Einheit nicht mehr befolgen wollte. Statt »jeden Fußbreit Boden« zu verteidigen, zogen sich viele Soldaten hinhaltend kämpfend zurück.

Was war am 3. Mai 1945 passiert? Tolsdorff zog sich mit seinen Truppen in den letzten Kriegstagen südlich der Donau nach Traunstein zurück und wollte dort das Gebiet um den Obersalzberg gegen die herannahenden amerikanischen und französischen Truppen schützen. Seinen Befehlsstand richtete er in Eisenärzt ein, das heute zu Siegsdorf gehört. Dort befand sich auch ein Ausweichkrankenhaus. Dessen Chefarzt wollte Schilder am Ortseingang anbringen, die die alliierten Soldaten auf das Krankenhaus hinwiesen. Der zufällig vorbeikommende Holzhey, Hauptmann im Ersten Weltkrieg, half ihm. Zwei Löcher sollten für die weißen Schilder mit dem gemalten roten Kreuz gebuddelt werden. Ein Offizier sah das, kassierte Holzhey ein und brachte ihn zum Generalleutnant. Tolsdorff machte kurzen Prozess: »In fünf Minuten werden Sie erschossen.«

Man stellte Holzhey vor den Stamm einer Fichte im Hof des Hauses. Die Soldaten waren unwillig, sie wollten das nicht. Sie schossen absichtlich vorbei. Erst ein Schuss aus der Pistole Tolsdorffs löschte Holzheys Leben aus.

Tolsdorff bestreitet das im Gerichtssaal im Juli 1954 nicht. Er argumentiert, das Schild habe eine Gefährdung des Dorfes bedeutet. Außerdem sei es ein Befehl von Reichsführer Heinrich Himmler aus dem Frühjahr 1945 gewesen, männliche Mitbürger zu erschießen, wenn sie die weiße Fahne hissen sollten oder sie Zeichen zur Übergabe machten.

Gerichtsärzte bescheinigen Tolsdorff, dass eine Granatsplitterverletzung aus dem Jahr 1943 auch zu einer Hirnverletzung geführt habe, so dass Temperamentsschwankungen möglich seien. Daher könne man dem Angeklagten eine verminderte Strafzurechnungsfähigkeit zubilligen. Auch der Zeuge Albert Kesselring, einstiger Oberbefehlshaber an der Westfront, entlastet den Angeklagten. »Verantwortlich kann man nur diejenigen machen, die diese Befehle gegeben haben, nicht die Unglücklichen, die in der Gewissensnot standen, sie zu vollziehen.«

In seinem Plädoyer sagt der Staatsanwalt, das Verhalten des Generals erkläre sich wohl aus dem Geist der Brutalität und der Nichtachtung eines Menschenlebens. Das Urteil: Tolsdorff geht ins Gefängnis. Landgerichtsdirektor Robert Flierle sagt, die Erschießung sei »vorsätzlich und rechtswidrig« erfolgt. Ein Befehlsnotstand habe nicht vorgelegen. Das Schwurgericht führt aus, dass Holzheys Verhalten unkorrekt, wenn auch lauter war. Dass das Urteil nicht härter für Tolsdorff ausfällt, liegt auch daran, dass ihm seine glänzende militärische Laufbahn zugutekommt sowie seine psychische Verfassung kurz vor Kriegsende. Letztlich aber, und Flierle schaut in die Runde im Saal, hätte Tolsdorff – statt den Mann in den Tod zu schicken – ihn auch einfach zusammenstauchen können.

Das Urteil erschreckt nun jene, die an dem Bild von der »sauberen Wehrmacht« festhalten. Der Soldat Tolsdorff habe doch nur seine Pflicht erfüllt. Der Verband der Heimkehrer beklagt das Urteil als »sinnlose Vergeltung«.

Nach zwei weiteren Verhandlungen in Traunstein wird Tolsdorff 1960 freigesprochen. Er arbeitet in den folgenden Jahren als Spediteur und stirbt 1978. Sein Enkel, der Journalist Tim Tolsdorff, wird 2010 nach Eisenärzt reisen und in einer Artikelserie über die Vorfälle berichten.

Tolsdorffs Schuss bleibt der einzig abgegebene in jenen Tagen in Eisenärzt. Noch in der Nacht nach der Hinrichtung Holzheys zieht Tolsdorff mit den Resten der Division weiter gen Alpen. Fünf Tage später kapituliert die Division im Salzburger Land.

* * *

Er ist volkstümlich, populär und hat das Herz am rechten Fleck. Er ist eine »moralische Mächtigkeit«, befindet die *Süddeutsche Zeitung*. Theodor Heuss wird am 17. Juli von der Bundesversammlung erneut zum Bundespräsidenten gewählt. Die Bundesversammlung gibt dem 70 Jahre alten Politiker in der Ostpreußenhalle am Westberliner Funkturm 85,6 Prozent der Stimmen. Selbst die SPD empfiehlt, Heuss zu wählen und stellt keinen eigenen Kandidaten auf. Nur KPD-Mann Max Reimann macht Ärger, als er das Podium betritt und den Versammelten zuruft, Heuss' Wiederwahl sei ein »Unglück für die deutsche Nation«. Die Antwort sind Pfui-Rufe.

Heuss hat das Kaiserreich überlebt, die Weimarer Republik als erste deutsche Demokratie, das Nazi-Reich, und jetzt ist er Verfassungswächter und oberster Vater der jungen Republik. Er wird ein Jahr nach der Wiederwahl die zurück erlangte Souveränität der Bundesrepublik mit einem Marathon an Staatsbesuchen begleiten und der Welt zeigen, dass man vor den Deutschen keine Angst mehr haben muss. Er baue »Berge von Misstrauen im Ausland ab«, schreibt die *Süddeutsche Zeitung*.

Neben Heuss haben sich einige andere Kandidaten aufstellen lassen. Je eine Stimme entfällt unter anderem auf den letzten »Führer« des Deutschen Reichs, Großadmiral Dönitz, sowie den Chef des Hauses Hohenzollern, Prinz Louis Ferdinand von Preußen. Nun erschallt langanhaltender Beifall, nachdem Heuss die Sätze sagt: »Ich nehme die Wahl an.«

Eine Autokolonne fährt mit dem Bundespräsidenten und dem Bundestagspräsidenten an der Spitze über den Kurfürstendamm mit Ziel Rathaus Schöneberg. »Die Fahrt gestaltete sich zu einer herzlichen Kundgebung der Berliner Bevölkerung, die trotz des Regens dichtgedrängt die Straßen säumte«, schreibt die *Frankfurter Allgemeine Zeitung*. Vor dem Rathaus in Schöneberg stehen Tausende und skandieren »Heuss bleib' hier, Heuss bleib' in Berlin!« sowie »Theo, Theo!«.

Das Bundespräsidentenamt, das zunächst als Paragrafengespinst verspottet worden war, bekleidet Heuss mit Sinn und Verstand. Bei der Wiederwahl sagt Bundestagspräsident Hermann Ehlers: »Er hat sein Amt bisher mit warmer Menschlichkeit ausgefüllt, dafür danken wir.«

Seine Reden schreibt Heuss spät abends im Arbeitszimmer der Villa Hammerschmidt. Stets hat er eine Brasil im Anschlag und ab und an eine Flasche Lemberger, am besten aus Brackenheim, wie sein Biograf Peter Merseburger liebevoll notiert. Einmal schreibt Heuss in seinen *Brieftagebüchern*, er habe zwei Hobbys: Er gehe nicht nach Bayreuth, und Flick bekomme von ihm keinen Orden. Erklärung zu 1.: Das Schaulaufen bei den Wagner-Festspielen ist ihm zuwider. Zu 2.: Adenauer hat den Industriellen Flick schon mehrfach für das Bundesverdienstkreuz vorgeschlagen, doch der Bundespräsident erachtet ihn für nicht würdig.

Heuss und Adenauer ergänzen sich sonst aber ganz gut. Hier der wortkarge, spröde Kanzler mit seiner Formulierungsschwäche, dort der redegewandte, humorvolle Bundespräsident.

Eine Fußnote der Geschichte: Am Tag der Bundespräsidentenwahl, am 17. Juli 1954, wird Angela Dorothea Kasner in Hamburg geboren. Sie wächst in der DDR auf, nach der Wiedervereinigung macht sie Karriere in der CDU. Von 2005 bis 2021 ist sie Bundeskanzlerin und leitet 16 Jahre lang die Geschicke dieser Republik.

Gleich am Montag, am 19. Juli 1954, dem Vorabend des zehnten Jahrestages des Attentatsversuchs auf Hitler, spricht Heuss an der Freien Universität zu Berlin über »Recht zum Widerstand«. Er bekennt sich zu den Attentätern des 20. Juli, die von nicht wenigen in Deutschland noch immer als Verräter angesehen werden. Heuss dankt den Attentätern, dass sie versucht haben, »im Wissen um die Gefährdung des eigenen Lebens den Staat der mörderischen Bosheit zu entreißen und, wenn es erreichbar, das Vaterland vor der Vernichtung zu retten«. Heuss wägt jedes Wort besonders ab. Aber bewusst lobt er die Attentäter. Der populäre Politiker redet den Deutschen ins Gewissen. Es ist für ihn moralisch notwendig.

* * *

Prinzessin Margaret Rose, die 23 Jahre alte Schwester von Queen Elisabeth, weilt in Deutschland, und zwar als erstes Mitglied des englischen Königshauses seit 1912. Mit dem Flugzeug trifft sie auf dem Flugplatz Wahn ein. Ein Frankfurter Student namens Klaus F. erscheint dort ebenfalls und behauptet, mit Margaret Rose verlobt zu sein. Jetzt möchte er sie in Deutschland persönlich herzlich willkommen heißen. F. wird von der Polizei vorübergehend festgenommen.

Mit dem Rolls-Royce geht es im Dauerregen zur Villa Hammerschmidt, wo Bundespräsident Heuss der bezaubernden Prinzessin ein schönes kontinentales Frühstück kredenzt. Auch Adenauer ist da, viele andere auch, Staatssekretär Walter Hallstein trägt Zylinder. Heuss drückt die Gewissheit aus, dass Margarets Besuch zur Verbesserung der Beziehungen beider Länder beitragen wird.

Engländer und Deutsche müssen sich nach dem Krieg erst wieder langsam annähern. Man solle »die Beziehungen durch wechselseitiges Vertrauen wieder ordnen«, sagt Heuss. Margaret richtet den Anwesenden ihr Bedauern über die Hochwasserkatastrophe in Süddeutschland aus. Das Frühstück ist nicht ohne, es gibt Kraftbrühe, Krebsschwänze in Dill, Rehrücken und Erdbeeren.

Nach dem Essen geht es nach Godesberg und ins schöne Iserlohn zum dritten königlichen Husarenregiment. In Bad Eilsen erwarten 600 Offiziere die Königinnenschwester. Sie fliegt weiter nach Düsseldorf, begutachtet die Rheinarmee, schaut sich Düsenflieger an und weiht eine Fahne. Dann fährt sie inklusive des großen Trosses mit der Yacht »Prince Charles« den Rhein entlang, während Tausende am Ufer winken. Die Bonner Hausfrauen haben ihre neue Stilikone. In England, heißt es, gibt es niemanden, der sich in Modefragen besser auskennt. Ihre Rolle spielt sie großartig. Sie ist eine der schillerndsten Persönlichkeiten des Hauses Windsors. Am Ende der Reise zieht sich die Princess of York noch den Zorn der Kirchen zu, als sie an einem Sonntag ein Filmtheater besucht.

Margaret Rose wird einige Jahre später den Fotografen Anthony Armstrong-Jones heiraten. Heute ist die Ehe in der Fernsehserie *The Crown* bestens dokumentiert.

* * *

Ein Mörder will sich zum Märtyrer stilisieren. Sechs Lagerleiter und Funktionäre des Konzentrationslagers Struthof westlich von Straßburg müssen sich vor einem französischen Gericht für ihre Gräueltaten verantworten, und da sagt einer von ihnen: »Wenn ich irgendetwas dafür tun kann, den Hass gegen die Deutschen zu besänftigen, so will ich gern dafür den Tod erleiden.« Der Richter entgegnet: »Es stimmt nicht, dass Sie hier als Deutscher sind. Sie sind hier als Verbrecher.«

Struthof, das Konzentrationslager im besetzten Elsass, ist grausam geführt worden. Die Lagerinsassen starben unter Qualen. Sie verhungerten, bekamen einen Schuss ins Genick oder den Weg in die Gaskammer gewiesen. Lästige Kinder wurden erschossen. Kamen Männer an den Galgen, wurden ihnen danach die Goldzähne herausgebrochen von einem Mann in einem weißen Hemd. 20 000 Menschen kamen in Struthof ums Leben, 3000 von ihnen nachweislich eines gewaltsamen Todes.

100 Zeugen aus ganz Europa treten nun im Gericht in Metz auf. 21 von 83 Angeklagten sind im Gerichtssaal anwesend. Ein ehemaliger Insasse stürzt sich auf einen der Folterknechte, es gibt Tumult im Gerichtssaal.

Chefankläger Guyon wirft den Angeklagten in einer 109 Seiten langen Anklageschrift Mord und Mordversuch, Totschlag, Beihilfe zum Totschlag, Gefangenenmisshandlung mit und ohne tödlichen Ausgang sowie Vergiftungen vor. Er fordert für die Furchtbarsten unter ihnen – den früheren Lagerkommandanten Hartjenstein, den Lagerführer Seuß und den Chef des Arbeitskommandos Nitsch sowie die drei Blockführer Ehrmannstraut, Fuchs und Oehler die Todesstrafe. Der Schlimmste im Struthofer Schreckensregime, Lagerkommandant Hüttig, ist bereits wegen seiner Verbrechen in anderen Lagern hingerichtet worden.

Die Angeklagten sind von Anfang an dabei gewesen und haben in den Totenkopfverbänden der SS ihr mörderisches Fach gelernt. Sie haben alles gesehen, alles gewusst. Hartjenstein hatte seine Dienstvilla nur wenige Hundert Meter von den Hütten des Lagers entfernt, das Terrain war aus den Fenstern und von der Terrasse gut einsehbar, ähnlich wie es die Figur des KZ-Chefs Amon Göth in Steven Spielbergs Spielfilm *Schindlers Liste* tut. Die »organisierte Brutalität« dieser »notorischen Totschläger«, sagt Guyon, mache diesen Prozess so besonders. Marion Gräfin Dönhoff in *Die Zeit* über sie: »Viele haben während des ganzen Krieges nie andere Kugeln pfeifen gehört als die, mit denen sie ihre Opfer ins Jenseits beförderten.«

Die Angeklagten werden zum Tode verurteilt. Wegen Mordes und Grausamkeit.

* * *

Otto John ist seit 1950 Präsident des Bundesamts für Verfassungsschutz. Er war während des Zweiten Weltkrieges Widerstandskämpfer und ist einer der wenigen Überlebenden des erweiterten Kreises des Attentats auf Hitler vom 20. Juli 1944.

Der Mann polarisiert. Viele Gerüchte sind über ihn in Umlauf. In den letzten Kriegsjahren soll John Mitglied im kommunistischen Geheimbund Rote Kapelle gewesen sein. Er sei ein Agent und ein Spitzel. Für die Sowjets soll er gearbeitet haben. Andere wollen wissen, dass John zeitweise beim britischen Geheimdienst MI6 war. *Die Zeit* bringt Johns angebliche homosexuelle Neigungen ins Spiel, was 1954 noch höchst verdächtig ist. Dennoch ist dieser Mann, um den sich so viele Gerüchte ranken, der erste demokratische Verfassungsschutzchef Deutschlands geworden.

Doch jetzt ist er weg. Einfach weg. Am zehnten Jahrestag des Hitler-Attentatsversuchs verschwindet John nach Ostberlin. Es wird der Skandal des Jahres.

Der Bericht der Westberliner Polizei liest sich so: »Der 44-jährige Leiter des Bundesamtes für Verfassungsschutz, Dr. Otto John, hielt sich seit Mitte Juli anlässlich der Gedenkfeiern des 20. Juli in West-Berlin auf. Seit einigen Tagen litt er an einer schweren seelischen Depression. Am Abend des 20. Juli verließ er sein West-Berliner Hotel und suchte den ihm bekannten Arzt Dr. Wohlgemuth in West-Berlin, Uhlandstraße 175, auf. Mit diesem verließ er dessen Praxis gegen 21 Uhr. Nach einer von dem Arzt zurückgelassenen schriftlichen Mitteilung haben sich beide in den Sowjetsektor begeben. Die Kriminalpolizei stellt Ermittlungen darüber an, ob Dr. John das Opfer eines Verbrechens geworden ist.«

Die späteren Erkenntnisse der Ereignisse jenes Tages lesen sich so: Otto und Lucie John haben ein Zimmer im Hotel »Schätzle« im Grunewald, sie sind Gäste der Feierlichkeiten zum Gedenktag. Am Abend sagt Otto John zu Lucie, er müsse noch einmal weg. Aber er kommt nicht zurück. Gegen Mitternacht beginnt sie, sich Sorgen zu machen. Bis zum anderen Morgen liegt sie wach und wartet - vergeblich. Sie schaltet Vertraute ein, ruft den Verfassungsschutz an, die amerikanischen und britischen Geheimdienste wissen auch schon am Vormittag Bescheid und schalten auf Alarmstufe Rot. Johns Chauffeur vom Vorabend wird aufgetrieben und verhört. Er weiß zu berichten, dass er John vor dem Maison de France an der Ecke Kurfürstendamm/Uhlandstraße abgesetzt hat. Ganz in der Nähe von Wohlgemuths Praxis. Mitarbeiter des Bundesamts sprechen mit der Nachtdienst-Sprechstundenhilfe, sie sagt aus, dass John am Abend hier gewesen sei. Gegen 8.30 Uhr seien die beiden in Wohlgemuths Fahrzeug gestiegen. Dann wird klar: Sie sind nach Ostberlin gefahren.

Nun ist die große Frage, warum Otto John in die DDR gegangen ist. Ist er freiwillig rüber oder ist er entführt worden? Hat man ihn verschleppt? Ist er übergelaufen? Wurde er von seinem Freund, dem Sowjet-Sympathisanten und vermeintlichen Spion Wohlgemuth, gekidnappt? Hat man ihn in die Irre geführt? Oder will er nur ein paar Termine absolvieren und ist bald wieder zurück? Es kann aber auch sein, dass er freiwillig und ohne Hintergedanken nach Ostberlin gefahren ist und er nun dort festgehalten wird. Oder hat sich John aus Frust und Entmutigung über sein Amt überreden lassen, die Seiten zu wechseln? Die Hintergründe des Verschwindens bleiben im Dunkeln.

John wird später erzählen, er sei von Wohlgemuth abgeholt worden und habe im Auto das Bewusstsein verloren. Wohlgemuth wird später berichten, es sei ein Treffen mit sowjetischen Geheimdienstoffizieren verabredet gewesen.

Es ist ein hochbrisanter politischer Thriller. Alle Geheimdienste sind mit von der Partie, selbst die amerikanischen Kommunistenjäger McCarthy und Hoover spielen eine Rolle. Sowohl die Amerikaner als auch die Briten glauben, dass John freiwillig nach Ostberlin gegangen sei. Zumindest ist es »keine Entführung direkter Art«, wie die Briten vermerken. Die Amerikaner wollen aber offiziell nicht von der Entführungsversion abweichen, sie halten daran fest, John sei in die Falle der Sowjets getappt. Den Propagandasieg der Russen, dass John freiwillig und aus Überzeugung die Seiten gewechselt habe, gönnen die

Amerikaner dem Feind nicht. *Le Monde* dagegen meint: »Otto John ging ins Lager der Wiedervereinigung. Er hat die Einheit gewählt.«

Aus heutiger Sicht wird die Lage etwas konkreter: Am Abend des 20. Juli kommt es wirklich zu einem Treffen mit sowjetischen Offiziellen in Ostberlin. Ein Parkplatz an der Charité ist der Treffpunkt. Gemeinsam fährt man zu einer Villa in Hohenschönhausen, wo ein Abendessen stattfinden soll. Der Spion Kutschin alias »Dr. Schneider« ist anwesend, der Leiter der Berliner KGB-Sektion Jewgeni Pitowranow und einige Offiziere. Man unterhält sich. John lässt seinem Frust freien Lauf und berichtet, dass im Westen immer mehr alte Nationalsozialisten wieder in hohe Ämter gespült würden. Jene Brut, die er fast sein ganzes Leben lang schon bekämpft.

Die Offiziere wollen ihn überreden, als Spion für den KGB zu arbeiten, was John aber offenbar ablehnt. Dann überreden sie ihn, einfach in Ostberlin zu bleiben; mit wie viel Nachdruck und mit welchen Argumenten, bleibt im Unklaren. »Alles, was mit John passiert ist, geschah nach einem von uns zuvor erarbeiteten Plan«, wird später der Offizier Witalij Tschernjawkij in einem Interview aussagen. Angeblich haben sie John ein Betäubungsmittel eingeflößt.

John ist nach eigenen, späteren Aussagen außer sich, als er nach der Bewusstlosigkeit aufwacht. Er ist erbost. Doch die Männer haben ihn gut im Griff, sie versuchen, ihm klar zu machen, dass er mithelfen müsse, gegen den aufkommenden Nationalsozialismus in Westdeutschland zu arbeiten. Sie üben psychischen Druck auf John aus.

Am 22. Juli sendet der ostdeutsche Staatsfunk über den Äther, John habe sich »aus politischen Erwägungen den

Behörden der DDR zur Verfügung« gestellt. Ab diesem Moment ist John im Westen als Verräter gebrandmarkt. Der KGB hat sein Ziel erreicht: John, der in Wirklichkeit nur ein paar Gespräche in Ostberlin absolvieren wollte, ist offiziell übergetreten. Der Verfassungsschutzpräsident der BRD selbst sieht sich plötzlich als eine Art Edelhäftling des Staatssicherheitsdienstes der DDR.

Dann jedoch gibt John selbst seinen Übertritt in einer dramatischen Rundfunkansprache am 23. Juli preis. Er präsentiert sich in dieser Rede offen als Anhänger des Ostens, weil die Sowjets die Einheit Deutschlands verfolgten. »Deutschland ist in Gefahr, durch die Auseinandersetzung zwischen West und Ost auf ewig auseinandergerissen zu werden«, sagt John. Er wende sich von Westdeutschland ab, weil so viele ehemalige Nationalsozialisten wieder in Machtpositionen säßen. Wie wahr - oder wie erzwungen - diese Rede ist, ist bis heute nicht geklärt worden. Für die Aufklärung der Affäre John setzt Bundesinnenminister Schröder 500 000 D-Mark aus.

Es ist ein Fiasko für den Westen. John weiß viel, das macht die Sache so gefährlich. Er kennt die politischen Geheimnisse der Alliierten. Er kennt die Namen von Agenten in Westdeutschland. Er kennt die Identität von Hunderten Personen in den alliierten Staaten. Bei einem Besuch in den USA hat er im Frühsommer 1954 die amerikanische Spionagetechnik inspiziert. Egal ob übergelaufen oder entführt - für die *Frankfurter Allgemeine Zeitung* ist John so oder so der falsche Mann auf diesem hohen Posten. Seine Berufung sei ein Missgriff gewesen. Die Freien Demokraten bescheinigen John zumindest »tapsige Unbekümmertheit«, sollte er auf diese Art in die Falle gegangen sein.

Adenauer geht just am 23. Juli in den Urlaub ins Kurhaus Bühlerhöhe in Baden-Baden und verfolgt das Desaster von dort aus. Er lässt sich von da an jeden Tag rapportieren. Über John sagt er in kleinem Kreise: »Der hat mir nie gefallen.« Zur Ruhe kommt Adenauer in diesem Urlaub nicht.

***

Endlose Kolonnen von Fahrzeugen und Motorrädern rollen schon seit den Morgenstunden aus allen Teilen Englands dem großen Ziel Silverstone entgegen. Der Große Preis von Großbritannien wird ausgetragen. Es ist für viele das Rennen des Jahres. 120 000 sind in Silverstone, einem kleinen Dorf südlich von Northampton.

An diesem Wochenende läuft es für die Silberpfeile weniger gut. Ferrari fährt einen Doppelsieg ein. Sieger ist Froilán González mit einer Durchschnittsgeschwindigkeit von 144 Stundenkilometern. Zweiter wird zur Freude der Zuschauer der Brite Mike Hawthorn. Auch Stirling Moss fährt auf heimischem Boden ein Wahnsinnsrennen, bis er zehn Runden vor Schluss aufgeben muss.

Die Mercedes-Piloten fahren hinterher. Juan Manuel Fangio landet nach einem Getriebefehler - zwei Gänge sind ausgefallen, nachdem er den Schalthebel allzu sehr malträtiert hat - am Ende nur auf dem vierten Rang. Karl Kling wird Siebter. Der Stuttgarter dreht sich einmal um die eigene Achse, als er übersteuert (»Korkenzieher«), und landet abseits der Fahrbahn. Er muss die Boliden an sich vorbeilassen, holt aber später noch gut auf.

Mercedes zieht, bevor am 1. August der Große Preis von Europa am Nürburgring stattfindet, Konsequenzen. Vor allem die neue Vollstromverkleidung der Fahrzeuge wird infrage gestellt, die nach Ansicht der Fahrer ein exaktes Anschneiden der Kurven unmöglich macht.

***

Es ist eine große Schmach für die Franzosen. In Genf wird der Waffenstillstand mit Indochina unterzeichnet. Wenige Stunden nach Fristende, am 21. Juli gegen vier Uhr morgens. Eine verheerende Niederlage für die Grande Nation. Aber ein weiteres Abschlachten wird verhindert. Es ist die einzige richtige Entscheidung. Es ist Ruhe im Tonking-Delta. Ein gelöster Mendès-France reicht dem chinesischen Ministerpräsidenten Tschu En-lai die Hand.

Mendès-France hält damit seinen engen Zeitplan und sein Versprechen, binnen 30 Tagen den Frieden zu vereinbaren, ein. In seiner Heimat wird er dafür gefeiert: »Der Wille eines einzelnen Mannes und der gute Wille mehrerer anderer Männer reichten aus«, schreibt die Zeitung *Franc-Tireur*. Und *Les Echos*: »Der große Triumphator dieses Tages, Mendès-France, genießt nun. Ein Ansehen, das lange kein Regierungschef vor ihm gehabt hat.«

Die Aufmerksamkeit der politischen Welt richtet sich jetzt auf die Abstimmung zur Europäischen Verteidigungsgemeinschaft in Frankreich. Die Wahl in der französischen Nationalversammlung wird für den 15. August erwartet. »An Paris hängen Erfolg und Misserfolg von Bonn«, schreibt der Politiker Hans Georg Pfleiderer in der *Süddeutschen Zeitung*. Adenauer sagt seine lang geplante USA-Reise für August ab, weil er jetzt in Europa sein muss.

***

Der Deutsche Fußball-Bund tagt. Es werden die aktuellen Probleme debattiert.

Erstes Problem: dieses neue Fernsehen. Die Funktionäre regen an, Fernsehübertragungen nur in besonderen Fällen zuzulassen. Der Westdeutsche Fußballverband fordert gar ein Sendeverbot, sonst rennen einem die Stadionzuschauer weg. Man einigt sich auf drastische Einschränkungen.

Zweites Problem: der Spielmodus. Sollen die deutschen Meisterschaften weiter so stattfinden wie bisher, oder braucht Deutschland eine Bundesliga? Der Westdeutsche Fußballverband will sie, die Südländer sind aber noch misstrauisch. Bayern und Baden-Württemberg befürchten die »automatische Züchtung des Vollprofessionalismus im Fußball«. Die Spieler sollen das Gekicke nicht als ihre Haupttätigkeit ansehen. Die Vereine hätten eine enorme finanzielle Belastung zu tragen. Der baden-württembergische Verband schlägt stattdessen vor, die Oberligen zu vergrößern. Zu der Zeit gehören 76 Vereine in der Bundesrepublik zur Spitzenklasse. Nordrhein-Westfalen wünscht sich eine Reduzierung um etwa die Hälfte, damit die Mannschaften nicht so weit zu den Auswärtsspielen reisen müssen. Es stellt sich eine Bundesliga in zwei Gruppen vor, Nord und Süd. Damit würden noch 36 Vereine zur Spitzenklasse gehören.

Die Oberligen sind für das Magazin *Der Spiegel* zu amateurhaft und regional zu begrenzt: »Noch immer vertreiben die Liga-Angehörigen ihre Zeit damit, an dreißig Sonntagen im Jahr im Schatten ihres Provinz-Kirchturms untereinander Punktspiele auszutragen. Lediglich die ein oder zwei besten Vereine jeder Liga treffen in der Meisterschafts-Endrunde zu entscheidenden Kämpfen auf andere Stämme deutscher Nation.«

Lange Debatten und scharfe Worte begleiten die Tagung. Nach allem Hin und Her steht fest: Der DFB lehnt den Bundesliga-Vorschlag ab. Die deutsche Meisterschaft wird in Zukunft wieder von acht Vereinen ausgetragen, und zwar von den Oberliga-Meistern plus den besten Tabellenzweiten. Die Zahl der Oberligavereine bleibt unverändert.

* * *

Internationales Reitturnier in Aachen. Bundespräsident Heuss und einige Minister sind live dabei. Alle Mannschaften werden Heuss mit Namen vorgestellt, bevor es losgeht. Er sieht auch zu, als Hans Günter Winkler, der Weltmeister, mit Halla an einem leichten Hindernis scheitert und absteigt. Er fällt sozusagen vom Pferd. Zudem scheitert er an einer hohen Mauer. Dafür erhält er auf einen Schlag 25 Fehler und verpasst den Sieg.

Großes Pech hat aber auch Goyoaga, der spanische Superstar, der alles richtig macht, bis ihm ein Zügel reißt. Auch nach dem dritten Ritt aller Nationen gibt es noch keine Entscheidung, so eng liegen die Mannschaften noch beisammen. Am Ende liegt das Glück bei den Spaniern. Deutschland wird Dritter.

* * *

Er hat die Hohenzollernjuwelen rauben wollen. Doch er wird überführt. Der Oberstaatsanwalt in Hechingen Karl Eugen Salenbauch beantragt neun Jahre Zuchthaus für den Artisten Paul Falk alias Graf Del Monte wegen schweren Raubes, Diebstahls, Einbruchs, Urkundenfälschung und versuchten Betrugs. Falk sei ein gefährlicher Gewohnheitsverbrecher. Meist tritt der Mann in Gestalt dieses gewandten Grafen Del Monte auf. Die Damen lieben ihn.

Was war geschehen im berühmt-beschaulichen Hechingen? Falk brachte allerhand Wissenswertes über die Familie Erbach-Fürstenau in Erfahrung, als er sich in der Gegend des Schlosses aufhielt. Auch, dass die Familie einen Verwandten in Brasilien hat. Falk besuchte die Familie, gab sich als Freund des Verwandten aus und überbrachte beste Grüße. Bei mehreren Besuchen inspizierte er das Schloss und erfuhr den Aufbewahrungsort der Juwelen (die Schlossküche). Zwei Jahre später - er musste zwischendurch eine Haftstrafe in Butzbach absitzen - kam er zurück und verrichtete sein düsteres Nachtwerk.

Über die Nordseite der Bastei gelangte Falk in den Burghof, von dort in die Schlossküche. Der Mann ist schließlich Akrobat. Kein Wachmann passte auf, keine Alarmanlage schrillte. Falks Werkzeug, unter anderem Bolzenschneider, Beißzange, Hammer, fanden zwei Buben später im Wald. Der Schatz beinhaltete neben Gold und Juwelen unter anderem sechs mit Brillanten besetzte Tabakdosen Friedrich des Großen, einen Marschallstab und verschiedene Orden. Auch einen Goldteller fand Falk zum Mitnehmen schön. Er ist der letzte übriggebliebene eines Service mit 50 Tellern - die anderen 49 hatte Friedrich der Große einschmelzen lassen, um den Siebenjährigen Krieg zu finanzieren.

Lange tappte die Polizei im Dunkeln. Doch eines Tages wollte jemand sehr viel eingeschmolzenes Gold bei einer Bank verkaufen. Das Gold hatte er angeblich von einem Del Monte. Die Geschichte machte den Bankier stutzig.

Im Gerichtssaal sind nun 30 Presseleute, Vertreter von Agenturen, des Rundfunks und sogar von ausländischen Büros. Der Angeklagte stellt sich den Fotografen mit der Selbstverständlichkeit eines Filmstars.

Falk spricht freiweg über seine Kindheit und seine Jugend. Er betont dabei immer wieder, wie intelligent er gewesen sei. Mit Verve erzählt er aus seinem lustigen Verbrecherleben. Mit 13 Jahren war er beim Zirkus beschäftigt, da habe er aus einer Schaubude ein Luftgewehr gestohlen. Er musste in die Fürsorgeerziehung. Von dort floh er und gab sich erstmals einen falschen Namen. Seine Lehrzeit als Zirkusartist verbrachte er unter dem Namen Blumenfeldt.

Es wird eine Karriere voller kleiner und großer Betrügereien. Er ist lange Zeit der Heizer Bruno Kretzing. Von jenem Kretzing hörte er einmal, dieser habe sich bei der Marine beworben. So schrieb Falk an die Marine unter dessen Namen, dass er es sich anders überlegt habe und nun wolle er seine Papiere zurückhaben. Von da an hatte er einwandfreie Papiere. Er brüstet sich damit, wie leicht es sei, andere Identitäten anzunehmen. Unumwunden gibt er seine jahrelange Passfälschertätigkeit und ein Schwarzhandelsgeschäft zu.

Falk wird Ende Juli 1954 zu sechs Jahren Haft verurteilt. Außerdem wird Sicherheitsverwahrung angeordnet, die bürgerlichen Ehrenrechte werden Falk auf die Dauer von acht Jahren aberkannt. Ein Teil der entwendeten Gegenstände aus der Schatzkammer – Juwelen, Kleinodien, Erinnerungssouvenirs – kann restauriert werden.

* * *

Im Bundestag legen fünfzehn CDU-Abgeordnete einen Gesetzentwurf zur Einführung der Todesstrafe vor. Artikel 102, der das verbietet, soll folgenden Zusatz bekommen: »Dies gilt nicht für Verbrechen des Mordes und des Menschenraubes.« Die national-konservative Deutsche Partei will Artikel 102 sogar ganz streichen. Die *Ketteler Wacht*, die Wochenzeitschrift der katholischen Arbeiterbewegung, ist ebenfalls für die Wiedereinführung der Todesstrafe, teilt sie mit, denn es könne kaum bezweifelt werden, dass die Todesstrafe nach der christlichen Sittenlehre erlaubt sei.

Für die Mehrheit der Parlamentarier ist es »außerordentlich unerfreulich«, heißt es in Bonner Kreisen, »dass diese Frage nun schon zum wiederholten Male im Bundestag aufgeworfen« werde. Die Abschaffung der Todesstrafe sei nur eine logische Folge der Nazi-Gräuel. Im Nationalsozialismus haben zivile Strafgerichte von der Todesstrafe ausgiebig Gebrauch gemacht. Die CDU ist in der Sache aber uneins, wie der Vorstoß der kleinen Gruppe zeigt. In den letzten Jahren und insbesondere 1954 nehmen die Gewaltverbrechen drastisch zu.

Am 18. Februar 1949 ist die Guillotine in Westdeutschland zum letzten Mal in Gebrauch gewesen. Der Kopf des Raubmörders Richard Schuh wurde per Fallbeil, es war 40 Kilogramm schwer, von seinem Rumpf getrennt, in Tübingen an einem Donnerstag um 6.10 Uhr. Schuh hatte gemordet, wurde vier Tage nach der Tat festgenommen. Seine Mutter sprang daraufhin in den Neckar und ertrank. Richard Schuh hatte auch sie auf dem Gewissen.

Westalliierte Militärgerichte verurteilten auch nach Schuhs Ende Mörder auf deutschem Boden zum Tode.

Deutsche Gerichte taten das nicht mehr – außer die ostdeutschen. Die Todesstrafe in der DDR ist eines der bestgehüteten Geheimnisse der Diktatur. 164 Todesurteile zählen Historiker, entweder durch die Guillotine oder durch »unerwarteten Nahschuss«. Es sind ehemalige Nationalsozialisten, Agenten, »Saboteure«, aber auch bis Ende der 1960er-Jahre Schwerverbrecher. In Dresden gibt es eigens die »Zentrale Hinrichtungsstelle«.

Am 17. Juli 1987 wird die DDR-Nachrichtensendung *Aktuelle Kamera* verkünden, dass die Todesstrafe abgeschafft worden ist. Der letzte Hingerichtete ist 1981 der Stasi-Hauptmann Werner Teske – wegen »schwerwiegenden Landesverrats«. Auf dem Totenschein steht »Herzversagen«.

* * *

Otto John legt mit einer weiteren Ansprache nach – fünf Tage nach der ersten. Die »einseitige Bindung an die amerikanische Seite durch Dr. Adenauer« sei der falsche Weg. John will nach eigener Aussage dabei helfen, Deutschland zu einem besseren, anständigeren Land zu machen. Doch sein Verfassungsschutz sei derzeit nicht viel mehr als ein Erfüllungsgehilfe der Besatzungsmächte. Das ist nicht die Zukunft, die er sich für Deutschland vorgestellt hatte, als er das Amt des Präsidenten antrat. Deutschland hat nach seiner Meinung noch immer keine wirklich demokratische Gesellschaft hervorgebracht.

Auf einer Kundgebung zu Ehren des chinesischen Ministerpräsidenten Tschu En-lai nimmt DDR-Ministerpräsident Grotewohl dazu Stellung. Durch Johns Flucht sei »die ganze Wurmstichigkeit« des Adenauer-Systems offenkundig geworden. Adenauer werde Deutschland auf immer und ewig zerreißen. Doch daraus werde nichts, denn es gebe die DDR, und Adenauer verliere immer mehr Anhänger.

* * *

Es ist eine Katastrophe. Ein Bus voll mit Menschen, die auf einem fröhlichen Betriebsausflug sind, wird in Worms von einem Zug erfasst. 26 der 28 Menschen in dem Bus sterben. Für die sonst auf Politik konzentrierte *Passauer Neue Presse* ist das anderntags der Titelaufmacher.

Laut Zeugenaussagen muss der erfahrene Busfahrer den Zug gesehen haben, als er auf den Bahnübergang zufuhr. Offenbar habe er aber versucht, noch vorher über die Gleise zu kommen. Nach einem kurzen Zögern soll er noch einmal Gas gegeben haben. Der Busfahrer, der erst vor wenigen Wochen die Ehrennadel der Bundesverkehrswacht für 25 Jahre unfallfreies Fahren erhielt, hat sich verschätzt. Die Lokomotive schiebt den zertrümmerten Bus 60 Meter vor sich her, 18 Menschen, Mitarbeiter einer Möbelfirma, sind sofort tot, weitere acht sterben auf der Fahrt ins Krankenhaus.

Einer der zwei Überlebenden sitzt rechts neben dem Fahrer und wird bei dem Zusammenprall weit aus dem Omnibus geschleudert. Das rettet dem 33-Jährigen das Leben. Später sagt er: »Wir waren alle so fröhlich.« Weiterhin überlebt eine junge Frau, die in der letzten Reihe des Busses saß.

Wenige Tage später werden die 26 Toten auf dem Zentralfriedhof in Worms zu Grabe getragen. Die Kirchenglocken der Stadt läuten, in den Geschäften und Betrieben ruht für zwei Minuten die Arbeit, der Verkehr steht still. Auf allen öffentlichen Gebäuden in Rheinland-Pfalz wehen die Fahnen auf Halbmast.

* * *

Der DDR-Staatsapparat gibt die Verhaftung »zahlreicher Agenten der Geheimorganisation Gehlen und des amerikanischen Geheimdienstes« bekannt. Ein Teil soll sich freiwillig gestellt und dem Staatssicherheitsdienst »wichtige Originaldokumente« übergeben haben. Die Organisation Gehlen in Pullach ist der deutsche Geheimdienst, aus dem 1956 der Bundesnachrichtendienst entsteht. Reinhard Gehlen, oberster Geheimdienstler der Republik, ist der Lieblingsfeind der SED. Für die Zeitschrift *Der Spiegel* ist er »Des Kanzlers lieber General«.

Der Schlag gegen den Westen sei »durch Wachsamkeit der Bevölkerung« ermöglicht worden. Ganze Gruppen sollen ausgehoben, Geheimsender und Akten sichergestellt worden sein. Ihr Ziel sei es gewesen, die Wiedervereinigung Deutschlands unter allen Umständen zu verhindern. Die Verhaftungswelle geht als »Aktion Pfeil« in die Akten ein. Angeblich werden 547 Agenten westlicher Geheimdienste dingfest gemacht. 277 von ihnen sollen für Gehlen gearbeitet haben.

Überhaupt diese Agenten aus dem Westen: Die Fleischknappheit in der Sowjetzone sei auch ihr »Verdienst«, wie Ostzeitungen übereinstimmend berichten. Westagenten hätten unter anderem die Schweinepest ins Land gebracht. Auch für den Tabakmangel sei Adenauer verantwortlich. Nach einer Türkeireise des Bundeskanzlers seien plötzlich die Tabaklieferungen an die DDR ausgeblieben.

* * *

Ein selten vorkommendes Delikt heißt »Erschleichung des Gattenrechts«. Folgendes spielt sich in einem bayerischen Ort ab: Ein Mann kommt nach Jahren »nach Hause« – es ist aber nicht *sein* Zuhause. Zwei Tage lang schafft es »der Edi«, Frau und Kindern vorzugaukeln, er sei es: Vater und Ehemann, endlich aus Krieg und Gefangenschaft zurück. Die Frau will es glauben und klammert sich an den Verlorengeglaubten. Edi, der Heimgekehrte.

Edi, der in Wirklichkeit Hermann heißt, lässt es sich gutgehen im Haus, er fühlt sich pudelwohl. Doch als er sein Gattenrecht auch im Schlafzimmer ausüben möchte, wundert sich die Ehefrau, wo denn die Narbe des Granatsplitters auf der Brust abgeblieben sei. Edi alias Hermann betont, die Narbe sei »weitergewandert«. Keine überzeugende Story. Edi fliegt auf. Der Spaß findet hier sein jähes Ende. Die Polizei nimmt ihn fest, die Staatsanwaltschaft leitet ein Strafverfahren ein – wegen »Erschleichung des Gattenrechts«.

Anders hat es der 36 Jahre alte Rudolf E. gemacht, der jetzt vor einem Westberliner Schöffengericht steht. Mit vier Frauen gleichzeitig ist er verheiratet. Das ist ein Kunststück. Vor dem Krieg führte jener E. die Elfriede in Braunschweig zum Standesamt. Aus dem Krieg zurück, schloss er sich mit Marianne im Erzgebirge zusammen. Drei Jahre später verschwand er nach Westberlin, wo er 1951 mit Lotte Hochzeit feierte. Und zwei Jahre später wähnte er Ruth als die einzig Wahre und schloss mit ihr ebenfalls den Bund der Ehe. Elfriede, die Erste, ist dem Ganzen aber nun auf die Spur gekommen.

Vor Gericht sagt Rudolf E., er müsse sich sicher bei den Frauen wegen seiner großen Vergesslichkeit entschuldigen. Das ist sein stärkstes Argument vor Gericht. Er hat es jedes Mal schlicht vergessen, schon verheiratet zu sein. Das kann passieren. Und außerdem liege es an seinem weichen Herz, dass er dem Drängen der heiratslustigen Frauen immer wieder nachgebe.

* * *

Dass ausgerechnet ihm das passieren muss. Dem bekanntesten Stuntman der Nation. Arnim Dahl bricht sich den Fuß dreifach, als die Leiter der Freiwilligen Feuerwehr Coesfeld in sich zusammenfällt. Sechs Wochen Gips und Bett. Die Karriere des Sensationsdarstellers ist gefährdet.

Jedes Kind kennt ihn. Tausende kommen, wenn er sich ankündigt. Er ist berühmter als die meisten Fußball-Nationalspieler. Meist verdingt er sich als Werbefigur und vollführt Stunts im Namen von Unternehmen.

Zwölf Tage liegt er im Krankenhaus, da lässt sich Dahl einen »Geh-Gips« machen und sich zu einem wichtigen Termin bringen. Verbrecherjagd beim Polizeisportfest im Bremer Weserstadion. Und Dahl hält, was er verspricht, die Verbrecherjagd gelingt. Danach hängt er sich an einen Hubschrauber und vollführt Akrobatik in luftigen Höhen.

Dahl wird in seiner Karriere Schauspieler wie Heinz Rühmann, Curd Jürgens und Kirk Douglas doubeln, das bringt gutes Geld. Eigentlich mag er Spielfilme aber nicht so sehr, er braucht das Live-Publikum.

1959 wird Dahl auf dem Dachgeländer des Empire State Building in New York einen Handstand machen. 1964 bringt er seine Autobiografie *Arnim Dahl genannt Klettermaxe* heraus. Eines der schönsten Zitate des Lebemannes: »Lieber zehn Minuten Angst als einen Monat arbeiten.« Im Jahr 1998, im Alter von 76 Jahren, stirbt Arnim Dahl in Wedel eines natürlichen Todes.

August

Sonntag, 1. August. Großer Preis von Europa auf dem Nürburgring. Es ist der erste Grand Prix nach dem Krieg auf einer deutschen Rennstrecke. 23 Boliden, 500 Kilometer, 4000 Kurven. Auch Bundespräsident Heuss ist da. Schon am Samstagnachmittag sind die Campingplätze im Ahrtal und der Vordereifel überfüllt. Alle Hotels und Pensionen sind ausgebucht. Noch nie hat der Nürburgring einen derartigen Zuschauerandrang erlebt. Es wird geschätzt, dass es an die 400 000 Menschen sind.

Die Silberpfeile sollen ihren Erfolg von Reims wiederholen. 1927, als der »Ring« eröffnet wurde, siegte einer der Pioniere des Mercedes-Stalles, Otto Merz. Im Juli 1939 war dann Schluss für die folgenden 15 Jahre. Mercedes-Pilot Juan Manuel Fangio im Mercedes-Silberpfeil führt in der Gesamtwertung mit deutlichem Vorsprung. Die Euphorie im Vorfeld ist groß.

Alles ist gespannt auf dieses Rennen. Doch in den Stunden vor dem Start ist es im »Tribünenhotel« an der Rennstrecke, in dem die Fahrer wohnen, totenstill. Kein lautes Wort wird gesprochen. Am Tag zuvor ist einer von ihnen, Onofre Marimón, auf dem Nürburgring gestorben. Der junge argentinische Fahrer mit dem Spitznamen Pinocchio verunglückte im Training tödlich. Als er in der schwer einsehbaren Abfahrt von Wehrseifen in Richtung Breidscheid abbremste, blockierte ein Vorderrad, der Monoposto (ein Einsitzer) hob ab, überschlug sich und preschte in die Bäume hinter der Kurve. Marimón wurde in seinem

Wagen erdrückt und starb noch am Unfallort. »Wie ein Schatten lag sein allzu früher Tod über diesem schweren Rennen«, schreibt Karl Kling später.

Ferrari-Fahrer Froilán González, sein Freund, weint. Marimóns Team Maserati zieht seine Fahrer zurück und reist zum Zeichen der Trauer noch in der Nacht ab. Doch das Rennen findet statt. The Show must go on.

Gefahren wird in drei Klassen. Ein besonderes Interesse gilt neben dem Hauptrennen den 1,5-Liter-Sportwagen. Hier sind die schnellen Porsches, Borgwards, die EMWs aus Eisenach und ein italienischer Osca zu sehen. Der Deutsche Hans Herrmann gewinnt dieses Rennen im Porsche. Einen Rundenrekord von 128 km/h im Schnitt schafft er auch noch.

Auch Kling hat ein gutes Gefühl für dieses Rennen. Er ist auf dieser Strecke zu Hause. Er kennt jede Kurve, weiß genau, wann er anschneiden muss. Sein Wagen geht gut. Bis in die Nacht vor dem letzten Training haben die Monteure noch am Wagen gearbeitet.

Doch dann macht Kling im Qualifying einen Unfall. Das heißt: Startnummer 19. Er startet aus der letzten Reihe. Die Aussichten sind dementsprechend gering. Zwar hat Kling ja eigentlich 500 Kilometer lang Zeit, die anderen zu überholen. Aber 18 Wagen liegen vor ihm, mit Spitzenpersonal am Steuer. Das wird ein hartes Stück Arbeit.

Fangio steht in der ersten Reihe rechts, neben ihm Mike Hawthorn im Ferrari und Stirling Moss im Maserati.

Los geht der Tanz. Schon in den ersten Sekunden liefern sich die Rivalen González und Fangio ein hartes Rennen. González mit Blitzstart, Platz 1. Moss fällt schon nach der ersten Runde aus, der Motor streikt. Jubelnd springen die Zuschauer von ihren Sitzen, als Fangio noch in der ersten Runde die Führung übernimmt. Kling fährt ein unfassbares Rennen. Nach sieben Runden liegt er schon auf Platz drei hinter Fangio und Hermann Lang. »Fang / Lang / Kling« zeigt die Tafel an. Nach acht Runden führen die drei Mercedes. González' Wagen – technisch nicht auf der Höhe von Mercedes – fällt nach und nach zurück. González wird seinen Wagen noch während des Rennens an den Fahrer Hawthorn abgeben.

In der zehnten Runde jagt Kling an Lang vorbei. Aber er hat noch nicht getankt. Der Stopp wird ihn zurückwerfen. Doch er tankt einfach nicht und überholt in der 15. Runde auch Fangio. Vom letzten auf den ersten Platz in 15 Runden.

Doch in der 18. Runde macht Klings Auto plötzlich Probleme, die Hinterachse. Er muss halten, er fällt zurück. »Erst Silverstone, und nun hier«, schreibt Kling später klagend. Nach 22 Runden fährt Fangio als Sieger ins Ziel vor Hawthorn/González und Trintignant. Kling wird noch Vierter. Als die Monteure später seinen Tank ausleeren, ist nur noch ein Viertelliter drin.

Im Kurhaus von Bad Neuenahr bekommen die Silberpfeil-Piloten wenige Tage später Ehrenpreise aus der Hand des Bundespräsidenten. Durch den Sieg auf dem Nürburgring ist Fangio bereits Weltmeister der Saison 1954.

* * *

Seit dem 1. August ist Otto John, bis dahin Präsident des Bundesamtes für Verfassungsschutz, offiziell im Ruhestand. Vieles liegt weiter im Dunkeln. DDR-Ministerpräsident Grotewohl teilt mit, dass man dem Herrn Dr. John Asylrecht gewährt habe. Angeblich dankt John in einem Schreiben den ostdeutschen Behörden. Grotewohl verliest das Schreiben in der Volkskammer, weil man »den Sensationen und dem Rätselraten in Bonn und der Welt ein Ende bereiten« wolle. John sei mit der Erkenntnis in die Ostzone geflüchtet, »dass es richtiger ist, das deutsche Volk vor einem volksfeindlichen Regime und Krieg zu schützen, als für den Schutz eines derartigen Regimes verantwortlich zu sein«. In Bonn wird die Rede Grotewohls als »Wiederholung der alten Platte« bezeichnet.

Schon Johns eigene Auslassungen kann Adenauer kaum ertragen. Und er reagiert. Am 6. August hält der Bundeskanzler ebenfalls eine Rundfunkansprache. »Lange, meine Zuhörer und Zuhörerinnen, hat nichts mehr so die Öffentlichkeit beschäftigt wie der Fall John. Der Übergang des Präsidenten (...) ist erschreckend«, sagt Adenauer, der nie einen Hehl daraus gemacht hat, dass er den Widerstandskämpfer John nicht besonders mag. Man solle John nicht glauben, wenn er behauptet, in Westdeutschland lebe der Nationalsozialismus wieder auf. Adenauer verbürgt sich persönlich dafür, dass das nicht der Fall sei und dass das auch nicht geschehen werde. Er warnt auch das Ausland, die Affäre John zum Anlass zu nehmen, die antideutsche Stimmung in ihren Ländern anzuheizen.

Aber man muss gar nicht ins Ausland schauen. In Deutschland geht ein Riss der öffentlichen Meinung durchs Land. Weil John zur Gruppe vom 20. Juli gehört, die Hitler 1944 töten wollte, gilt er vielen als untadeliger Held. Für die anderen ist er aber bloß ein Halunke, und das ist er immer schon gewesen. Die *Süddeutsche Zeitung* hält auf der Straße Passanten an und fragt sie nach der Affäre John. Jeder stellt andere Vermutungen an. Einer sagt, John habe »den deutschen Namen im Ausland geschändet«.

Ein anderer verlangt, dass die Öffentlichkeit unterrichtet wird, was wirklich in Bonn vor sich geht. Der Nächste spricht von einer »großen Blamage«, der Übernächste verteidigt John und zeigt Verständnis. Ein Rechtsanwalt aus dem Münchner Justizpalast sagt: »Verräter bleibt Verräter. Dieser Mann hat 1944 Hochverrat begangen, er hat es auf den Tag genau zehn Jahre später wieder getan.« Der nach ihm kommt, fragt: »Ist es wirklich Hochverrat, wenn jemand aus tiefster Überzeugung zur anderen Seite geht?« Eines ist allen Münchnern gemein: Die in Bonn san selbst schuld.

Die Sache ist aber vielleicht viel einfacher als man meint. Das Individuum John ist das Problem, wie *Die Zeit* analysiert. Er sei schwach, ein unsteter Geist, »der aus pathologischen Gründen seit langen Jahren keinen festen Kern eines Charakters mehr hatte, um mit Goethe zu reden«.

Adenauer lässt sich im Urlaub täglich von Vizekanzler Blücher und Innenminister Schröder den aktuellen Stand der Affäre berichten. Während Adenauer den Verfassungsschutz jetzt schleunigst reformieren will, kann sich Ostberlin gar nicht genug freuen über diesen Sieg. Und auch nationalsozialistische Kreise im Westen freut der Übertritt Johns, weil dieser nun sein wahres Gesicht zeige.

Am 11. August stellt sich Otto John auf einer Pressekonferenz in Ostberlin persönlich der Öffentlichkeit. Fast 300 Journalisten aus aller Welt sind da. Seine Rede lautet: »Warum ich in die DDR kam.« Er wiederholt seine Befürchtungen einer gefährlichen Entwicklung in Westdeutschland. Er sieht einen Krieg herannahen. Ein Feldzug gegen den Kommunismus sei bereits im Gange. In der Bundesrepublik habe es keine wirkliche Entnazifizierung gegeben. Auch in der Geheimorganisation Gehlen würden wieder ehemalige SS-Leute arbeiten. Und er nennt Namen. Dagegen würde »einem General von Gersdorff, der sich als Widerstandskämpfer bewährt hat, die Aufnahme im Amt Blank (Vorgängerbehörde des Bundesministeriums der Verteidigung, Anm. d. V.) versagt mit der Begründung, dass er ja zum 20. Juli gehöre.« Die *Frankfurter Rundschau*: »Leider ist das, was John an konkreten Beispielen neonazistischer Infiltration aufzählte, doch nicht ganz so substanzlos, wie man es in Bonn gern hinstellen möchte.«

Noch immer steht aber die Frage im Raum, ob John verschleppt worden ist und es nur in der Öffentlichkeit nicht zeigen darf, weil es ihm sonst an den Kragen geht. Gegenüber einem alten Bekannten, so berichten die Historiker Benjamin Carter Hett und Michael Wala in ihrem Buch *Otto John: Patriot oder Verräter. Eine deutsche Biografie*, äußert sich John in dieser Zeit etwas präziser. John trifft sich in Ostberlin mit Günther Gereke, einem ehemaligen CDU-Politiker, der wegen Adenauers kompromissloser Westbindung in die DDR übergesiedelt ist. John habe Gereke erzählt, er fühle sich wie ein Häftling der Sowjets. Eigentlich habe er nur einige DDR-Funktionäre treffen und dann in den Westen zurückkehren wollen. Nun aber werde er »wie ein Zirkus-Clown« herumgereicht und müsse alles Mögliche für die Sowjets machen. Diese Rolle hat er nicht gewollt.

Unterdessen begeht der amerikanische Geheimagent Höfer Selbstmord. Das Brisante daran ist, dass er ein Vertrauter Johns ist, die beiden kennen sich seit Kindertagen und treffen sich hin und wieder. Die amerikanischen Behörden versuchen, den Eindruck zu vermeiden, dass ein Zusammenhang zwischen Höfers Suizid und Johns Verschwinden besteht. Höfer habe an einer seelischen Depression gelitten, das hätten die Untersuchungen ergeben. John äußert sich dazu: Höfer habe ihm kürzlich gesagt, dass ihn seine Tätigkeit für den US-Geheimdienst anwidere, er könne das nicht mehr ertragen.

* * *

In Hamburg geht seit dem 3. August um 4.05 Uhr nichts mehr. Kein Fernzug, keine Regionalbahn verlässt mehr die Fahrzeughallen. Der öffentliche Dienst streikt. Hamburg steht still. Hunderttausende sind gezwungen, ihre Arbeitsstätten zu Fuß oder mit dem Fahrrad zu erreichen. Ein Notdienst von 255 Mann hält die eingeschränkte Wasserversorgung aufrecht. Die Hamburger füllen aber schon einmal vorsorglich ihre Badewannen und andere Gefäße mit Wasser. Das führt in der Stadt am Vorabend des Streiks zur größten Wasserentnahme seit dem Katastrophenbrand bei den Luftangriffen im Sommer 1943. Auch die Gaswerke laufen nur noch mit Notbesetzung. Industrielle Großverbraucher erhalten kein Gas mehr.

Die Gewerkschaft ÖTV verteilt Flugblätter in der Stadt, auf denen erklärt wird, dass sie leider kein anderes Mittel mehr sehe als den Streik, um ihre Forderungen durchzusetzen. Die Gewerkschaft will eine Lohnerhöhung von sechs Prozent und einen höheren Stundenlohn von zehn Pfennig. Die Angestellten wollen ihren Anteil abhaben am Aufschwung. Selbst die arbeitgeberfreundliche *Financial Times* meint, es scheine »einige Berechtigung für die Ansicht des deutschen Lohnempfängers zu bestehen, dass er ein größeres Stück vom nationalen Kuchen als bisher erhalten könnte«. Diese Meinung der *FT* könnte aber auch daraus resultieren, dass höhere Löhne die Exportstärke Deutschlands endlich einmal mindern würden. Denn im Ausland werden die deutschen Exportleistungen mit Argwohn beobachtet. Der neu erwachte Machthunger der Deutschen ist anderen Ländern suspekt.

Auch in Bayern wird nun gestreikt, alles Verhandeln hat nichts gebracht. 220 000 Metallarbeiter legen die Arbeit nieder. Siemens, MAN, BMW - nichts geht mehr. Laut dem Arbeitgeberverband VBM belaufen sich die Produktionsverluste im Land auf sechs bis sieben Millionen Mark pro Tag. Die Lage sei bedrohlich, das wirtschaftliche Leben nehme Schaden. Der Arbeitgebervorsitzende Eugen Bunzl habe »noch keinen so frivolen Streik« erlebt. Es ist der größte Streik, den Bayern je gesehen hat. Bayerns Ministerpräsident Ehard wirft die Frage auf, ob nicht politisch gesteuerte Kräfte jenseits des Eisernen Vorhangs dahintersteckten.

Die Polizei muss in München Arbeitswillige schützen. Streikposten werfen faule Eier. Vor einem Zweigwerk der Berliner Firma Siemens & Halske in München-Obersendling gehen bei Arbeitsbeginn 400 Polizisten gegen 1000 Streikende vor, die das Fabriktor belagern. Gummiknüppel sind in Gebrauch. Streikende, meist betriebsfremd, bespucken Frauen, die zur Arbeit wollen. In Weißenburg holen Streikposten Arbeiter am Bahnhof ab und begleiten sie durch die Stadt mit Schildern (»Hier läuft ein Streikbrecher«).

Am 13. August titeln die Zeitungen: »Hamburger atmen auf. Seit gestern Nachmittag normaler Verkehr«. Aber inzwischen sind viele weitere Gewerkschaften in den großen Streik eingestiegen. Die Angestellten im Bergbau fordern mehr Geld. Die Polizei in Hessen will gleich 20 Prozent mehr. Der Deutsche Gewerkschaftsbund verteidigt das Vorgehen. In anderen westlichen Ländern der Erde sei in den vergangenen Jahren viel mehr gestreikt worden, nur der Deutsche halte immer die Klappe. Die Ungerechtigkeit, dass vom »Wirtschaftswunder« nur wenige profitieren, solle endlich beendet werden.

Die Konservativen sind empört. Da wollen die Arbeiter doch glatt das schöne Wirtschaftswunder riskieren, alles bisher Erreichte zunichtemachen. Der Schriftsteller Erich Kästner schreibt 1954: »Als neulich einige Gewerkschaften in einigen Gebieten streikten, war man weithin entrüstet. Prestigezuwachs von außen erfordert sozialen Burgfrieden im Inneren.« Der Kampf für mehr Gerechtigkeit grenzt für manche in der Republik an Landesverrat.

Der FDP-Vorsitzende Thomas Dehler hält das Vorgehen der Gewerkschaften mindestens für »böswillig« und die Forderungen nach Lohnerhöhungen für »mutwillig«. Der DGB entgegnet gelassen, Dehler habe auch nicht dagegen gestimmt, als im Bundestag die Diäten erhöht worden seien.

Mitte August beruhigen sich die Streiks. Man sucht nach Kompromissen. Am 31. August einigen sich auch die bayerischen Metallarbeiter und die Industrie auf einen Vermittlungsvorschlag. Er beendet den dreiwöchigen Ausstand. Am Ende bekommen viele mehr Geld, wenn auch nicht das ursprünglich geforderte.

Das dauernde Gerede vom deutschen Wirtschaftswunder ärgert jene, die nicht dazugehören. Hier die feinen Schaufensterauslagen gewisser Großstadt-Luxusgeschäfte, dort die Riesenwohnblocks derjenigen, die gerade noch mit ihren Einkünften auskommen. Doch die Deutschen wollen sich etwas leisten. Ein Fahrrad, ein

Motorrad, vielleicht sogar einen Fernseher oder ein Automobil - Besitz vermittelt den Bürgern das Gefühl einer neuen Ära; die lästige, dunkle Vergangenheit ist endlich passé. Der Politiker Ludwig Erhard betitelt sein neuestes Werk: *Deutschlands Rückkehr auf den Weltmarkt.* Und die Banken kreieren den Werbespruch »Haste was, dann biste was«. Fünf Jahre später legt Erhard mit seinem bekannten Werk *Wohlstand für alle* selbstbewusst nach. Indes eine Wunschvorstellung, die sich bis heute nicht abzeichnet.

* * *

Der Gesamtverband der Versicherungswirtschaft klärt eine umstrittene und oft gestellte Frage zwischen Hauseigentümern und Mietern: Ob ein Moped in der Wohnung untergestellt werden darf? Ein Moped mit einem Hubraum von weniger als 50 Kubik gilt demnach nicht als Kraftfahrzeug und muss nach der Reichsgaragenordnung von 1939, die noch immer gilt, nicht in einer Garage abgestellt werden. Ob aber das Moped im Hausflur oder gar in der Wohnung untergestellt werden darf, ergibt sich aus der Polizeiverordnung über den Verkehr mit brennbaren Flüssigkeiten von 1930, die ebenfalls noch immer gilt. Danach darf im Haus kein Benzin von mehr als zwei Litern gelagert werden. Fasst der Tank eines Mopeds also weniger als zwei Liter, kann der Mieter sein Gefährt mit aufs Zimmer nehmen. Der Gesamtverband der Versicherungswirtschaft empfiehlt, das Moped möglichst weit vom Ofen entfernt abzustellen.

* * *

Deutsche Städte wollen Parkzeituhren einführen, wie es sie schon in den USA gibt. Dadurch soll der Unsitte des Dauerparkens Einhalt geboten werden. Es gibt auch immer mehr Autos, die sich die Parkplätze teilen müssen. Fast alle Städte klagen über Parkplatznot, weil der steigende Bedarf in der Stadtplanung nicht vorausgesehen worden war. Verbotsschilder und freundliche Hinweise der Verkehrspolizisten helfen hier nicht mehr.

Im August bekommen die Düsseldorfer »an Brennpunkten« 21 Parkuhren hingestellt. Die *Schwäbische Zeitung* klärt auf: »Diese Uhr wird am Rande von Hauptverkehrsstraßen aufgestellt und durch Einwurf einer Münze in Tätigkeit gesetzt. Der Apparat ist auf einer ca. 1,20 Meter hohen Säule angebracht und zeigt die zulässige Parkdauer an. Bei Einwurf der Münze setzt sich das Uhrwerk automatisch in Bewegung.« Die *Nordwest-Zeitung* bringt noch etwas Dramatik hinein: »Es beginnt laut zu ticken. Unerbittlich verrinnt die Parkzeit.«

Die ersten Parkuhren stehen seit Januar 1954 in Duisburg, eine Stunde für einen Groschen. Auch die Stadt Oldenburg bestellt sich ein Ansichtsexemplar. Eine rechtliche Handhabe, Autofahrer zum Bezahlen zu zwingen, gibt es 1954 noch nicht, erst 1956 wird die Straßenverkehrsordnung in dem Sinne geändert. Die erste Parkzeituhr weltweit ist jene aus dem Jahr 1935 in Oklahoma City, die den Namen »Schwarze Maria« trägt.

Eine andere Erfindung der Amerikaner ist noch nicht nach Europa geschwappt: Das gefürchtete Radargerät, das Verkehrssünder fotografisch festhält. In den USA wird es erstmals im September 1954 eingesetzt. Aber 1956 ist es dann (leider) auch hier soweit: Auf der

Polizeimesse Essen wird das erste Verkehrsradargerät vorgestellt.

***

Fritz Walter erhält Angebote aus dem Ausland. Der »Große Fritz« (*Bild*) könnte nach Spanien oder Italien gehen. Auch Racing Paris macht ein Angebot. Er könnte Millionen verdienen. Doch der eingefleischte Pfälzer will nicht. Stattdessen zieht er in den Ort Alsenborn, in die Wohnanlage Kahlenberg, knapp zehn Kilometer Luftlinie vom Betzenberg. Hier fühlt er sich wohl. Er will seine Ruhe haben, er will weit weg vom Trubel sein. Kein anderer Ort der Welt kann ihm das bieten, was Alsenborn ihm bietet. Er trainiert in dem Ort den SV Alsenborn.

Derweil lässt sich der neue Präsident des Weltfußballverbands Rodolphe Seeldrayers zur zurückliegenden WM aus. Er sagt zwar ausdrücklich, dass sich seine Erklärung »nicht gegen Deutschland richtet«, aber dann legt er los: Deutschland habe das Glück gehabt, mit Jugoslawien und Österreich leichte Gegner im Viertel- und im Halbfinale gehabt zu haben, während Ungarn gegen Brasilien und Uruguay sich schon stark verausgabt habe (»leicht groggy«). Ungarn hätte nicht verloren, wenn es nicht so gelaufen wäre vorher. Daher bleibe Ungarn für ihn die beste Mannschaft der Welt.

Auch kritisiert der Belgier den »taktischen Trick«, dass Deutschland in der Vorrunde gegen Ungarn mit einer »Reservemannschaft« angetreten ist. Es müsse in Zukunft unmöglich gemacht werden, den Sieg »durch Tricks und taktische Manöver zu erringen«. Seeldrayers verstirbt ein Jahr später im Amt.

* * *

Deutschland hat wieder eine Lufthansa. Die Hauptversammlung der Aktiengesellschaft für Luftverkehrsbedarf (Luftag) firmiert zur Deutschen Lufthansa AG um. Der Sitz ist Köln. Hinter dem Start steht die Hoffnung, dass Deutschland bald wieder die Lufthoheit erhält, damit die Fluglinie ihren Dienst aufnehmen kann. Im April 1955 soll es dann losgehen. Aus dieser Entscheidung wird einmal der größte Luftverkehrskonzern Europas entstehen und zu einem Symbol für die Bundesrepublik werden.

Die rasche Entscheidung in diesem Sommer für eine »Lufthansa« ist auch deshalb wichtig, weil Ostdeutschland den Begriff für ihre geplante Fluglinie ebenfalls verwenden möchte. Die Gründung einer »Deutschen Lufthansa der DDR« findet fast gleichzeitig statt. Diese startet im April 1955 und wird vom Sohn des Präsidenten, Arthur Pieck, geleitet. Die Namensgleichheit führt zu drastischen Auseinandersetzungen zwischen West und Ost. Letztlich gibt es die DDR-Lufthansa bis 1963, aber schon 1958 löst sie die neue »Interflug« ab.

Die westdeutsche Lufthansa bestellt noch im Sommer 1954 acht Flugzeuge aus den USA, vier zweimotorige Convair 340 für den europäischen und vier viermotorige Super-Constellations des US-Herstellers Lockheed. Die ersten vier Maschinen sollen wichtige westeuropäische Hauptstädte anfliegen. Sie werden schon im November 1954 von britischen Piloten nach Deutschland überführt. Die Super-Constellations sind für den Nordatlantik-

Verkehr gedacht. Für den ersten Linienflug über den Atlantik wird der einzige Überlebende des Junkers-Flugs von 1928, James Fitzmaurice, mitgenommen; das soll – trotz der etwas schrägen Analogie – dem Flug historische Tiefe verleihen. Zwei der Super-Constellations bringen im September 1955 Konrad Adenauer und seine Delegation nach Moskau, um diplomatische Beziehungen mit der Sowjetunion nach der Unterzeichnung der Pariser Verträge aufzunehmen, was einen großen Schritt hin zur Souveränität Deutschlands bedeutet.

Ursprünglich habe die Lufthansa, sagt Aufsichtsratschef Kurt Weigelt, 20 Maschinen bestellen wollen, doch das sei aus finanziellen Gründen nicht möglich. Dennoch wolle man längerfristig auf 20 Flugzeuge kommen, das sei der deutschen Verkehrspotenz sicher angemessen.

Lieber würden manche Deutsche Flugzeuge aus heimischer Produktion am Himmel sehen. Doch nach der langen Zwangspause ist die Industrie noch nicht so weit. Und die Politik ist skeptisch: Die Investitionen in ein Luftfahrtunternehmen seien wenig lohnend, wenn bloß zwei, drei Maschinen pro Jahr verkauft werden würden. Denn das Ausland werde eine wie auch immer geartete deutsche Luftfahrtindustrie sicherlich nicht unterstützen. Man wolle keine getarnte Luftwaffe, heißt es aus alliierten Kreisen. Und Adenauer will die EVG-Pläne nicht durch Spekulationen über eine Wiederaufrüstung durch die Hintertür gefährden.

Der geheimniskrämerische Bundeskanzler indes wahrt seine Interessen in diesem wichtigen Wirtschaftsbereich: Sein Sohn Max Adenauer wird stellvertretender Aufsichtsratschef der AG, sein Neffe Kurt Adenauer Geschäftsführer der Junkers Flugzeug- und Motorenwerke. Die Dienstwege sind kurz. Der Start der Lufthansa wird am Bundestag vorbei vollzogen.

Zunächst sitzen ausländische Piloten im Cockpit, die von deutschen Co-Piloten begleitet werden, damit sie alles lernen. Die ersten vier deutschen Piloten beginnen ihre Nachschulung noch im Juli in den USA. Sie sind erfahrene Flugkapitäne der alten Lufthansa, die es unter dem Namen schon vor dem Krieg gab.

Und für alle, denen das Fliegen nicht geheuer ist, hat der bekannte Fallschirmproduzent Richard Kohnke einen Vorschlag: Auf der Fallschirmtagung im Sommer 1954 plädiert er dafür, dass jeder Passagier eines Verkehrsflugzeuges einen Fallschirm mitzunehmen habe. Der Vorschlag läuft allerdings ins Leere. Es ist eine Luftnummer. Die Fallschirmfabrikanten werden ihre Absatzmöglichkeiten außerhalb der Verkehrsluftfahrt suchen müssen.

* * *

Die Aufmerksamkeit der politischen Welt richtet sich nun – nach dem Ende des Indochina-Krieges – auf die Wahl zur EVG. Die Abstimmung in der französischen Nationalversammlung wird für den 15. August erwartet, aber dann auf Ende August verschoben. »An Paris hängen Erfolg und Misserfolg von Bonn«, schreibt der Politiker Hans Georg Pfleiderer in der *Süddeutschen Zeitung*. Adenauer sagt seine lang geplante USA-Reise für August ab, weil er in Europa sein muss.

Mitte August kommt Frankreichs Ministerpräsident Mendès-France mit neuen Forderungen zur EVG um die Ecke. Fast war man am Ziel, jetzt muss das wieder neu verhandelt werden. Mendès-France will unter anderem eine

Kündigungsfrist und eine Art Vetorecht in den Vertrag einbauen lassen. Das löst erhebliche Aufregung aus. Alle müssen sich jetzt wieder treffen, binnen weniger Tage wird eine Konferenz in Brüssel organisiert. Alle Außenminister plus Mendès-France, der gleichzeitig Außenminister ist (wie Adenauer), fahren in die belgische Hauptstadt.

Adenauer sieht hinter den neuen Forderungen Frankreichs allein den Unwillen gegenüber den deutschen Zielen. Er glaubt nicht, das Mendès-France die EVG will. Die neuen Forderungen sind dazu da, alles krachend zum Einsturz zu bringen. Adenauer bangt um sein Lebenswerk.

* * *

Eine Frau soll künftig als Frau bezeichnet werden. Unverheiratete Frauen über 35 Jahre sollen kein Fräulein mehr sein. Diese Regelung soll, wie Bundesinnenminister Schröder dem Bundestag auf eine Anfrage der Deutschen Partei (DP) mitteilt, voraussichtlich auch für den amtlichen Sprachgebrauch gelten. 1955 verfügt Schröder, dass jede Frau in einer Behörde als Frau zu bezeichnen sei, wenn sie das möchte. Doch die Bundesrepublik wird noch 18 Jahre brauchen, bis das Fräulein gänzlich aus den Bundesbehörden verschwindet, erst 1972 verfügt das das Bundesinnenministerium.

Die Frau hat es nicht sehr leicht in diesen Zeiten. Ein neuer UN-Bericht behandelt zum Beispiel die Schwierigkeiten älterer, berufstätiger Frauen. Das Ergebnis einer UN-Studie aus dem Monat zeigt, dass Arbeitgeber die Auffassung vertreten, dass ältere Frauen über geringere physische und psychische Kräfte verfügen. Die Unternehmen sträuben sich dagegen, für ältere Frauen gleiche Sozialleistungen zu zahlen.

Eine repräsentative Umfrage unter 2700 Bundesbürgern im Mai 1954 will klären, ob das Volk bereit wäre, die Gleichberechtigung der Frau im Gesetz zu verankern. Das Ergebnis: 53 Prozent sagen dazu »ja«, 39 Prozent »nein«, der Rest weiß es nicht. Unter den Männern sprechen sich Angestellte mehrheitlich für die Gleichberechtigung aus, aber vor allem die Gruppe der Rentner ist dagegen. Wo kämen wir denn dahin, wenn jetzt jede ...?!

Die 1950er-Jahre sind keine Dekade der Gleichberechtigung. Ein Leitfaden von 1959 mahnt: »Worauf es ankommt: Ihrem Mann ein Heim schaffen, in dem er wirklich zu Hause ist, in das er nach des Tages Arbeit gern zurückkehrt.« Und eine einfühlsame Frau werde natürlich nicht gerade dann zur Handarbeit greifen, wenn ihr Mann etwas Wichtiges zu erzählen habe.

Es ist die Zeit der Restauration. Der Mann ist Alleinverdiener, er versorgt die Familie. Die Erfüllung der Frau ist das Kinderkriegen. Der 1953 berufene Bundesfamilienminister Franz-Josef Wuermeling, strenger Katholik, bescheinigt der Frauenarbeit allgemein einen »gemeinschaftszerstörenden Charakter«. Die Frau solle sich Heim, Ehemann und den Kindern widmen. Die Familie müsse gestärkt werden. Im September kündigt Wuermeling zinsverbilligte Darlehen für junge Ehepaare an.

* * *

Sie nennen ihn den »weißen Blitz«. 1954 wird der Sprinter Heinz Fütterer noch vor Fritz Walter und Hans Günter Winkler Sportler des Jahres, bei den Frauen die Schwimmerin Ursel Happe, in der DDR ist es Täve Schur auf dem Rad.

1954 ist für Fütterer eines der erfolgreichsten Jahre überhaupt. In diesem Sommer wird Fütterer Europameister sowohl über 100 als auch über 200 Meter. Er läuft Europarekord über 200 Meter mit 20,9 Sekunden. Der 200-Meter-Lauf findet nur eine halbe Stunde nach dem 100-Meter-Lauf statt. Später stellt er mit handgestoppten 10,2 Sekunden den Weltrekord des Amerikaners Jesse Owens über 100 Meter ein.

Überraschend wird Fütterer mit klarem Abstand vor Walter zum Sportler des Jahres gekürt. »Das kam für alle überraschend, auch für mich selbst«, erzählt Fütterer in der Rückschau in einem Interview mit leichtathletik.de. Die Zeremonie findet in einem Nebenzimmer in einem Karlsruher Hotel statt. Er soll ein Moped bekommen, darf es jedoch als Amateur nicht annehmen. Fütterer: »Stattdessen bekam ich dann ein Fahrrad.«

Neben der Ehrung zum Sportler des Jahres erhält der Badener, der als Schüler noch barfuß seine Runden lief, das Silberne Lorbeerblatt. Vier Jahre später beendet er seine Karriere, im Alter spielt er noch Golf, 2019 stirbt Fütterer mit 87 Jahren. »Der weiße Blitz« wurde er übrigens getauft, weil er sich 1954 in einem Sprint gegen drei afroamerikanische Sprinter durchsetzte.

Nicht minder erfolgreich Ursula Happe. Sie gewinnt in diesen Jahren fast alles, 1954 und 1956 wird sie zur Sportlerin des Jahres gewählt. Insgesamt gewinnt sie 18 deutsche Meistertitel in verschiedenen Disziplinen. 1960 ehrt die Dominikanische Republik (!) sie mit einer Briefmarke, Happe auf dem Startblock stehend. Noch mit über 90 Jahren zog Ursel, wie sie alle nennen, mehrmals wöchentlich ihre Bahnen. Im März 2021 stirbt sie, die Tochter eines Bademeisters, in Dortmund im Alter von 94 Jahren.

Aber an Täve Schur kommt keiner heran. Der Radrennfahrer wird neun Mal zum Sportler des Jahres erkoren, so oft wie kein anderer Sportler jemals. Er ist eine Legende. Schur wird von den Bürgern der DDR zum besten und populärsten Sportler aller Zeiten gewählt. Über ihn gibt es weit mehr Literatur als etwa über Fritz Walter, die Biografien, Anekdotensammlungen und andere Jubelarien stapeln sich.

Schur ist auch ein sozialistischer Musterschüler, ein Staatsrepräsentant, gar Abgeordneter der Volkskammer für die SED, später für die PDS. Heute, mit nunmehr 90 Jahren, gehört er der Partei Die Linke an.

* * *

KPD-Funktionäre leben in Westdeutschland gefährlich. Sie werden rigoros verfolgt. Wegen »Rädelsführerschaft in einer verfassungsfeindlichen Vereinigung« verurteilt der VI. Strafsenat des Bundesgerichtshofs in Karlsruhe den 37 Jahre alten Diplom-Ingenieur Oskar Neumann aus München und den 46 Jahre alten Bauingenieur Karl Nickel aus Wuppertal zu je drei Jahren Gefängnis. Ein dritter, der Kassenverwalter Emil Bechtle aus Reutlingen, bekommt acht Monate Haft.

Neumann und Dickel sind nach Ansicht der Richter Mitglied einer »Vereinigung, deren Tätigkeit auf Begehung strafbarer Handlungen gerichtet ist«. Außerdem hätten sie Bundeskanzler Adenauer beleidigt. Das Gericht hat Flugblätter und Schriften analysiert und Zeugen angehört. Neumann sagt den Richtern bei Prozessbeginn: »Es bedarf keiner östlichen Infiltration oder Fremdsteuerung, um den Willen nach Einheit und Souveränität und den Abscheu vor Spaltung und Krieg im deutschen Volk zu wecken.«

Bei der Urteilsverkündung sind die Angeklagten nicht dabei. Die beiden sind flüchtig. Sie lassen aber mitteilen, das Urteil eines politischen Sondergerichts mit befangenen Richtern werde von ihnen nicht anerkannt. Auch hier ist Dr. Geyer am Werk, der schon im Prozess um Reichel und Beyer im Mai konsequent wirkte. Geyer konstatiert, dass den beiden ein Hochverrat nicht vorgeworfen werden könne. Allerdings zeige sich in den Unterlagen, dass es um ein verfassungsfeindliches Projekt ging, das müsse auch Neumann und Dickel bewusst gewesen sein.

Für das *Neue Deutschland* ist es der »Schandprozess von Karlsruhe«, vom »Karlsruher Kriegsgerichtshof«. Wie jeden Tag arbeitet sich das Propagandablatt an Westdeutschland ab. Im Westen ist alles schlecht, im Osten alles gut. So einfach ist das.

* * *

Caterina Valente, Peter Alexander und Vico Torriani sind die Stars des Jahres. 1954 beginnen Radiostationen, Musik nach Hörerwünschen zu spielen. Die Fachzeitschrift *Der Automatenmarkt* bringt in dem Jahr erstmals Musikbox-Charts heraus, damit Musikbox-Aufsteller wissen, was die Kunden gern hören. Zwei Jahre später kommt die Jugendzeitschrift *Bravo* (»Die Zeitschrift für Film und Fernsehen«) auf den Markt und publiziert ebenfalls Hitlisten. (Den *Bravo*-Aufklärungsmediziner »Dr. Sommer« gibt es da noch nicht, der schreibt seine erhellenden Geschichtchen erst ab 1969.) Das erste *Bravo*-Cover trägt die etwas unverständliche Headline »Haben auch Marilyns Kurven geheiratet?« neben einem Bild von Marilyn Monroe. Die zu dem Zeitpunkt wohl bekannteste Frau der Welt hatte Anfang 1954 den eifersüchtigen Baseballstar Joe DiMaggio geheiratet. Die Ehe hält bis September 1954 - neun Monate.

1954 ist die Geburtsstunde der Fernseh- und Gesangsstars. Caterina Valente verzückt die Deutschen 1954 mit ihrem Hit »Ganz Paris träumt von der Liebe«. Sie ist jung und sie fasziniert. Caterina Valente wurde 1931 als jüngstes Kind des italienischen Artisten-Ehepaars Valente in Paris geboren, die Mutter war Musicalclown von Weltgeltung, sie soll 33 Instrumente beherrscht haben. Caterina trat schon mit fünf Jahren solo als Sängerin auf. Wegen ihrer vielen Auftritte mit der Familie kam sie nie dazu, eine Schule zu besuchen. Dennoch lernte sie nebenbei lesen und schreiben und spricht - durch die vielen Kontakte mit Artisten aus aller Welt - sechs Sprachen. Nach dem Zweiten Weltkrieg löste sie sich von der Familie, sie wollte auf eigenen Beinen stehen. In Hamburg verliebte sie sich in einen deutschen Jongleur und heiratete 1952. Ihren Durchbruch schaffte sie, als sie sich im November 1953 beim Südwestfunk als Sängerin vorstellte. Ihre erste Platte hieß *Istanbul*.

Ihren ersten Hit, der weltweit bekannt wird, hat sie 1954 mit »Malaguena«. In dem Jahr ist sie auch in ihrem ersten Spielfilm zu sehen: *Mannequins für Rio*. Im Rahmen eines UN-Projekts geht sie noch im gleichen Jahr auf Afrika-Tournee. »Die Valente« wird ein Bühnen- und Showstar. Allerdings hat sie zeit ihres Lebens im Ausland, vor allem in den USA, mehr Erfolg als in Deutschland.

Die Stars und Hits dieses Sommers: Lys Assia mit Fred Weyrich und den Peheiros und dem »Schweden-Mädel« - Platz 1 im Mai. Von Juni bis August an Platz 1 der deutschen Hitliste: Friedel Hensch und die Cyprys mit »Heideröslein«. Im September übernimmt Hans-Arno Simon: »Gib mir den Wodka, Anuschka«.

In den USA bringt dagegen Bill Haley »Rock Around the Clock« heraus, der 19 Jahre alte Elvis Presley läuft mit seiner Gitarre in der Hand in ein Tonstudio in Memphis und nimmt »That's All Right« auf. Musikexperten nennen 1954 als das Geburtsjahr des Rock'n'Roll. Aber die Bundesbürger brauchen noch ein bisschen Zeit.

* * *

An Spätzle und Zigarren wird es Heuss nicht mangeln. Der Bundespräsident geht in den Urlaub. Mit seinem silbergrauen Mercedes 300er Cabriolet mit dem polizeilichen Kennzeichen OL, gefahren vom Privatchauffeur Otto Maier, und einem Kofferraum voller lebenswichtiger Utensilien begibt er sich an den Fuß des Arbers in die Region Oberpfalz/Niederbayern. Er macht auf der Fahrt hier und da Station und lernt nicht wenige Bürgermeister kennen. Den Polizeikommissaren, die ihm auf Schritt und Tritt folgen und ganz schön unter Stress stehen, sagt er: »Ich werde Ihnen keine Sorgen machen.«

Nach dem vielen Händeschütteln ist er endlich an seinem Ziel und kann für eine Woche auf der Englburg in der Marktgemeinde Tittling verweilen, 25 Kilometer nördlich von Passau. Die Region ist nach der Hochwasserkatastrophe notleidend, daher geht Heuss nun dorthin.

»Mancher wird sich jetzt vielleicht sagen: ›Wo der Heuss hingeht, da kann ich auch hingehen.‹«

Seine Adresse: das »Sporthotel Brennes«. Dort begrüßen ihn drei kleine Mädchen mit Blümchen, die Gedichte aufsagen. Im Gepäck hat Heuss auch seine komplette Malerausrüstung. Ein Hobby, zu dem er gar nicht mehr kommt. Der Bayerische Wald soll ihm jetzt die Motive liefern.

Wenn er gerade einmal unbeaufsichtigt ist, umringen ihn Reporter und Fotografen. Heuss, die Freundlichkeit in Person, lässt alles mit sich machen. Zu einem Berichterstatter sagt er: »Sie müssen sich etwas auf die Seite stellen, damit ich auch noch mit aufs Bild komme.« Reporter mag er. Einst war er selbst Herausgeber der *Rhein-Neckar-Zeitung*.

Immer wieder holt ihn in diesem Urlaub die Arbeit ein, dauernde Anrufe aus Bonn, Pflichten ohne Ende. So unterzeichnet Heuss in Tittling den Beitritt der Bundesrepublik zum Genfer Rotkreuz-Abkommen. Etliche Repräsentationspflichten in den Orten des Bayerischen Waldes kommen dazu. Daher schafft der Bundespräsident zu seiner Betrübnis auch nur eine einzige Zeichnung vom Arber im ganzen Urlaub.

Nach ein paar Tagen deutet Heuss an, dass er auch gern einmal seine Ruhe hätte. Selbst auf die Toilette folgen ihm die Kinder. Sie müssen auch immer plötzlich dann, wenn er muss.

* * *

Der Prophet Jeremia wurde als Verräter betrachtet, Abraham Lincoln, der Befreier der Sklaven, wurde als Verräter betrachtet. Willy Brandt wurde nach seinem Kniefall von manchen als Volksverräter verunglimpft. Und die deutschen Offiziere, die versuchten, Deutschland von Hitler zu befreien, werden seitdem und noch immer als Verräter betrachtet. John kann nicht verstehen, dass der Mensch so ist, wie er ist.

Zunächst hält sich der Flüchtige in Potsdam im Schloss Ingenheim auf. In der Villa verhört die Volkspolizei Inhaftierte. Mitte August fliegt John dann nach Moskau und wird von dort in den Ferienort Gagra am Schwarzen Meer (im heutigen Abchasien) gebracht. Bis Dezember soll er dort in einer Villa wohnen bleiben.

* * *

Winnetou lebt. Der Sohn des Karl-May-Verlegers, Roland Schmid, bringt Mays berühmtestes Werk *Der Schatz im Silbersee* als abendfüllendes Stück auf die Freilichtbühne des Naturtheaters in Bad Segeberg bei Lübeck. Es wird geschossen und gekämpft, und am Ende gibt es einen spektakulären Sprung den Wasserfall hinab. 30 Schauspieler und 80 Statisten machen mit. Der Marterpfahl steht dort, an dem Winnetou und Old Shatterhand sterben sollen. Schüsse hallen durch die Schluchten, ein Blockhaus geht in Flammen auf. Vor allem für Kinder ein unvergessliches Ereignis. Am Ende rettet Winnetou den Schatz im Silbersee.

Die Aufführung am Kalkberg wird ein Evergreen für Greenhorns. Allein in der Saison 2016 sehen 366 000 Menschen das Abenteuer des Apachenhäuptlings.

* * *

Karlfranz Schmidt-Wittmack ist 40 Jahre alt und Betreiber eines Speditions- und Kohlengeschäfts in Hamburg. Zudem ist er CDU-Bundestagsabgeordneter. Und er ist der Mittelpunkt des nächsten Skandals: Am 21. August tritt auch Schmidt-Wittmack in die DDR über. Er hat für sich, seine Frau und seine Tochter um Asyl im Ostsektor gebeten. Im Ton der Selbstgefälligkeit lässt SED-Innenminister Stoph versichern, man habe Schmidt-Wittmack dieses Asyl gewährt. Der Landesverband der CDU Hamburg schließt ihren Kollegen tags drauf aus der Partei aus.

Es ist wieder ein Propagandasieg für den Osten. In einer Atmosphäre, in der womöglich der EVG-Vertrag scheitert, der Bundesverfassungsschutzpräsident in die DDR geht, die eigenen Landesgrenzen nicht klar sind (Stichwort Saarland), kommt die BRD-Flucht Schmidt-Wittmacks zur absoluten Unzeit. All das verstärkt die Verunsicherung der deutschen Bürger. Selbst der *Sunday Express* berichtet über Schmidt-Wittmack (»Neuer Dr. John«) und meint, in diesen Tagen entscheide sich gerade das Schicksal der geplanten EVG.

Dann meldet sich der Übergetretene selbst zu Wort. Auf einer Pressekonferenz in Ostberlin kritisiert Schmidt-Wittmack die Ein-Mann-Politik Adenauers und die geplante Remilitarisierung. Am Parlament vorbei würde der Bundeskanzler regieren. In wesentlichen Fragen entscheide nur er allein. Adenauer agiere zu viel im Geheimen. Schmidt-Wittmack sagt über sich, er stehe weiter zu den Grundsätzen der CDU, könne aber die Art der Politik in der Regierung nicht mehr akzeptieren. Indes habe sein Überlaufen nichts mit John zu tun, der Entschluss sei schon länger gefasst gewesen.

Seinen Freunden ist der Sinneswandel suspekt. Schmidt-Wittmack war im Zweiten Weltkrieg Offizier der Luftwaffe. Nach dem Krieg ging er in die Junge Union der CDU, betrieb nebenbei in Hamburg ein Kohlengeschäft, wurde 1953 Bundestagsabgeordneter. Eine Abneigung soll er gehabt haben gegen die Offiziere des 20. Juli, die versuchten, Hitler zu töten. Nach dem Krieg soll er Mitglied der »Undemokratischen Ersten Legion« gewesen sein, ein Geheimbund ehemaliger Nazidiplomaten, die ein neues, größeres Deutschland herbeisehnen. Um die »ersten Legionäre« ranken sich viele Geschichten, sie sollen gegen Kommunismus und gegen Klassenkampf, aber auch gegen den Egoismus der Parteien sein.

Für den Abgeordneten Franz Josef Strauß steht zweifellos fest, dass der Fall mit John zusammenhängt. Jetzt seien wenigstens alle Karten auf den Tisch gelegt. »Jeder, der ungesunde Nerven oder ein schlechtes Gewissen hat, wird sich jetzt selbst entlarven.« Die Regierung dementiert derweil, dass solche Wiederaufrüstungspläne existierten, wie Schmidt-Wittmack sie beschreibt. Es gebe auch keine Geheimabsprachen bezüglich der EVG.

Die *Nordwest-Zeitung* fragt sich, wie »ein solcher Mann« überhaupt Bundestagsabgeordneter werden konnte: »Erscheinungen wie Schmidt-Wittmack sind der Ausfluss von Kinderkrankheiten aus den Anfangsjahren der Parteien nach dem Zusammenbruch.« Er sei schlicht unfähig und hätte nie Politiker werden dürfen. Die *Frankfurter Allgemeine Zeitung* wundert sich dagegen, dass andere Abgeordnete Schmidt-Wittmack jetzt plötzlich als politische Null bezeichnen. Das Volk würde so glauben gemacht, dass gewählte Volksvertreter unfähig seien. Der doppelt so alte Adenauer sagt es vor Führern der Koalitionsfraktionen so: »Wir müssen uns vor den Berufsjugendlichen in der Jungen Union hüten.« Alt regiert.

Durch den Absprung Schmidt-Wittmacks verliert die CDU ihre absolute Mehrheit im Bundestag. Weil der CDU-/CSU-Fraktion nun eine Stimme für die absolute Mehrheit fehlt, muss sie kreativ werden, und diese Kreativität findet sich im Bundestagsabgeordneten Rudolf Meyer-Ronnenberg. Der Abgeordnete der BHE – der Umsiedlerpartei – siedelt um: von der BHE zur CDU/CSU. Das alte Machtgefüge ist wiederhergestellt.

Schmitt-Wittmack wird in dem gleichen Jahr noch das Buch *So geht es nicht weiter* herausbringen. In den Folgejahren arbeitet er als Politiker in der DDR. Zwei Jahre vor dem Fall der Berliner Mauer stirbt er.

* * *

Die Reichstagskuppel wird abgerissen. Das 300 Tonnen schwere Kuppelskelett muss weg, denn es ist gefährlich und abbruchreif wie eigentlich das ganze Gebäude. Von Bränden, Bomben und Granaten wurde es zur Ruine gemacht. Nach dem Brand im Jahr 1933 und schweren Schäden durch das Einrücken der Russen gleicht das Gebäude einem gigantischen Torso; es ist ein Mahnmal an vergangene schlechte Zeiten.

Der Reichstag hat auch keine politische Rolle mehr, er ist nur eine Requisite der Geschichte. Jakob Kaiser, der Bundesminister für gesamtdeutsche Fragen, würde an diesem Ort neben dem Brandenburger Tor am liebsten wieder ein deutsches Parlament sehen – wenn Deutschland denn wiedervereinigt werden würde. 37 Jahre später wird es soweit sein. Und das größte deutsche Parlamentsgebäude mit den Büros der Abgeordneten neben dem Reichstag heißt heute Jakob-Kaiser-Haus.

* * *

Der *Daily Mirror* sucht immer nach dem Schlechten im Deutschen. So auch bei Sportveranstaltungen. Das Revolverblatt beschäftigt eigens Reporter, die deutsche Sportler bei Turnieren auf Schritt und Tritt verfolgen. Bei den Europäischen Leichtathletikmeisterschaften in Bern sind die deutschen Athleten aber dermaßen zurückhaltend, dass sich einfach nichts finden lässt. Doch als der Erfolgssprinter Heinz Fütterer nach seinem starken 100-Meter-Lauf glücklich dem Publikum zuwinkt, haben sie ihren Skandal: Das war ein Nazi-Gruß! Die Deutschen sind allesamt unverbesserliche Faschisten! Da haben wir es wieder! Mit dieser Story ist die Auflage für den Tag gerettet.

* * *

Im Bayerischen Landtag ist die Stimmung nicht gut. Eine Landtagsdebatte artet aus, es kommt fast zu Tätlichkeiten. Es geht um das »Gesetz zur politischen Befreiung«. Es soll nun abgeschafft werden, was bedeutet, dass die Entnazifizierung offiziell zu Ende gehen würde. Man möchte das endlich gern ad acta legen.

Der Abgeordnete der Bayernpartei, Max von Klotz, hält nun eine Rede, dass sich die Balken des Maximilianeums biegen. Entnazifizierung sei überhaupt überflüssig, weil nicht alle prominenten Nationalsozialisten Verbrecher gewesen seien. Der CSU wirft er vor, »Erzeuger dieser

Missgeburt« - also des entsprechenden Gesetzes - zu sein. In Richtung SPD sagt Klotz, hier regiere noch immer der Geist des Hasses von denen, die »im Dritten Reich vielleicht nicht an die Futterkrippe gekommen« sind. Da kommt es zu Tumulten. Zahlreiche Abgeordnete springen von ihren Sitzen auf und bewegen sich Richtung Rednerpult. Zwischenrufe, Beschimpfungen, drohende Fäuste. Der Schriftführer des Präsidiums, Fritz Gräßler von der SPD, stellt sich noch schützend vor Klotz und verhindert Schlimmeres. Landtagspräsident Alois Hundhammer, später einmal stellvertretender Ministerpräsident des Freistaats, erklärt die Sitzung schleunigst für geschlossen.

Jener Klotz, einst Jagdflieger und Fallschirmjäger und Spross einer Geigenbauerfamilie, wird sich einige Jahre später in der Spielbankaffäre vor Gericht verantworten müssen. Klotz soll die Hand aufgehalten haben. Er scheidet 1958 aus dem Landtag aus. 1959 wird er wegen Meineids verurteilt.

Am Ende wird das Abschlussgesetz gebilligt. Die Entnazifizierung wird in Bayern noch bis zum 31. März 1955 fortgesetzt. An diesem Tag beenden die letzten Spruchkammern ihre Tätigkeit.

* * *

Der 30. August ist ein Schicksalstag. Adenauer ist noch auf Kur auf der Bühlerhöhe, als ihn die Nachricht vom Scheitern der EVG erreicht. Die französische Nationalversammlung bringt das Projekt zu Fall. 329 Abgeordnete stimmen dagegen, 264 dafür, zwölf enthalten sich. Zum Schluss der entscheidenden Parlamentssitzung in Paris singen Gaullisten und Kommunisten einträchtig die Marseillaise. Le jour de gloire est arrivé.

Der amerikanische Außenminister John Foster Dulles nennt es ein betrübliches Ergebnis. Dulles erinnert daran, dass die US-Politik nach Kriegsende darauf ausgerichtet worden ist, dass Europa einmal eine Einheit werden solle. Europa als Gegengewicht zur UdSSR. »Es ist eine Tragödie, dass sich die Nationalversammlung mit der Unterstützung des Kommunismus in einem Land so durchgesetzt hat, dass das ganze Europa gefährdet ist«, sagt Dulles.

Der Bundeskanzler soll, als er vom Scheitern gehört hat, zwei Tage lang nicht gesprochen haben. Es sei seine »bitterste Enttäuschung« gewesen, wie Adenauer später einmal sagen wird. Es ist der Traum des greisen Kanzlers, Deutschland in Europa einzubinden. Durch das Scheitern sieht Adenauer nun sein ganzes bisheriges Werk zerstört. Er will gar als Bundeskanzler zurücktreten. Doch das ist nur ein flüchtiger Gedanke im Affekt.

Und Adenauer lässt seine Bemühungen auch nicht bleiben. Nach dem kurzen Schock kämpft er weiter. Der neue Plan: die NATO. Die Briten lassen den Kanzler gleich wissen, sie würden Deutschland als Mitglied der Nordatlantikpakt-Organisation akzeptieren. Das ist doch eine Alternative. Vielleicht nimmt sein Urlaub doch noch ein versöhnliches Ende.

September

Der ehemalige Oberleutnant Hans Hellmut Kirst verdingte sich nach dem Krieg als Gelegenheitsarbeiter. Er war Straßenarbeiter und Gärtner – bis er mit dem Schreiben anfing. Jetzt hat Kirst seinen ersten Roman im Handel: *Die abenteuerliche Revolte des Gefreiten Asch*, auch bekannt als *08/15*. Und es ist in diesem Jahr ein Bestseller ohne Konkurrenz. *08/15* wird in 28 Sprachen übersetzt und weltweit gelesen. Später legt der Schriftsteller zwei Fortsetzungen nach und vollendet damit seine Roman-Trilogie.

Das Buch beschreibt die Auswüchse des Militärs und den blinden Gehorsam der Soldaten aus der Sicht eines Gefreiten. Die Typenbezeichnung 08/15 steht für ein in Massenproduktion hergestelltes Maschinengewehr, das nicht viel taugt. 08/15 wird in den folgenden Jahrzehnten in der Bundesrepublik zu einem geflügelten Wort für alles, was Durchschnitt ist.

Der erste Teil, Aschs abenteuerliche Revolte, sei der ursprünglichste und beste Roman, urteilen Kritiker. »Vielleicht hätte ich die anderen nicht schreiben sollen«, wird Kirst später einmal selbst sagen. Die *Schwäbische Zeitung* ist auch vom Erstwerk wenig überzeugt: »Literarisch betrachtet ist das Buch eine Niete (…), schon der Stil des Herrn Kirst geht einem auf die Nerven.« Die Zeitung nennt den Schriftsteller einen »Gartenzwerg«, wofür sie sich eine Menge wütende Leserbriefe von Kirst-Fans einhandelt. Ein ehemaliger Unteroffizier möchte, so schreibt er in seinem Leserbrief, den Autor der Glosse 60 Minuten durch die Sch... ziehen, wie es in dem Roman der Wachtmeister Placek mit dem armen Kanonier Vierbein tut.

Und den Film zum Buch gibt es jetzt auch. Im September 1954 läuft in den bundesdeutschen Kinos *08/15* an und wird gleich ein Publikumserfolg. In der Hauptrolle als Gefreiter Herbert Asch ist der damals noch unbekannte Joachim Fuchsberger zu sehen. Der junge Schauspieler hält bei der Erstaufführung am Münchner Stachus die Premierenrede, Mario Adorf sitzt in der zweiten Reihe und ist restlos begeistert. Für Fuchsberger ist *08/15* der Beginn einer langen Karriere in Film und Fernsehen.

Die Kinos werden regelrecht gestürmt. Mit dem unbekannten Gefreiten Asch können sich Millionen Menschen identifizieren. »Deutschland lachte über die Figuren Asch, Kowalski und Vierbein, die die komischen Abenteuer auf dem Kasernenhof und in den Stuben zu überleben versuchten, indem sie die oft absurden Heeresdienstvorschriften gegen diejenigen ausspielen, die sie damit bis zur Verzweiflung malträtieren«, schreibt Fuchsberger in seiner Autobiografie *Denn erstens kommt es anders ...*.

Aber für die Kritiker ist der Film zu anekdotenhaft, zu ulkig und zu unpolitisch, »um als ernstzunehmende Abrechnung mit dem preußischen Kommiß unter Hitler gelten zu können«, urteilt das *Handbuch V der katholischen Filmkritik*. Auch Kirst selbst wird von den Kritikern nicht geliebt. Er sei ein Populärliterat und Trivialautor mit durchschnittlicher sprachlicher Begabung. Dafür hat er aber viel Erfolg.

Auch der bayerische Politiker Franz Josef Strauß hat mit Kirst ein Hühnchen zu rupfen. Kirst und Strauß lernten sich vor fast zehn Jahren kennen, als sie zusammen in der Flak-Artillerie-Schule IV in Altenstadt bei Schongau waren. Es ist eine wenig freundschaftliche Beziehung. Es wird jetzt viel über die Feindschaft Strauß-Kirst geschrieben, es kursieren Geschichten in allen Variationen. Kirst soll Nazi bis zum Schluss gewesen sein und bis Kriegsende sinnlose Durchhalteparolen ausgegeben haben. Kirst, so sagt es Strauß laut *Die Zeit*, habe noch im April 1945 drei Offiziere aufhängen lassen wollen, die zu keinem Widerstand mehr bereit waren. *Die Zeit* muss danach allerdings abdrucken, dass Kirst weder Nazispitzel gewesen sei, noch dass er in jenem April 1945 andere habe aufhängen lassen wollen. Wie es gewesen ist - keiner weiß es.

Strauß kauft Kirst seine armeekritischen Romane nicht ab. Der Sonderminister ohne Verantwortungsbereich habe Material gegen den Schriftsteller sammeln lassen, schreibt Thomas Schuler in seiner Strauß-Biografie. Der CSU-Politiker spekuliert zu dem Zeitpunkt auf den Posten als Verteidigungsminister, er möchte das Militär wieder aufbauen, da braucht er keinen, der alles kaputtschreibt. 1954 ruft Strauß den Buchhandel zum Boykott von *08/15* auf, weil das Werk einen »wehrkraftzersetzenden« Einfluss habe. Beste Werbung für Kirsts Buch. Kirst nennt sich selbst einen konservativen Liberalen mit sozialistischem Einschlag. Das ist nichts für Strauß. Die beiden bekriegen sich vor Gericht weiter.

Zurück zu Fuchsberger. Hannes Obermaier alias »Der Hunter«, der erste und damals berühmteste Klatschkolumnist Deutschlands, der für die Münchner *Abendzeitung* schreibt, lädt den Schauspieler zu einem Spaziergang durch München ein. Es ist kein normaler Spaziergang. Sie streifen in Wehrmachtsuniform durch die Innenstadt.

Für den Film mag dies gute Werbung sein, aber es ist auch ein recht gewagtes Vorhaben. So viel Humor muss man erstmal haben.

Am Stachus sprechen die beiden einen Polizisten an. »Verzeihung, Herr Polizist, können Sie uns sagen, wo sich die Meldestelle für Fronturlauber befindet?« Der Polizist erwidert in nichtbayerischem Dialekt. »Tut mir leid, Kameraden, ich bin selber ortsfremd.«

Sie ziehen weiter durch die Bars in der Schillerstraße beim Hauptbahnhof. Mit den GIs gibt es schnell Ärger, auch, weil ihre Mädchen nun dem jungen Fuchsberger schöne Augen machen. Als die amerikanischen Soldaten sie schon am Kragen haben, zückt Obermaier den Presseausweis und erklärt die Situation. Sie erklären ihnen auch, was »08/15« bedeutet. Obermaier vergleicht es mit dem Begriff SNAFU und da lachen die GIs. Im Amerikanischen steht SNAFU für »Situation normal - all is fucked up«; zu deutsch etwa: Lage normal, alles ist im Arsch.

Im Hofbräuhaus am Platzl kommt es zum Höhepunkt des Tages. Sie bekommen beim Schaulaufen Applaus, die Kapelle spielt einen Marsch aus alten Zeiten. Das reicht dann nun, die Polizei kommt und nimmt die beiden fest. Der Spuk hat ein Ende.

* * *

Stadtbewohner sind sich einig, dass es so nicht weitergehen kann. Gemeint ist der steigende Lärmpegel durch die zunehmende Motorisierung im Land. In Westdeutschland fahren in jenem Sommer rund zwei Millionen Roller und Motorräder, der Bestand der Automobile liegt bei rund einer Million. (Der Dieselpreis je Liter liegt bei

38 Pfennig.) Heute sind es rund 67 Millionen Pkw in ganz Deutschland.

Lärm ist der neue Fluch des Menschen. Nerven- und Magenleiden sehen Medizinexperten mittlerweile auch als »Lärmkrankheiten« an. Eine Umfrage des Deutschen Arbeitsrings für Lärmbekämpfung - ja, den gibt es tatsächlich schon - zeigt, dass 17,5 Millionen Menschen in Westdeutschland an Lärm leiden. Die Krankheiten nehmen zu, das Hören wird schlechter. Die bange Frage lautet: Ist Schlafen in Mietwohnungen an Straßen in Zukunft noch möglich? Denn schalldichte Fenster sind noch lange unbekannt.

Lärm ist nicht nur ein deutsches Phänomen. Der Pariser Polizeipräfekt André Dubois startet einen regelrechten Antilärm-Feldzug. Er geht gegen nächtliche, angeheiterte Gruppen genauso vor wie gegen die Sänger am Ufer der Seine. Romantiker sind entsetzt: Dubois will Paris zum Schweigen bringen.

Der Lärm-Alarm gilt in Deutschland aber keineswegs nur für Großstädter. Denn Menschen auf dem Land seien genauso davon geplagt, wenn die Mähdrescher und anderes Gewerk im Einsatz sind. Früher waren sie leiser, aber mittlerweile hat alles einen Motor, nichts wird mehr von Hand erledigt. Und wenn die Ära des Luftverkehrs erst einmal voll einsetzt, wird es noch um ein Vielfaches schlimmer.

* * *

Bei schönstem Spätsommerwetter durchschwimmen zwei Frauen den Königssee in seiner Längsachse, von St. Bartholomä bis zur Ortschaft Königssee. Die Schneiderin Rosa Schulz, 51, aus Berchtesgaden und das Fräulein Hermine Berger brauchen drei Stunden und 20 Minuten dafür. Der See ist kalt und heimtückisch und hat mit einer durchschnittlichen Tiefe von 210 Metern viele gefährliche Tiefenströmungen. Hermine, Tochter des Kraftführers Anton Berger und Kollegin von Rosa Schulz in einem Betrieb für Dirndl-Kleider, bekommt für diese Leistung den »Großen Totenkopf« für dreistündiges Schwimmen.

Die Temperatur des Wassers, 16 Grad, habe ihr am meisten zu schaffen gemacht, sagt sie später. Ein Boot begleitet die beiden Schwimmerinnen während der Durchquerung, ein Akkordeonspieler spielt die ganze Zeit auf seinem Instrument, um die Frauen bei Laune zu halten.

* * *

Carl J. Burckhardt, der als Diplomat und Rot-Kreuz-Funktionär viel Gutes getan hat, bekommt in Frankfurt am Main den Friedenspreis. 1923 war der Schweizer in der Türkei, um die Gefangenen des Griechisch-Türkischen Krieges aus dem Land zu holen. In den 1930er-Jahren schrieb Burckhardt Berichte über deutsche Konzentrationslager. Himmler selbst hatte die Idee dazu, dass ein Unabhängiger einmal die schönen KZs anschauen möge, es sei ja alles gar nicht so schlimm. Aber Burckhardt nahm die Sache ernster, als es Himmler lieb war. In seinem damaligen Bericht verwies Burckhardt auf Friedrich Schillers Novelle *Der Verbrecher aus verlorener Ehre.* Als der Schiller-Verehrer Hitler das hörte, las er die Burckhardtschen Berichte. Noch im Frühjahr 1945 verhandelte Burckhardt mit Himmler, um die Insassen der KZs zu entlassen.

Die Laudatio auf Burckhardt hält nun Bundespräsident Heuss. Er spricht über dessen Reiseberichte in orientalische Länder, sagt aber gleich an die Medien gerichtet: »Bescheidene Bitte an die Presse: keine Headlines ›Heuss vergleicht Carl Burckhardt mit Karl May!‹« Die Jury nennt Burckhardt einen Humanisten und Helfer der leidenden Menschheit.

* * *

Der Gartenbauarchitekt Max S. erschießt sich in Krefeld. Auf seinem Haus lastet eine Zwangshypothek von 8000 Mark. Der Transportunternehmer B., der zwei Lastwagen besitzt, von denen er einen selbst fährt, unternimmt einen Selbstmordversuch mit Leuchtgas, kann aber gerettet werden. Das Steueramt hatte ihn zuvor unter Druck gesetzt.

Der Bund der Steuerzahler fordert den Bundestag nun auf, sich mit den Steuerselbstmorden zu befassen. Der Interessenverband spricht von einem dramatischen Kampf der Finanzämter gegen Steuerzahler, der zu diesen Suiziden führe. Drohungen und Rücksichtslosigkeiten werden den Beamten vorgeworfen. Die aber sagen, sie täten nur ihre Pflicht.

Ohnehin ist es eine Ära der Selbstmorde. 1953 sind es in Westdeutschland 6800. Die Hauptmotive seien, schreibt der *Mannheimer Morgen,* »Schwermut und wirtschaftliche Not«. Die Statistiker entdecken unter anderem, dass in München mehr Selbstmorde verübt werden als in Nürnberg, Fürth, Augsburg und Regensburg zusammen. Die Suizidalen sind meist zwischen 40 und 50 Jahre alt und männlich. In Bayern sind es im Schnitt fast fünf am Tag. Die meisten Selbstmorde werden im Monat Juni verübt. Rund die Hälfte nutzt den Strick. Ein Viertel zieht das Vergiften vor. Sich überfahren lassen kommt dagegen nur selten vor.

Die Steuer scheidet aber nicht nur, sie verbindet auch: In Deutschland grassiert die Heiratsepidemie. Die Standesämter sehen sich einem wahren Ansturm von Heiratswilligen ausgesetzt. Im August haben sich allein in München 1535 Paare getraut, das sind rund 400 mehr als im Vorjahresmonat. Die Juweliere verzeichnen eine Hochkonjunktur beim Absatz von Eheringen.

Ist 1954 der Summer of Love ausgebrochen? Die Standesbeamten haben eine andere Erklärung: die bevorstehende Steuerermäßigung. Denn nach Paragraf 32 Absatz 3 des neuen Steuergesetzes bekommt jeder, der bei Jahresabschluss länger als vier Monate verheiratet ist und vorher in Steuerklasse I war, rückwirkend für das ganze Jahr die niedrigere Steuerklasse II zugebilligt. Offenbar ein Geschäft, das sich lohnt. Und für das man heiratet.

* * *

»Lieber nicht Motorrad fahren, als auf das gute, bayerische Bier verzichten«, sagt der Regierungspräsident von Mittelfranken Hans Schregle (SPD) bei einer Rede auf der Hopfenpflanzerversammlung im fränkischen Spalt. Er wendet sich damit gegen die »Ersatzgetränke«, die jetzt wegen der zunehmenden Motorisierung der Bevölkerung immer öfter ausgeschenkt werden. Das ist ein Unding für den Regierungspräsidenten.

Schregle hatte immer schon eine gesunde Meinung. Früh stellte er sich Anfang der 1930er-Jahre gegen die aufkommenden Nationalsozialisten. Im Juni 1931 veröffentlichte er einen Artikel im *Erlanger Volksblatt* mit der Überschrift »Hitler-Narkose und was dahintersteckt«.

Wer indes glaubt, die Deutschen seien die fleißigsten Biertrinker der Welt, der irrt. Im Bierverbrauch je Kopf der Bevölkerung steht im Kalenderjahr 1953 – die Studie wird von der britischen Fachzeitschrift *Brewing Trade Review* im Sommer 1954 veröffentlicht – Belgien mit Abstand an der Spitze. Im Schnitt schüttet jeder Belgier 140 Liter Bier im Jahr in sich hinein, Frauen und Kinder mit eingerechnet. Die Briten, die früher die Spitzenposition innehatten, fallen auf den vierten Rang zurück; womöglich eine Konsequenz aus der neuen Biersteuer.

Westdeutschland steht nur an neunter Stelle. Die Branchenexperten sind sich aber sicher, dass die Bürger in der Bundesrepublik im Ranking im Zuge des zunehmenden Wohlstands aufholen werden. In einer Umfrage geben die Bürger an, dass sie mehr Bier trinken wollten, sobald sich ihre finanzielle Lage bessert.

* * *

Volle Ränge beim Großen Preis von Italien. Alle kommen nach Monza, auch, weil sie erstmals den neuen Lancia-Wagen sehen wollen. Doch die Italiener werden enttäuscht, Lancia tritt nicht an, tritt dieses Jahr gar nicht mehr an. Dafür können die Italiener Alberto Ascari im Ferrari bewundern. 200 000 Zuschauer sind vor Ort, für ein Rennen, das die Fachwelt mit Spannung erwartet.

Ascari und Fangio, Ferrari gegen Mercedes, liefern sich ein spannendes Duell. Mal ist der eine vorn, mal der andere. Auch González und Moss halten mit. Es ist ein offenes Rennen. Doch dann fällt Ascari in der 42. Runde aus.

Moss übernimmt die Führung. Aber auch ihn ereilt bald das Schicksal der Technik. Am Ende gewinnt der bereits feststehende Weltmeister: Fangio. Er fährt eine Durchschnittszeit von 180,2 Kilometer pro Stunde. Zweiter wird Hawthorn im Ferrari - mit einer ganzen Runde Rückstand (er hat zwischenzeitlich Ölverluste und muss in die Box). Mit dem Eintritt von Mercedes in den Formel-1-Zirkus hat sich die Lage völlig verändert. Die Italiener sind 1954 nicht mehr die Platzhirsche. Die Zeit der Alleinherrschaft ist vorbei.

Ascaris Leben endet kein Jahr später tragisch. Der Milanese stirbt am 26. Mai 1955 bei einem Unfall in Monza. Er testet privat einen Ferrari-Sportwagen auf der Rennstrecke, als er aus ungeklärter Ursache von der Bahn abkommt. Als er in Mailand zu Grabe getragen wird, stehen Tausende Spalier.

* * *

Der Bundeskanzler tritt die Flucht nach vorne an. Auf der »Bühlerhöhe« kommt das Kabinett zusammen und beschließt unter Adenauers Vorsitz zwei Ziele: volle Souveränität und Wehrhoheit. »Es ist Zeichen von gesunder Lebenskraft des politischen Willens im Westen, wenn er sich nicht lange aufhält mit Klagerufen über die französische Entscheidung vom 30. August«, schreibt die *Frankfurter Allgemeine Zeitung*.

Adenauer geht davon aus, so oder so die Souveränität für die Bundesrepublik wiederzuerlangen, vielleicht zunächst ohne Wehrhoheit. »Zu der erwiesenen politischen Mündigkeit der Bundesrepublik passt kein Besatzungsstatut«, sagt der Bundeskanzler im Nordwestdeutschen Rundfunk. Dazu passe allein die Souveränität.

* * *

Der langjährige Korrespondent der *New York Times*, Harrison Salisbury, behauptet, Stalin sei im Jahr zuvor keines natürlichen Todes gestorben. Er kann einen Mord nicht nachweisen, aber alles spreche dafür. Das ist die steile These, die für eine ganze Artikelserie in der *New York Times* reicht. Stalin sei dem Wahnsinn nahe gewesen, er habe alle führenden Politiker des Landes liquidieren wollen. Jeder im Politbüro habe um sein Leben fürchten müssen. Im Februar 1953 sei die Angst vor einer Säuberung gewachsen. Für alle in seiner Umgebung habe es nur eine Lösung gegeben: Stalin muss sterben. Und dann haben sie ihn beseitigt.

Die offiziellen Fakten hingegen lauten so: Am 1. März 1953 hatte Stalin in seiner Datscha in der Stadt Kunzewo bei Moskau einen Schlaganfall erlitten. Ein paar Tage lebte Stalin noch, am 5. März war es dann vorbei.

* * *

Hunderte Neugierige tummeln sich vor dem Mainzer Gerichtsgebäude. Die dreifache Giftmörderin Christa L. aus Worms steht vor Gericht. Ihr wird unter anderem zur Last gelegt, ihre Freundin Anni H. mit einer vergifteten Praline getötet zu haben. Die Anklage lautet aber »*versuchter* Mord in Einheit mit fahrlässiger Tötung«, denn die Praline galt der Mutter der Freundin.

Und das ist nicht alles: Zweimal wegen Mordes ist Christa L. außerdem angeklagt, weil sie ihren Ehemann und ihren Schwiegervater mit einem Pflanzenschutzmittel vergiftet hat. Das Innenministerium des Landes Rheinland-Pfalz hatte die Presse vor Beginn der Verhandlung gebeten, dass Giftmittel E 605 nicht zu nennen, um so Nachahmer verhindern zu können.

Nun steht Christa L. fast gleichgültig da, in lässiger Haltung, und schildert ihr Leben. Zweieinhalb Stunden erzählt sie. Sie gibt unumwunden zu, die drei Taten begangen zu haben. Allerdings versucht sie, die Dinge zu beschönigen. Nur die Frage nach dem Warum kann Christa L. nicht beantworten. Sie wisse nicht, warum sie es getan habe, sie sei »irgendwie einem inneren Trieb gefolgt«.

Fast wäre ihr kleiner Sohn an der Praline gestorben, wie Christa L. nun schildert. Die vergiftete Süßigkeit war plötzlich aus dem Küchenschrank verschwunden. Das konnte nur der Sohn gewesen sein, der schon auf dem Schulweg war. Die Mutter lief ihm hinterher, und tatsächlich hatte er die Praline, aber er hatte sie noch nicht gegessen. »Es war dies wie eine Fügung!«, sagt sie vor Gericht. Dennoch warf sie die Praline nicht weg, sondern trieb ihr Unwesen weiter.

Christa L. bekommt drei Mal lebenslänglich, ihre bürgerlichen Ehrenrechte werden ihr aberkannt. Sie habe aus niederen Beweggründen gehandelt, wie der Staatsanwalt es beschreibt. Ihren Mann wollte sie loswerden, weil er ein häuslicher Störenfried war. Und der Schwiegervater habe sie dauernd ermahnt und ihren lockeren Lebenswandel kritisiert. Der Marburger Psychiater Professor Langelüddeke sagt vor Gericht, die Angeklagte sei eine völlig gefühlskalte, selbstsüchtige Person.

Bescheiden ist Fritz Walter immer geblieben. Den ganzen Tumult um seine Person hasst er. Ein ruhiger Ästhet auf dem Platz wollte er immer sein, mehr nicht. Wegen des 4. Juli aber gehört er nun zum nationalen Eigentum. Unser Fritz!

Doch der Ruhm von gestern bringt ihm nicht viel. Und das Interesse am Fußball geht nach der WM-Euphorie wieder zurück. Erst viele Jahre später erlangt die WM von 1954 den Kultstatus, den es heute hat. Von Jubiläum zu Jubiläum wird das Ereignis größer gefeiert.

Viele der Weltmeister gehen nach dem Ende ihrer Kickerkarriere wieder ihren eigentlichen Beschäftigungen nach oder suchen sich etwas Neues. Hans Schäfer wird Praktikant in der Parfümerieabteilung einer Kaufhof-Filiale in Köln, später betreibt er eine Tankstelle an der Dürener Straße. Ende der 1960er-Jahre ist Schäfer Co-Trainer beim 1. FC Köln, bevor er seine aktive Fußballlaufbahn beendet. Helmut Rahn, »der Boss« und Schütze des 3:2-Siegtreffers, wird ein Jahr nach dem WM-Titel Deutscher Meister mit dem Rot-Weiß Essen. Er ist der Einzige, der später wirklich als Spieler ins Ausland wechselt, ins dem Ruhrgebiet nahegelegene, niederländische Enschede. Nach der Spielerlaufbahn versucht sich Rahn unter anderem als Gebrauchtwagenhändler und betreibt mit seinem Bruder ein Autohaus, später ist er Verkaufsleiter einer Firma für Bauschutt.

Toni Turek ist Angestellter der Rheinbahn AG in Düsseldorf, wechselt später zu Borussia Mönchengladbach und wird Anfang der 1970er-Jahre schwer erkranken. Der Nürnberger Max Morlock hat einen Tabak- und Zeitschriftenkiosk. Josef Posipal ist in Hamburg als selbstständiger Handelsvertreter in der Möbelbranche unterwegs, hat Frau und zwei Kinder. Karl Mai betreibt eine Lotto-Annahmestelle und ist nebenbei als Trainer beschäftigt, unter anderem bei Wacker München. Werner Liebrich, bis 1956 Postbeamter, führt eine Lotto-Toto-Annahmestelle in Kaiserslautern.

Doch nicht jeder kommt mit der Leere nach dem Ruhm klar. Ottmar Walter arbeitet bis zur Pensionierung bei der Stadt Kaiserslautern. In der Zeit unternimmt er einen Selbstmordversuch. Werner Kohlmeyer stürzt nach dem Berner Wunder ab, er verfällt dem Alkohol, verliert seinen Job, verspielt zwei Häuser. Eine Zeitlang taucht er sogar unter. Später wird er Pförtner beim Rhein Main Verlag und lebt mit seiner Mutter in einer Sozialwohnung. Er stirbt 1974 im Alter von nur 49 Jahren an einem Herzinfarkt.

Horst Eckel ist im Sommer 2021 der einzig noch lebende WM-Held von 1954. Der gelernte Werkzeugmacher studiert nach dem Schweizer Turnier auf Lehramt und wird bis zur Pensionierung an der Realschule in Kusel Sport und Kunst unterrichten. Seit 1997 ist er Repräsentant der Sepp-Herberger-Stiftung, die sich gegen Rassismus wendet.

* * *

Der Fall John nimmt kein Ende. Zwei Tage debattiert der Bundestag. Es gibt einen hitzigen Schlagabtausch, Zwischenrufe, Buhrufe, höhnisches Gelächter. Der SPD-Abgeordnete Wilhelm Mellies bezeichnet die Affäre als die größte Vertrauenskrise in der Geschichte der Bundesrepublik. Man hört Worte wie »nationale Katastrophe« und »Schicksal der Demokratie«. Der nun vorliegende Bericht der Bundesregierung soll mit Gerüchten aufräumen. John habe keinen Kontakt zur Roten Kapelle gehabt, war nicht wegen Trunkenheit vorbestraft und sei auch nicht homosexuell.

Dass Berlin zum Schauplatz der Affäre John wird, ist kein Wunder, die Stadt ist in diesen Zeiten das Zentrum der Spionage. Rund 40 Geheimdienste haben in der Viersektorenstadt Stellung bezogen. Das gibt Berlin »eine gespannte, prickelnde und unheimliche Atmosphäre«, schreibt die *Passauer Neue Presse*.

Die Nachrichten- und Abwehrdienste aller Länder, deren Interessen es zu wahren gilt, haben ihre ausgekochtesten und geriebensten Spezialisten eingesetzt. Es ist ein Krieg im Dunkeln.

Zur Hauptstadt der Spione wird Berlin im Kalten Krieg dank idealer geografischer und politischer Voraussetzungen. Die Amerikaner sind mit der CIA, der Nachrichtenabteilung der Armee (Military Intelligence Division), der Nachrichtenabteilung der Marine (Naval Intelligence Division) und einer geheimen Abteilung des Außenministeriums dabei. Die Engländer unterhalten sechs Geheimdienste: die Services von Heer, Marine und Luftwaffe, dazu den Secret Service des Foreign Office, den Sicherheitsdienst Security Branch und die Spionageabwehr Military Intelligence Section 5, besser bekannt als MI5. Das Deuxième Bureau ist der französische militärische Nachrichtendienst, die Securité Frankreichs Sicherheitsdienst. Auch der russische KGB gründet sich just in dem Jahr. Selbst der Nordatlantikpakt (NATO) operiert mit einem Nachrichtendienst. Und mitspielen wollen auch Belgier, Niederländer, Spanier und Schweden. Es ist ein internationaler Spionagekarneval, mitten in Berlin.

* * *

Die Debatte um ehemalige Nationalsozialisten in der Bundesregierung flammt wieder auf. Adenauers seit der Bundestagswahl 1953 bestehende Koalition aus CDU/CSU, FDP, der rechtsgerichteten Deutschen Partei (DP) und dem Gesamtdeutschen Block/Bund der Heimatvertriebenen und Entrechteten (BHE) sieht sich einigen Angriffen ausgesetzt. Theodor Oberländer (BHE), Bundesminister für Vertriebene, Flüchtlinge und Kriegsgeschädigte, war Karrierist im »Dritten Reich« und einst SA-Obersturmbannführer in Pommern. Er wird 1960 im Zuge der Debatte um seine Vergangenheit zurücktreten. Für den *Spiegel* ist er »die Symbolfigur für die Ewiggestrigen«.

Der Bundestagsabgeordnete Waldemar Kraft, ebenfalls vom BHE, führte einst eine nationalistische Bewegung in Polen. Kraft wurde SS-Major und arbeitete später im Hauptsicherheitsamt in Berlin. Im September 1954 kommt es auf dem Bundesparteitag der BHE in Bielefeld zum Eklat, als Krafts Vertraute und Bundesvorständin Eva Gräfin Finck von Finckenstein nicht wiedergewählt wird. Kraft nimmt daraufhin seine Wiederwahl zum Bundesvorsitzenden nicht an. Später treten Kraft, von Finckenstein und Oberländer aus der Partei aus und schließen sich der CDU/CSU an.

Prominentester Fall allerdings bleibt Hans Globke. Der Staatssekretär war 1936 Ministerialberater im Reichsinnenministerium und Mitverfasser der Kommentare zu den Nürnberger Rassegesetzen.

Die dunkle Vergangenheit liegt den Deutschen schwer im Magen. Am liebsten erst gar nicht beachten. Es soll doch aufwärts gehen.

Der Höhepunkt des Jahres für die Münchner steht an: das Oktoberfest, die Wiesn. Sieben riesige Bierzelte

Münchner Brauereien, drei Achterbahnen, drei Riesenräder, fünf Geisterbahnen, 44 Schießbuden und weitere 700 Schaugeschäfte und Verkaufsstände sind aufgebaut. Die Stadt ist voll von Fremden, auch das letzte Hotelzimmer ist belegt. Beim Umzug sind sie alle dabei: die Isartaler aus Landshut, die Mooserer aus Dingolfing, die Riedelstoaner aus Arrach, die Rottaler aus Pfarrkirchen, die Gäubodengruppe aus Straubing, sogar die beliebten Tiroler Trachtler kommen. Eine Million Menschen stehen an den Straßen.

Als die Kirchenglocken zwölf Uhr läuten, schlägt Bürgermeister Thomas Wimmer im Schottenhamel-Zelt den Spund in den ersten 200-Liter-Banzen. Wimmer verkündet: »Der Schlegel hat seine Pflicht und Schuldigkeit getan, o'zapft is!« Die erste Maß zieht er unter dem Riesenbeifall der Gäste herunter, darunter der US-General Numa Watson. Der Jubel braust noch mehr auf, als er mit erhobenem Zeigefinger Richtung Ausschank ruft: »Deats a guade eischenga ned vergessn!« Das süffige Oktoberfestbier hat in dem Jahr 18 Prozent Alkoholgehalt.

In der ersten Reihe sitzen Politiker diverser Parteien inklusive des Ministerpräsidenten friedlich beieinand' und fieseln ihre Hühnerknochen knochenweiß. Warum, fragt die *Passauer Neue Presse*, treffen sich Staatsmänner statt in London oder Genf nicht einmal auf der Münchner Wiesn? Das würde sicher zu besseren Ergebnissen ihrer Verhandlungen führen. Die sieben Bierzelte sind 1954 Orte der friedfertigen Glückseligkeit – bis auf die üblichen Schlägereien. Der Wimmer Thomas ist jedenfalls von der völkerversöhnenden Macht des Starkbiers derart überzeugt, dass er kürzlich bei einem Besuch in Bonn den gesamten Bundestag – Regierungsparteien wie Opposition –

eingeladen hat, geschlossen auf die Wiesn zu kommen. Dann wird's auch was mit der Politik.

Ganz zufällig finden viele Tagungen und Kongresse just während des Oktoberfests statt. So darf Landwirtschaftsminister Dr. Schlögl mit Befriedigung feststellen, dass sämtliche Ernährungsminister der Bundesländer inklusive des Bundesministers für schrecklich wichtige Verhandlungen nach München gekommen sind. Der Wiesn-Besuch gehört natürlich zum Programm.

Die Einheimischen allerdings betrachten den zunehmenden Andrang von Auswärtigen auf der Wiesn mit Argwohn. Der Oktoberfest-Referent stellt jedoch fest, solange die Fremden »von den Münchnern assimiliert« werden, könne man sie ruhig dulden.

Schlechtes Einschenken ist übrigens auch Thema im Wirtschaftsausschuss des Landtags. Der CSU-Abgeordnete Franz Michel aus Landsberg am Lech sagt, es sei erschütternd, was da der Bevölkerung zugemutet werde. Michel: »Wo bleibt da der Staatsanwalt?«

* * *

Der Große Preis von Berlin auf der Avus wird zu einem Fest der drei Mercedes-Wagen. Ferrari und Maserati haben abgesagt, dementsprechend klein ist die Runde der Wettbewerber. Nach vielen Führungswechseln während des Rennens siegt Karl Kling vor Weltmeister Fangio. Kling hat zwölf Meter Vorsprung. Dritter ist, ebenfalls mit Mercedes, Hans Herrmann.

Für Kling ist das ein richtig großer Sieg. Er ist schon 44 Jahre alt und seit fast zwanzig Jahren bei Mercedes. Kurz nach dem Zweiten Weltkrieg begann der Gießener in der

Tourenwagen-Meisterschaft. Nach 1948 wurde er drei Mal Deutscher Meister bei den Sportwagen.

1952 gewann er gemeinsam mit seinem Co-Piloten die berüchtigte Carrera Panamericana im 300 SL. Und das trotz eingeschlagener Windschutzscheibe und verletztem Beifahrer – ein Geier ist bei voller Fahrt in die Scheibe gekracht.

Das Rennen auf öffentlichen Straßen Mexikos zieht sich über 3127,7 Kilometer, ist also mehr als doppelt so lang wie die italienische Mille Miglia. Die Carrera Panamericana ist in der Zeit berühmter als Le Mans. In dem gleichen Jahr, 1952, wird Kling in Deutschland auch zum »Sportler des Jahres« gekürt. Nach 1954 wird die Carrera Panamericana verboten, es gibt zu viele Tote. 1988 wird sie mit verändertem Konzept wiederbelebt.

In der Formel 1 schafft Kling, der »Gentleman am Steuer« (Alfred Neubauer, Leiter der Sportabteilung), von 1954 an ordentliche Platzierungen. Doch Ende 1955 zieht sich Mercedes schon wieder aus der Formel 1 zurück. Kling wird in der Folge Leiter der Sportabteilung mit dem Schwerpunkt Rallyes. 2003 stirbt er nach seiner Pensionierung in seinem Haus am Bodensee.

* * *

Der Richter nennt ihn zum Schluss des Prozesses einen »Hauptmann aus Köpenick ohne Uniform«. Der 33 Jahre alte Kaufmann Wilhelm L. hat viel Unfug getrieben. Fantastische Betrügereien haben ihm 40 000 D-Mark eingebracht.

Es begann damit, dass sich der Hochstapler bei einem Gaststättenwirt, der in ein Steuerverfahren verwickelt war, als intimer Freund des Finanzverwaltungspräsidenten vorstellte. Unter dem Vorwand, die Sache in Ordnung zu bringen, luchste Wilhelm L. dem Wirt 10 000 D-Mark ab und verjubelte das Geld in der Schweiz und in Italien.

Als L. eines Tages an einer Tankstelle hielt und dort gerade eine Steuerfahndung stattfand, stellte er sich dem Tankstellenbesitzer überzeugend als Präsident des Landesversicherungsamts vor. Er wolle die Sache ins Reine bringen. Auf die Weise knöpfte er dem Tankstelleninhaber 8000 D-Mark ab.

Als unser Wilhelm einmal einen schicken Mercedes sah, sprach er den Besitzer an. Er, als Präsident des Landesversicherungsamts, suche gerade einen vertrauensvollen Stellvertreter. Er würde den Mann zum Vizepräsidenten machen, wenn er ihm den Mercedes vermache. Er besitze zwar einen Dienstwagen, hätte gern aber auch einen Privatwagen. Das Opfer willigte ein.

Wegen solcher Gaunereien steht Wilhelm L. nun vor Gericht. Der Richter verurteilt ihn zu zwei Jahren ohne Bewährung. Die Ironie der Geschichte: Wilhelm L. ist der Sohn des Leiters der Betrugsabteilung des Polizeipräsidiums München.

***

Das Scheitern der EVG tut Adenauer noch immer weh. Diese Niederlage ist keineswegs verdaut. Doch alle wollen eine Lösung. Ende September in London. Dort soll eine große Krisenkonferenz mit den neun wichtigsten Staaten zur Zukunft Deutschlands und Europas stattfinden. Die Neunmächtekonferenz. Die Hoffnungen sind riesig. Doch Adenauer bleibt nach außen hin kühl: »Ich will keinerlei Prognose, weder zum Guten noch zum Schlechten, geben.«

Die Vorbereitungen laufen auf Hochtouren. Die Konferenz – eigentlich sind es zwei Parallelkonferenzen – beginnt am 28. September. Großbritanniens Premier Winston Churchill begrüßt die Gäste, alle neun Staaten haben zugesagt, US-Außenminister Dulles kommt, Mendès-France, Adenauer in Begleitung von Blankenhorn und einer dreißigköpfigen Delegation, sowie die Außenminister der Benelux-Staaten. Veranstaltungsort ist das traditionsreiche »Lancaster House«, Treffpunkt des Londoner gesellschaftlichen Lebens in der Prachtstraße The Mall. Und Deutschland sitzt mit am Verhandlungstisch.

Gesucht wird ein Ausweg aus einer der schwersten Krisen der Westallianz. Es geht um die europäische Sicherheit im Allgemeinen und den deutschen Verteidigungsbeitrag im Besonderen. Lösungen müssen her. Rund zwei Wochen werden für die Konferenz veranschlagt. Drei schriftlich ausgearbeitete Memoranden liegen bereits vor, damit alle wissen, woran sie sind. Eine Möglichkeit wäre es, Deutschland in die NATO einzubinden und den Brüsseler Pakt – das Militärbündnis Großbritanniens, Frankreichs und der Benelux-Staaten aus dem Jahr 1948 – zu erweitern. Das ist der sogenannte Edenplan – er hat gute Chancen. Doch alles hängt mit allem zusammen, die Verhandlungen werden schwer, das eine folgt aus dem anderen, jede Entscheidung muss vor dem Hintergrund seiner Kollateralfolgen bedacht werden.

Adenauer ist im Vorfeld fest entschlossen, die Forderungen nur im Falle einer Gleichberechtigung zu akzeptieren. Deutschland solle kein Volk zweiter Klasse werden. Was für ihn auch beinhaltet, dass es mit der Besetzung ein Ende haben muss. Souveränität so schnell wie möglich. Es gibt bereits ein amtliches Kommuniqué über Besprechungen von Adenauer und US-Außenminister Dulles, das Mitte September bei einem Blitzbesuch Dulles' in Bonn beschlossen wurde.

Jetzt soll nicht weniger als eine gemeinsame Politik der europäischen Staaten vereinbart werden. Auf der Tagesordnung der Neunerkonferenz stehen unter anderem die Beendigung des Besatzungsregimes in Deutschland, der Beitritt Deutschlands und Italiens zum Brüsseler Pakt, Rüstung und Rüstungskontrolle sowie Sicherheitsgarantien vonseiten der USA und Großbritanniens. Ein Beitritt Deutschlands zur NATO wird angestrebt.

Am Ende des ersten Tages der Londoner Konferenz sitzt Adenauer mit Luxemburgs Ministerpräsident Joseph Bech und Belgiens Außenminister Henri Spaak in einer Sofaecke des Hotels »Claridge's« und redet auf seine zwei Zuhörer ein: »Wenn ich einmal nicht mehr da bin, weiß ich nicht, was aus Deutschland werden soll, wenn es uns nicht doch noch gelingen sollte, Europa rechtzeitig zu schaffen. Wenn wir jetzt aufgeben, ist Europa gescheitert.« Die Sätze sind so präzise überliefert, weil der Pariser *Spiegel*-Korrespondent Lothar Rühl bei Zitrone mit Soda hinter einer Säule sitzt und alles mitschreibt. Rühl wird in den 1980er-Jahren einmal Staatssekretär im Bundesverteidigungsministerium unter Minister Manfred Wörner.

Amerikaner und Engländer haben auf der Mammutkonferenz selbst das allergrößte Interesse daran, dass Deutschland schnell NATO-Partner wird. Doch Mendès-France legt wieder Steine in den Weg. »Eine Lösung ohne Frankreich ist schon aus rein geografischen Gründen nicht möglich.« Eine Rüstungsproduktion auf deutschem Gebiet sieht Mendès-France nicht. Alles Deutsche, was rechtsrheinisch liegt, will er als »gefährdete Zone« deklarieren lassen. In seinen Vorschlägen steckt ein nicht zu leugnendes Misstrauen gegen die Deutschen. Dulles hält eine lange Rede und erklärt, die Amerikaner würden ihr Engagement in Europa zurückfahren, wenn die Länder sich nicht zusammenraufen würden. Doch Dulles macht auch Hoffnung und appelliert an die Staaten. Die Rede hinterlässt tiefen Eindruck bei allen.

Die Zeit drängt. Jeder weiß, dass die Konferenz nicht ohne Ergebnisse zu Ende gehen darf. Es werden Arbeitsgruppen gebildet, Eden regt die Ausarbeitung einer Absichtserklärung (»declaration of intent«) an. Kompromisse werden gesucht.

Am Nachmittag des 1. Oktober ist die Konferenz in einem kritischen Stadium. Deutschland stimmt zu, keine ABC-Waffen zu produzieren, die anderen Staaten sollen das kontrollieren. Doch Mendès-France will Kontrolle über alles. Er lässt Zweifel am britischen Vorgehen anklingen. Am Ende springt Dulles mit hochrotem Kopf auf und sagt, die Zukunft Europas sei wichtiger als das untergeordnete Problem der Kontrolle.

Für alles finden sich Kompromisse. Zwischen Brüsseler Pakt und NATO wird eine enge Zusammenarbeit vereinbart. Die Alliierten verpflichten sich, eine Politik zu verfolgen, die die Besatzung in Deutschland beendet und erklären weiterhin, dass sie die Bundesrepublik Deutschland als einzige deutsche Regierung betrachten, die frei und rechtmäßig gebildet wurde. Die deutsche Einheit werde weiter angestrebt, aber nur auf friedlichem Wege. Der Deutschlandvertrag aus dem Jahr 1952 soll umformuliert und angepasst werden, damit der Souveränitätsaspekt mehr zur Geltung kommt.

Am Ende ist London der Ausgangspunkt dafür, dass Deutschland einmal seine vollständige Souveränität erlangen wird. Am 23. Oktober 1954 werden die sogenannten Pariser Verträge am Quai d'Orsay unterschrieben, der Weg Richtung Westen ist geebnet. Alles in Richtung Osten ist Adenauer dagegen suspekt. »Bei Braunschweig beginnt für mich die asiatische Steppe«, sagt er einmal.

Das EVG-Debakel ist überwunden, Adenauer hat eines seiner ganz großen Ziele erreicht. »Aus heutiger Sicht stellt sich das Scheitern der EVG in der Tat als ein weiterer Punkt in der Erfolgsgeschichte der Westpolitik Konrad Adenauers dar«, schreibt der Kanzler-Biograf Peter Koch später. Oder wie es Großbritanniens Premier Churchill formuliert, als er Adenauer damals in London begrüßte: »Ich gratuliere Ihnen dazu, dass die EVG kaputt ist.«

In Deutschland allerdings ist die Opposition trotz des scheinbaren Erfolgs nicht glücklich über die Londoner Konferenz. SPD-Stratege Herbert Wehner: »Punkt eins hätte das Thema Wiedervereinigung sein müssen. Aber Adenauer war nur an einem Ersatz für die EVG interessiert. So verpassten die neun Außenminister ihre Chance, eine günstige Ausgangsposition für Verhandlungen mit der vierten Besatzungsmacht zu schaffen.«

* * *

Es ist wieder da. Die Amerikaner geben das *Hildebrandslied* an die Bundesrepublik zurück. Es stammt aus dem 9. Jahrhundert und gilt als eines der ersten poetischen Schriftstücke deutscher Sprache (»Ik gihorta dat seggen«).

Das Dokument war im Zweiten Weltkrieg aus der Landesbibliothek in Kassel verschwunden. Offenbar hatten es US-Soldaten als Andenken mitgenommen.

Einen Verfasser hat die germanische Heldendichtung nicht. 1980 wird die DDR-Rockband Transit (!) den Inhalt des *Hildebrandsliedes* in einem Song verarbeiten. Heute liegt es wieder in Kassel.

* * *

Vor dem ersten Spiel der Fußball-Nationalmannschaft nach der Weltmeisterschaft gegen Belgien in Brüssel bleiben die Medien realistisch. Man tut wohl gut daran, keine allzu hohen Erwartungen an die deutsche Mannschaft zu knüpfen. Fritz Walter, Schäfer und Eckel sind nicht im Aufgebot. Fritz Walter hat das Nesselfieber, doch nicht alle wollen das glauben. In der Woche vor dem Brüssel-Spiel – zu dem Zeitpunkt hat er das Länderspiel bereits abgesagt – kann er mit Bravour ein Pokalspiel in der ersten Runde gegen den 1. FC Köln absolvieren. Kaiserslautern siegt 7:0. (Walters Mannschaft scheidet aber wenig später im Viertelfinale gegen Kickers Offenbach aus.) Die Frage steht im Raum: Ist Walter wirklich zu krank für das Länderspiel oder hat die Absage andere Gründe?

Doch nicht nur Walter hat Hepatitis, gleich mehrere Spieler erkranken nach der WM daran. Im Oktober berichtet das *Hamburger Abendblatt*, dass neben Fritz Walter auch Helmut Rahn, Max Morlock und Ersatztorwart Heinz Kubsch die Gelbsucht haben. Später trifft es auch Ottmar Walter. Morlock liegt sechs Wochen im Krankenhaus.

Die Gelbsucht wird durch das Hepatitis-Virus übertragen, das in den 1950er-Jahren noch nicht mit Antibiotika bekämpft werden kann. Das Virus kann man sich auf zwei Arten einhandeln: entweder durch virusbefallene Nahrungsmittel oder durch Injektionsspritzen. Das wirft in der Presse die Frage auf, ob sich die Spieler während der WM durch ihre Vitaminspritzen angesteckt haben. Horst Eckel wird im Jahr 2004 in einer Fernsehsendung sagen: »Wir haben Traubenzuckerspritzen bekommen, und da war für jeden Einzelnen keine eigene Spritze da.«

Die Belgier freuen sich auch ohne manch deutsche Stars auf den Weltmeister. 70 000 Menschen sind im Heysel-Stadion. Weitere 100 000 Kartenwünsche müssen abgelehnt werden. Alle wollen sie die beste Mannschaft der Welt sehen. Auch viele Deutsche werden in der Stadt gesichtet.

Doch der Weltmeister spielt wenig weltmeisterlich. Die Belgier sind energisch und ehrgeizig. Der gefährliche belgische Mittelstürmer Jo Coppens schießt schon in der 7. Minute das 1:0, ein grober Schnitzer Liebrichs ist dem Tor vorausgegangen. Indes ist Liebrich noch der beste deutsche Spieler auf dem Platz und bewahrt die Bundeself zunächst vor weiteren gegnerischen Treffern. Belgien ist überlegen.

In der Halbzeitpause spielt die Kapelle »General Motors Antwerpen« Peter-Alexander-Schlager wie »Die süßesten Früchte fressen nur die großen Tiere«.

Und die Belgier fressen große Tiere. 2:0 in der 52. Minute. Es ist ein betont hartes Spiel. Coppens legt Liebrich. Der revanchiert sich eine Minute später und stellt Coppens ein Bein. Coppens wirft Liebrich zweimal den Ball an den Kopf. Der Schiedsrichter lässt das durchgehen.

2:0 ist auch der Endstand. Der Frust bei den Deutschen ist groß. Mit Schlagzeilen über alle Spalten berichten belgische Zeitungen über den Sieg gegen die Weltmeister. Die Sportzeitung *Les Sports* bringt bereits eine halbe Stunde nach Schlusspfiff eine Extraausgabe heraus. Das Fazit ist eindeutig: Die Deutschen sind eine große Enttäuschung.

Es ist der Beweis, dass die deutsche Auswahl nach dem Rausch in eine Krise stürzt. Nach der Belgien-Pleite folgen noch im gleichen Jahr Niederlagen gegen Frankreich (1:3) und gegen England (1:3). Sepp Herberger hat das kommen sehen. Einer seiner Aphorismen lautet: »Wenn bisher schon das nächste Spiel immer das schwerste war, so kommt jetzt noch ein kräftiges Päckchen hinzu.«

Ernüchtert und verunsichert ist die Mannschaft nach der Niederlage in Brüssel. Herberger und seine Elf werden von den Medien verspottet. Auch für Weltmeister gibt es keine Gnade. Als einen Grund für die schwache Form merken Fußballkenner an, dass fast alle anderen Nationen eine Profiliga haben, Deutschland aber noch immer in verschiedenen, regional ausgerichteten Oberligen spielen lässt. Zudem wollen die Vereine ihre Spieler nicht öfter als viermal im Jahr für Nationalspiele freistellen. Herberger sagt, mindestens acht Mal müsse die Regel sein. »Sonst wird weitergewurschtelt«, meint auch *Die Zeit*.

Deutschland verliert fast jedes Spiel in den kommenden zwei Jahren. Aber das Team spielt auch nicht mehr in der Konstellation von Juli 1954. Und Ungarn gewinnt weiter alles. Bis auf dieses eine Spiel eben, das sie nicht gewonnen haben, jenes am 4. Juli 1954.

Das Belgien-Duell hat noch ein Nachspiel. Die Medien berichten von einem Konflikt zwischen Sepp Herberger und Fritz Walter. Es gibt Spekulationen, warum

Walter nicht in Brüssel gespielt hat, obwohl seine Nesselsucht doch überwunden schien. Auf der Brüssel-Reise ist er sogar dabei, weil Lautern ein Parallel-Spiel in Brüssel absolviert. Walter wird in den späten Abendstunden in der Innenstadt gesehen. Nur wohnt er eben nicht mit der Nationalmannschaft im Hotel, sondern mit den Lauterern im »Cosmopolit«.

Herberger muss auf die Spekulationen reagieren. Es gebe keinen Konflikt zwischen den beiden. Er habe aber mit Walter wegen seiner Filmpläne gesprochen. Es vertrüge sich nicht, gleichzeitig Fußballer und Filmschauspieler zu sein, das habe er ihm gesagt. Walter hatte ein Filmangebot, eine Art filmisch gespielte Walter-Biografie. Ende September teilt der DFB offiziell mit, Fritz Walter sei von der Nationalmannschaft zurückgetreten.

* * *

Und was wird sich 1955 ereignen? Den *Old Moore's Almanac* gibt es seit anno 1764 und er prognostiziert, welche Ereignisse auf die Menschen im folgenden Jahr zukommen werden. Unter anderem hat die Zeitschrift den Einmarsch der Deutschen nach Österreich im Jahr 1938 vorausgesagt.

Für das Jahr 1955 kündigt der *Old Moore's Almanac* an, dass mehrere Diktatoren sterben, einige recht greise Staatsmänner indes am Leben bleiben. Vorübergehend werde die Erkrankung eines älteren englischen Staatsmannes Besorgnis in der Bevölkerung auslösen. Zudem sei die Verlobung oder Heirat eines Mitglieds des britischen Königshauses zu erwarten. Und in Frankreich komme es zu einer neuen Monarchistenbewegung. Keine schöne Lektüre ist das Heft auch für Georgi Maximilianowitsch Malenkow. Auf Seite 42 würde der Regierungschef der UdSSR lesen: »Malenkow wird nicht Führer des Politbüros bleiben.«

Und nun zu den Ergebnissen: Wichtige Diktatoren sind 1955 nicht gestorben, aber auch keine alten Staatsmänner (dafür aber James Dean und Thomas Mann). Greise Staatslenker wie Adenauer oder Churchill führen tatsächlich noch lange ihr irdisches Dasein, auch wenn Churchills Krankenakte einem Abenteuerroman gleicht und er sich selbst als »schlechtesten Patienten der Welt« bezeichnet (er wird dennoch 90 Jahre alt). Eine relevante Verlobung oder Hochzeit am Königshofe findet in dem Jahr nicht statt. Margaret Rose steht zwar kurz davor, sich mit dem geschiedenen Oberst Peter Townsend zu verloben, trennt sich aber 1955 aus Gründen übergeordneter Konventionen von ihm. Eine nennenswerte Monarchistenbewegung in Frankreich fällt für 1955 ebenfalls aus.

Doch mit Malenkow landen die Vorseher einen Volltreffer: Er muss sein Amt als Regierungschef 1955 nach nur zwei Jahren wieder abgeben.

Abpfiff

Fritz Walter geht im Herbst 1954 zu Fuß und ohne Ziel durch eine kleine, süddeutsche Stadt, kreuz und quer läuft er durch die Straßen. Er ist inkognito dort. Er will allein sein. Zeit zum Nachdenken haben. Ordnung in sein Leben bringen. Er ist aus dem Gleichgewicht geraten. Vor wenigen Monaten war er der Weltstar, auf den alle schauten. Er war der Mittelpunkt der Bundesrepublik Deutschland und des Weltfußballs.

Doch die Euphorie weicht nun wieder dem Alltag. Nach dem Hochgefühl des Sieges ist die Gefahr groß, in ein tiefes Loch zu fallen. All das Adrenalin, all die Endorphine – und dann: nichts. Einfach weiter, immer weiter.

In einer Gastwirtschaft bestellt Walter ein Mittagessen. Nur ein weiterer Tisch ist in der Gaststube besetzt. Drei Maurer sitzen dort und ein junger Mann. Der blasse Jüngling schaut mit trüben Augen auf sein Bier. Dann wandert sein Blick in Richtung des Weltstars, der eigentlich unerkannt bleiben will. »Das ist ja unmöglich! Der Fritz Walter!« Er setzt sich rüber und beginnt nun angeregt ein Gespräch. Es sei ihm egal, was die Zeitungen über Walter schreiben. Er dürfe die Nationalmannschaft nicht im Stich lassen. Er dürfe nicht aufhören. Das dürfe nicht sein. Walter sagt wenig bis nichts, lässt das Gespräch über sich ergehen. Aber mit der Ruhe ist es nun wieder vorbei.

Es ist sein gutes Recht, denkt Walter, von der Nationalmannschaft zurückzutreten. Einen besseren Abschluss einer Karriere – den Gewinn der Weltmeisterschaft – kann es nicht geben. Walter schreibt an einem Buch über die WM, es wird *3:2* heißen. Er soll in einem Film mitspielen, ein Angebot liegt vor. Es würde also so langweilig nicht werden. Anders eben.

Und so grübelt Walter in diesen Tagen vor sich hin. Er möchte seine Karriere beenden. Doch er fühlt eine Pflicht in sich weiterzumachen. Und er macht weiter. Er tritt vom Rücktritt zurück. Er bleibt in der Nationalmannschaft. Ob das gut ist, ob diese Entscheidung die richtige ist – er weiß es nicht. Aber er tut es einfach.

Walters Buch, das er noch 1954 fertigstellt, endet mit dem Satz: »Muss heraus um meiner Selbst Willen.«

Was aus ihnen wurde

Konrad Adenauer

Trotz seines fortgeschrittenen Alters wurde Konrad Adenauer weitere zwei Mal zum Bundeskanzler gewählt. Im Mittelpunkt seiner politischen Amtszeiten stand die Außenpolitik. Nachdem die Sowjetunion im Januar 1955 offiziell den Kriegszustand mit Deutschland beendet hatte, reiste Adenauer nach Moskau und erreichte die Freilassung von fast 10 000 deutschen Kriegsgefangenen. Zurück in Deutschland, setzte Adenauer die Hallstein-Doktrin durch, die den Alleinvertretungsanspruch der Bundesrepublik festschrieb.

Sein Verhältnis zu Frankreich war nach der EVG-Absage von tiefem Misstrauen geprägt. Das änderte sich erst mit der Wahl Charles de Gaulles zum neuen Präsidenten Frankreichs im Jahr 1961. Adenauers Frankreich-Politik mündete in dem viel beachteten Élysée-Vertrag. Adenauer und de Gaulle erreichten viel für die Aussöhnung der zwei Nachbarländer.

Adenauers letzter Arbeitstag war der 15. Oktober 1963. 14 Jahre war er Kanzler, jetzt wurde er alt. Gegen Lebensende plagten ihn Lungenentzündungen und hohes Fieber.

Es war ein langes Sterben, denn das Herz des 91-Jährigen war noch immer stark. Seine sieben Kinder harrten am Sterbebett aus, als er am 19. April 1967 in seinem Haus in Rhöndorf die Augen für immer schloss.

Albert Einstein

Das Ende kam nicht überraschend. Schon 1950 hatten Ärzte festgestellt, dass ein Aneurysma in seinem Kopf wächst. Gefasst erwartete er seitdem den Tod. Sein Begräbnis wünschte er sich so schlicht wie möglich und ohne Trauerfeier.

Rund ein Jahr nach jenem Sommer 1954, im April 1955, wurde Einstein ins Krankenhaus eingeliefert. In dem Monat unterschrieb er noch den Appell des britischen Philosophen und Mathematikers Bertrand Russell gegen das Wettrüsten.

In der Nacht zum 18. April wurde er plötzlich unruhig, wie die Krankenschwester bemerkte, er murmelte einige Wörter auf Deutsch, und dann starb er. Das Gehirn wurde dem Leichnam entnommen und obduziert, der Rest eingeäschert. Mediziner wollten herausfinden, ob dieses einzigartige Genie vielleicht besondere, einzigartige Strukturen im Hirn hat. Ein Ergebnis der Untersuchungen ist nicht bekannt.

Der deutsche Physiker mit Schweizer und amerikanischem Pass, geboren am 14. März 1879 in Ulm, gilt bis heute als einer der bedeutendsten theoretischen Physiker der Wissenschaftsgeschichte. Sein Hauptwerk ist die Relativitätstheorie. Sein Konterfei mit der ausgetreckten Zunge wurde zum Lieblingsbild Jugendlicher in aller Welt, die es auf T-Shirts und Stickern tragen.

Sepp Herberger

Auf den großen Triumph in der Schweiz folgte für Bundestrainer Sepp Herberger eine Niederlagenserie. Von 17

Länderspielen bis 1956 gewannen die Deutschen nur vier. Rechtzeitig schaffte es aber Herberger, der einst selbst bei Mannheim und Tennis Borussia Berlin spielte, die Truppe wieder fit zu machen, um die Qualifikation für die WM 1958 zu meistern. Die Deutschen beendeten diese WM auf dem vierten Platz.

Auch bei der WM 1962 in Chile war Herberger, inzwischen 65 Jahre alt, noch Bundestrainer. Die Nationalmannschaft erreichte das Viertelfinale, was der Trainer als Erfolg bezeichnete. Das sahen die Medien und DFB-Funktionäre aber anders. Sie kritisierten das defensive Taktieren des Trainers. Die Kritik traf Herberger persönlich. Das Verhältnis war jetzt dauerhaft gestört. Im November 1963 erklärte der DFB, dass Herberger zum Ende der Bundesligasaison zurücktreten werde.

Nach dem Rücktritt - Herberger wohnte zusammen mit seiner Frau in Hohensachsen im Odenwald - widmete er sich seinen Memoiren, die er ob der Wucht des Projekts nie fertigstellte. Er war kein Mann großer Worte und ausschweifender Reden, etwas, das er mit Konrad Adenauer gemein hatte. »Auch Herberger kam mit einem geringen Wortschatz aus«, verglich der Kabarettist Dieter Hildebrandt die beiden einmal.

Überliefert sind allerdings viele Bonmots Herbergers, die noch heute jeder Fußballfan kennt: »Der Ball ist rund«, »Das Spiel dauert 90 Minuten«, »Nach dem Spiel ist vor dem Spiel«.

Zu seinem 75. Geburtstag kamen fast alle WM-Spieler für eine Party in sein Haus.

Herberger starb am 28. April 1977 im Alter von 80 Jahren in Mannheim. Während der Übertragung des Länderspiels gegen Nordirland erlitt Herberger einen Herzinfarkt. (Dabei siegte Deutschland 5:0.) Sein Grab befindet sich auf dem Friedhof des Weinheimer Stadtteils Hohensachsen.

Theodor Heuss

Theodor Heuss geriet zum Glücksfall für die junge Bundesrepublik. Nachdem Deutschland im Mai 1955 die Souveränität zurückerhielt, stand seine zweite Amtszeit ab 1954 im Zeichen vieler Staatsbesuche. Seine Reden und Memoranden schrieb er immer selbst. Heuss, einer der Väter des Grundgesetzes, habe maßgeblichen Anteil daran gehabt, wie sein Biograf Peter Merseburger resümiert, dass Deutschland zu einer stabilen und geglückten Demokratie geriet.

Nach dem Ende seines Bundespräsidentendaseins zog sich der Witwer im Jahr 1959 auf seinen Altersruhesitz aufm Stuttgarter Killesberg zurück. Am 12. Dezember 1963 starb Heuss. Begraben wurde er auf dem Waldfriedhof Stuttgart - bei seiner Frau, der bereits 1952 verstorbenen Elly Heuss-Knapp.

Otto John

Genauso plötzlich, wie Otto John aus Westdeutschland verschwand, tauchte er am 12. Dezember 1955 wieder in Westberlin auf. Notdürftig verkleidet, ließ er sich von dem dänischen Journalisten Henrik Bonde-Henriksen durch das Brandenburger Tor chauffieren. Fortan behauptete John, er habe die ganze Zeit versucht, wieder in den Westen zu gelangen.

Er wurde angeklagt. Die Verhandlung dauerte mehr als einen Monat, 72 Zeugen wurden gehört. Die meisten waren der Ansicht, dass John freiwillig in die DDR gegangen sei und sich auch freiwillig in den Dienst der Sowjets gestellt habe. Das Plädoyer der Anklage dauerte fünf Stunden. Hier standen sein Mangel an Mut und fehlende Männlichkeit im Mittelpunkt. Man könnte meinen, er sei moralisch angeklagt worden, aber verurteilt wurde er dann doch wegen landesverräterischer Fälschung. Die Richter stützten sich vor allem darauf, wie er in den Osten kam. Die Sektorengrenze zu überqueren, war nicht sehr schlau von John, aber es war auch kein Verbrechen. Der Bundesgerichtshof verhängte eine Zuchthausstrafe von vier Jahren. John musste ins Gefängnis.

Am 26. Juli 1958 begnadigte Bundespräsident Heuss den Häftling. Nach seiner Entlassung lebte John mit seiner Frau zurückgezogen in Igls in Österreich. 1969 veröffentlichte er seine Autobiografie *Zweimal kam ich heim*. John kämpfte bis zuletzt um ein Wiederaufnahmeverfahren und um seine Rehabilitation.

Am 26. März 1997 starb John in Innsbruck. Neue Quellen, die erst postum erschlossen wurden, legen nahe, dass John vor dem Bundesgerichtshof hätte freigesprochen werden müssen. Er sei zu Unrecht verurteilt worden. Der letzte Satz seiner Autobiografie lautet: »Ich will nicht als Verräter sterben.«

Gustav Scholz

Gustav »Bubi« Scholz, der Junge vom Prenzlauer Berg, verlor in seiner Laufbahn nur zwei von 96 Profikämpfen. Als er mit 28 Jahren erstmals Europameister wurde, war die Karriere quasi programmiert. »Ich war Europameister und mit Leuten wie Fritz Walter, dem Sprinter Manfred Germar und dem Reiter-Duo Winkler/Thiedemann sicherlich der populärste Sportler Deutschlands«, schrieb Scholz in seiner Autobiografie *Der Weg aus dem Nichts*. Zu seinen Kämpfen kamen Prominente aus allen Gesellschaftsschichten, er war gut befreundet mit Harald Juhnke und Hans Rosenthal.

1955 wurde bei ihm Tuberkulose diagnostiziert, anderthalb Jahre lang musste er pausieren. Aber danach ging seine Karriere weiter. 1962 verpasste er die Chance, in Berlin Weltmeister zu werden. 1964 beendete er seine Laufbahn als Boxer.

Scholz verdiente fortan Geld als Schlagersänger (»Susi, du bist einfach prima«) und trat in Filmen (*Marina*) auf.

Doch Scholz fiel in ein Loch. In den 1980er-Jahren machte der Lebemann durch Alkoholexzesse von sich reden, er feierte mit Harald Juhnke, Curd Jürgens und der Knef die Nächte durch. Am Abend des 22. Juli 1984 erschoss er im Rausch seine Ehefrau Helga. Einen Tag später wurde er verhaftet.

Wegen fahrlässiger Tötung wurde Scholz zu einer Gefängnisstrafe von drei Jahren verurteilt. Nach seiner Entlassung litt der gebrochene Mann an Depressionen. 1993 heiratete er wieder, aber sein Gesundheitszustand wurde immer schlechter. Mehrere Schlaganfälle schwächten ihn, er wurde dement.

Scholz starb am 21. August 2000 in Berlin. 2008 wurde er auf den Friedhof Heerstraße umgebettet.

Caterina Valente

Schnell wurde Caterina Valente ein weltweit bekannter Bühnenstar. Als das Fernsehen aufkam, nutzte sie das Medium für ihre Showqualitäten. Vor allem in den USA machte sie eine Karriere, wie es nur wenigen Ausländern bis dato gelang. Die deutschen Medien begleiteten sie ihr ganzes Leben. Sie sang, sie musizierte, sie jazzte, sie performte, sie ulkte, sie spielte in Kinofilmen mit. Ihr Image war eine Mixtur aus dem exotischen Artistenmilieu ihrer Kindheit und der bürgerlichen, skandalfreien Künstlerin und Mutter.

Auch wenn die deutsche Presse nicht immer gnädig war, landete sie doch den einen oder anderen Schlagerhit in Deutschland (»Manuel«). 1986 erreichte die Show *Bravo, Catrin* eine Zuschauerzahl von 17 Millionen.

Caterina Valente, die durch ihre erste Ehe auch einen deutschen Pass besaß, lebte zeitweise in Weinheim in Baden-Württemberg sowie in Kalifornien. Ihren US-Zweitwohnsitz gab sie vor wenigen Jahren wegen ihrer Antipathie zum damals neu gewählten US-Präsidenten Donald Trump auf.

Seit ihrem Abschied von der Bühne lebt sie zurückgezogen am Luganer See in der Schweiz. In einem Interview mit dem österreichischen *Kurier* sagte sie 2019: »Das Showbiz ist heute ganz anders und das ist auch richtig so. Heute bin ich lieber Beobachterin als Darstellerin.«

Fritz Walter

Sein letztes Spiel für die Nationalmannschaft machte Fritz Walter im Halbfinale der Weltmeisterschaft 1958, das die

Deutschen gegen Schweden verloren. Die 78. Minute war seine letzte im deutschen Trikot, seine letzte Aktion jene, als ihn der schwedische Seitenläufer Parling umrannte.

Nach 18 Jahren im Nationalteam, 61 Mal hat er gespielt, war nun wirklich Schluss. 1959 beendete er auch seine Karriere in Kaiserslautern. Walter hat den Verein nie verlassen.

Seine Bescheidenheit wurde fortan bei jeder Feier gerühmt. Walter war zurückhaltend, sensibel, konnte aber einen Spaß gut mitmachen, wenn er seinem Gegenüber vertraute. Andere empfanden ihn als unnahbar.

Walter hat auch seine Heimat nie verlassen. Nach dem Krieg schon hatte er Angebote aus dem Ausland. 1946 hätte er in Nancy ein Hotel übernehmen können und obendrein noch ein gutes Spielergehalt bekommen. 1951 hatte ihm Atlético Madrid 175 000 Mark für einen Einjahresvertrag geboten, plus Monatsgehalt. Doch das wäre Walter wahrscheinlich als Verrat vorgekommen. »Fritz Walter im Dress eines ausländischen Klubs? Dieser Gedanke ist für ganz Fußball-Deutschland unvorstellbar«, schrieb *Bild* und startete die Kampagne »Bleib' in Deutschland, Fritz«.

Er wollte dort bleiben, wo er aufgewachsen und zu Hause war. In Alsenborn war er nach dem Ende seiner Karriere Berater und auch mal Trainer des örtlichen Vereins - pfälzische Provinz statt spanischer Metropole. Millionär ist Walter nicht geworden. Dafür war Frieden für ihn unbezahlbar.

Walter schrieb Bücher und engagierte sich für die Sepp-Herberger-Stiftung. In den letzten Jahren seines Lebens ging er aber kaum noch auf den Betzenberg - die Aufregung, es wurde einfach zu viel. Ein Lauterer Bub ist er zeit seines Lebens geblieben.

Nach seiner Fußballkarriere befassten sich nicht mehr nur Sportreporter mit der Person Walter. Er wurde von Feuilletonisten wie Leitartiklern als Vorbild für die junge Generation gesehen, seine Persönlichkeit als Antiheld gerühmt. Er besitzt fraglos zeitlose Popularität. Franz Beckenbauer rühmte seine menschliche Wärme, Uwe Seeler Walters Ehrlichkeit , Herzlichkeit und Fairness.

Am 17. Juni 2002 starb Fritz Walter im Alter von 81 Jahren in seinem Haus in Alsenborn.

Hans Günter Winkler

Die Reiter-Weltmeisterschaft 1954 war nur einer von vielen Höhepunkten in der Karriere von Hans Günter Winkler. Er triumphierte in den folgenden Jahren, wurde wieder Weltmeister, Europameister, fünfmal Olympiasieger. Er gewann alles, was man gewinnen konnte. Doch er selbst sah das in der Rückschau anders: »Wir hätten mehr gewinnen können, wenn meine Kameraden besser geritten wären.« Überzeugt war er vor allem von sich selbst: »Ich habe einen unheimlichen Willen.«

Winkler ging in die Sportgeschichte ein. Unzählige Lobesbekundungen und Auszeichnungen hat er bekommen. Sein Ritt bei den Olympischen Spielen 1956 mit schmerzverzerrtem Gesicht machte ihn weltberühmt. Beim Ritt zuvor hatte er sich einen Muskel in der linken Leiste gerissen, dennoch machte er weiter. Eng verbunden ist seine Karriere mit der »Wunderstute« Halla, der Winkler menschliche Intelligenz bescheinigte.

»HGW«, wie ihn alle nannten, war ein Kämpfer, ein Einzelkämpfer. Er, der zum Ende des Krieges als Flakhelfer in Thüringen dienen musste, dessen Vater in den letzten

Kriegstagen umkam, den die Amerikaner festnahmen und der dann fliehen konnte, war immer besonders stark, wenn man meinte, er läge am Boden.

Seit 1962 war Winkler mit der Dänin Marianne Gräfin Moltke verheiratet. Seine erste Ehefrau heiratete später die Reiterlegende George Theodorescu. Seine dritte Ehe mit der venezolanischen Millionärstochter Astrid Nunez hielt bis 1986. In vierter Ehe war Winkler mit der US-Amerikanerin Debbie Malloy verheiratet, die auf tragische Weise bei einem Reitunfall umkam.

1986 trat Winkler von der großen Bühne ab, drehte seine letzte Ehrenrunde beim Preis der Nationen in Aachen. Danach engagierte er sich weiter für den Reitsport.

Die Freude am Reiten verließ ihn bis ins hohe Alter nicht. Dennoch dachte er an die gute, alte Zeit zurück, die es in dem Sinne nicht mehr gab. Anfang der 1980er-Jahre sagte er: »Den Zusammenhalt von einst gibt es nicht mehr. Man muss sagen, dass Herzlichkeit, Kameradschaft und Gemeinschaftsgeist damals stärker waren. Mit der Nummerierung eines jeden, mit dem Computerzeitalter, scheint auch ein Teil Menschlichkeit, nicht nur im Turniersport, dahingegangen zu sein.«

Zu seinem 90. Geburtstag feierten ihn 20 000 Menschen bei einer Gala in Aachen. Er konnte mit Erfolg umgehen: »Ehre, wem Ehre gebührt«, sagte er 2016 in einem Interview mit der *Welt am Sonntag*.

Hans Günter Winkler starb 2018, sein Herz hörte auf zu schlagen, er wurde 91 Jahre alt. *Die Welt* titelte: »Held für die Ewigkeit«.

Zeitleiste

Mai

1.5. Gesetzlicher Feiertag »Tag der Arbeit« in allen Bundesländern der Bundesrepublik Deutschland, Kundgebungen des Deutschen Gewerkschaftsbundes

3.5. Dänemark, Schweden, Norwegen und Island verweigern der DDR die Anerkennung als souveräner Staat

6.5. Bundesgerichtshof verhängt Haftstrafen gegen die KPD-Parteisekretäre Reichel und Beyer, Beginn der Verfolgung kommunistischer Politiker

7.5. Fall der französischen Festung in Dien Bien Phu, Indochina, womit der Indochina-Krieg nach acht Jahren endet

8.5. Erste Ausstrahlung vom *Wort zum Sonntag* im Deutschen Fernsehen

18.5. 85. Geburtstag des bayerischen Kronprinzen Rupprecht

18.5. Gründung der Bundesprüfstelle für jugendgefährdende Schriften, heute Bundeszentrale für Kinder- und Jugendmedienschutz

21.5. Einweihung des Mahnmals der »Trauernden Eltern« in Köln nach Entwürfen von Käthe Kollwitz für die Opfer von zwei Weltkriegen

23.5. Hannover 96 wird im Finale gegen den 1. FC Kaiserslautern Deutscher Fußballmeister

Juni

1.6. Gründung der Lufthansa der DDR, fast gleichzeitig Gründung der Lufthansa AG in der BRD
5.6. Feierliches Begräbnis von Joseph Haydns Schädel gemeinsam mit seinen Gebeinen in Eisenstadt
5.6. Deutschlandtreffen der Jugend in Ostberlin (bis 7.6.)
6.6. Erste Eurovision-Fernsehsendung aus Montreux
16.6. Eröffnungsspiel der Fußball-Weltmeisterschaft in der Schweiz
17.6. Erster offizieller Gedenktag in der BRD zum Jahrestag des Aufstands in der DDR
17.6. WM-Vorrundenspiel Deutschland – Türkei (4:1)
17.6. Internationale Filmfestspiele in Berlin
18.6. Wahl Pierre Mendès-France' zum neuen französischen Ministerpräsidenten
20.6. WM-Vorrundenspiel Deutschland – Ungarn (3:8)
23.6. WM-Vorrundenspiel Deutschland – Türkei (7:2)
26.6. Auftritt US-Prediger Bill Graham in Berlin vor 80 000 Gläubigen
27.6. Zwischenrunde Deutschland – Jugoslawien (2:0)
30.6. Halbfinale Deutschland – Österreich (6:1)
30.6. Sonnenfinsternis

Juli

2.7. Militärgericht in Metz verurteilt ehemalige KZ-Leiter zum Tode
4.7. WM-Finale Deutschland – Ungarn (3:2)
4.7. Großer Preis von Reims, Frankreich mit Sieg der Mercedes-Silberpfeile

9.7. Hochwasserkatastrophe in Teilen Mitteldeutschlands und Bayerns
16.7. Verabschiedung des Straffreiheitsgesetzes
17.7. Wiederwahl Theodor Heuss' zum Bundespräsidenten
17.7. Geburt der späteren Bundeskanzlerin Angela Merkel
17.7. Großer Preis von England, Silverstone
20.7. Übertritt des Verfassungsschutzpräsidenten Otto John in die DDR
23.7. Ansprache Otto Johns im DDR-Rundfunk

August

1.8. Großer Preis von Deutschland auf dem Nürburgring mit Sieg Fangios (Mercedes)
2.8. Verurteilung der KPD-Funktionäre Neumann und Dickel wegen »Rädelsführerschaft«
3.8. Streikbeginn der Arbeiter der städtischen Verkehrsbetriebe sowie der Gas- und Wasserwerke in Hamburg
11.8. Pressekonferenz Otto Johns in Ostberlin
21.8. Übertritt des CDU-Bundestagsabgeordneten Karlfranz Schmidt-Wittmack in die DDR
26.8. Sieg des deutschen Sprinters Heinz Fütterer (»Der weiße Blitz«) über 100 Meter in 10,5 Sekunden bei den Leichtathletik-Europameisterschaften in Bern
30.8. Ablehnung des Vertrages für eine europäische Verteidigungsgemeinschaft durch die Französische Nationalversammlung

September

1.9. Briten sprechen sich für NATO-Beitritt Westdeutschlands aus
13.9. Aufruf der SED an die Arbeiter, einen »Endspurt« einzulegen, um den Fünfjahresplan zu schaffen
18.9. Beginn des 121. Münchner Oktoberfestes (bis 3. Oktober)
26.9. Freundschaftsspiel Belgien - Deutschland (2:0)
28.9. Beginn der Neunmächtekonferenz in London über eine Ersatzregelung zur gescheiterten EVG (bis 3. Oktober)
29.9. Erste deutsche Familienserie *Familie Schölermann* startet im deutschen Fernsehen
30.9. Premiere des umstrittenen Antikriegsfilms *08/15* in München

Quellen und Danksagung

Dieses Buch ist das Ergebnis seiner Quellen. Nur so lässt sich ein Psychogramm der Bundesrepublik im Sommer 1954 zeichnen. Wichtige Zeitungen und Zeitschriften waren für mich *Süddeutsche Zeitung, Die Zeit, Der Spiegel* und die *Frankfurter Allgemeine Zeitung*. Zudem bekam ich Einblick in eine gute Anzahl an Regionalzeitungen – unter anderem die *Passauer Neue Presse*, die *Schwäbische Zeitung* und die *Nordwest-Zeitung* – sowie an ausländischen Zeitungen, wenn auch meist aus Sekundärquellen. Auch das *Ostpreußenblatt* und das *Neue Deutschland* als extremere Beispiele dürfen nicht fehlen, will man den Geist dieser Zeit einfangen. Dank gilt den entgegenkommenden Vertriebschefs der Zeitungen und den freundlichen Mitarbeitern der Staats- und Stadtbibliotheken.

Danke fürs Gegenlesen des Manuskripts an meine Frau Daniela sowie Sascha Bandermann und Hayo Wolfram. Hilfreiche Informationen erhielt ich von Frank Mühling von Mercedes-Benz Classic, dem Amateurfußballexperten Frank Zander und Berthold Riering. Danke an die Münchner Verlagsgruppe und Maximilian Eberhard sowie den Lektor Philipp Bühler. Eine große Hilfe war zudem das Bundesarchiv und das Archiv des Bundeskriminalamts, die viele Informationen digital zur Verfügung stellen. Um den Lesefluss nicht zu stören, habe ich auf Fußnoten verzichtet.

An wichtigen Büchern, die mir bei der Einordnung halfen, sind zu nennen:

- Adenauer, Konrad: *Erinnerungen 1953 - 1955*, Stuttgart 1966
- Bänsch, Dieter (Hrsg.): *Die fünfziger Jahre. Beiträge zur Politik und Kultur*, Tübingen 1985
- Bauerkämper, Arnd/Sabrow, Martin/Stöver, Bernd (Hrsg.): *Doppelte Zeitgeschichte. Deutsch-deutsche Beziehungen 1945 - 1990*, Bonn 1998
- Brüggemeier, Franz-Josef: *Weltmeister im Schatten Hitlers*, Essen 2014
- Budrass, Lutz: *Adler und Kranich. Die Lufthansa und ihre Geschichte 1926 - 1955*, München 2016
- Carter Hett, Benjamin/Wala, Michael: *Otto John. Patriot oder Verräter?*, Hamburg 2019
- Flamm, Michael: *How 1954 changed History*, Amazon Original Hörbuch, 2019
- Fölsing, Albrecht: *Albert Einstein. Eine Biographie*, Ulm 1995
- Gnegel, Bernhard: *Das Fritz Walter-Buch*, Gütersloh 1960
- Heinrich, Arthur: *Tooor! Toor! Tor! Vierzig Jahre 3:2*, Nördlingen 1994
- Kellerhoff, Sven Felix/Kostka, Bernd von: *Hauptstadt der Spione. Geheimdienste in Berlin im Kalten Krieg*, Berlin 2017
- Kling, Karl/Molter, Günther: *Jagd nach dem Sieg*, Stuttgart 1955
- Koch, Peter: *Konrad Adenauer. Eine politische Biografie*, Hamburg 1988
- Ludwig, Dieter: *Hans Günter Winkler*, Warendorf 1983
- Merseburger, Peter: *Theodor Heuss*, München 2012

- Michel, Rudi: *Fritz Walter. Die Legende des deutschen Fußballs*, Stuttgart 1995
- Radkau, Joachim: *Geschichte der Zukunft. Prognosen, Visionen, Irrungen in Deutschland von 1945 bis heute*, München 2017
- Riering, Burkhard: *Gründerväter. Sternstunden deutscher Unternehmensgeschichte*, Biberach 2017
- Scholz, Bubi: *Der Weg aus dem Nichts. Die Autobiographie*, Frankfurt am Main, 1998
- Strobel, Ricarda/Faulstich, Werner: *Die deutschen Fernsehstars, Show- und Gesangstars*, Göttingen 1998
- Walter, Fritz: *3:2. Das Spiel ist aus! Deutschland ist Weltmeister!*, München 1954
- Winkler, Hans Günter: *Halla, meine Pferde und ich*, Hannover 1966

Was denken Sie über dieses Buch?

Ich beantworte gern Ihre Fragen:

briering@craincom.de

Der Autor

Burkhard Riering, geboren 1971, arbeitet seit 25 Jahren als Wirtschaftsjournalist. Unter anderem war er Korrespondent der Tageszeitung *Die Welt* sowie der *WELT am SONNTAG*. Seit 2015 ist Burkhard Riering Chefredakteur der Branchen- und Wirtschaftszeitung *Automobilwoche*. Von ihm erschienen sind bisher die Porträtbücher *Schwäbische Pioniere* (2012), *Oscar Pistorius - Aufstieg und Fall des Blade Runner* (E-Book, 2014) und *Gründerväter. Sternstunden deutscher Unternehmensgeschichte* (2017). Burkhard Riering studierte in Düsseldorf, Essen und Montpellier Medienwissenschaft, Kommunikationswissenschaft, Geschichte und Germanistik. Seine fußballerische Laufbahn, bis zum 20. Lebensjahr, stand er komplett im Dienst des TuS 05 Nordvesta Sinsen in seiner Heimatstadt Marl. Burkhard Riering lebt mit seiner Familie in Oberbayern.